LE CHOIX EN DÉMOCRATIE

Collection « Questions économiques »

Dirigée par Xavier Richet

Croissance, décroissance, crises, chômage, inégalités, innovation, mondialisation, démondialisation, post-capitalisme... Jamais les « questions économiques » n'ont été aussi nombreuses et aussi complexes à appréhender.

Le pari de la collection « Questions économiques » est d'offrir un espace de réflexion et de débat à tous ceux, chercheurs, militants ou praticiens, qui osent penser autrement, exprimer des idées neuves et ouvrir de nouvelles pistes à la réflexion collective.

Déjà parus

Anaïs Boutru, *La légitimité d'une alliance stratégique. Le cas d'une alliance dans le secteur de la grande distribution française*, 2022.
Mengya Xu, L*es stratégies d'expansion des firmes transnationales. Le cas des entreprises françaises en Chine*, 2021.
Thierry Hance, *Vers une économie verte et bienveillante*, 2021.
Nicolas Huchet, *La nouvelle Europe bancaire et financière*, 2020.
Cécile Bastidon, Azzedine Ghoufrane, Ahmed Silem (dir.), *Zone de libre-échange continentale et intégration régionale en Afrique*, 2020.
Mohammed Benlahcen Tlemçani, Zineddine Khelfaoui, Sofiane Tahi (dir.), *Capital humain et dynamiques économiques*, 2020.

Julien Grandjean

LE CHOIX EN DÉMOCRATIE

LES APPORTS DES PRÉCURSEURS DE L'ÉCOLE DE VIRGINIE

Préface de Marianne Johnson

L'Harmattan

5-7, rue de l'Ecole-Polytechnique, 75005 Paris
http://www.editions-harmattan.fr
ISBN : 978-2-14-032023-1
EAN : 9782140320231

Sommaire

Sommaire *7*

Préface *9*

Introduction générale : Du pessimisme en démocratie 17

Chapitre 1. Les travaux précurseurs d'une nouvelle économie du politique 43

Chapitre 2. Le modèle électoral downsien : un révélateur d'instabilité et d'incertitude 83

Chapitre 3. Instabilités du vote à la majorité et mécanismes alternatifs : une démonstration pratique de Gordon Tullock 119

Chapitre 4. Le Calculus of Consent : l'analyse économique au service de présupposés politiques..... 157

Chapitre 5. La Constitution comme piste de réflexion privilégiée 199

Conclusion générale.. 235

Références bibliographiques................................ 243

Table des matières 259

Préface

Les choix publics, sociaux ou non-marchands ont toujours été ancrés au cœur de l'analyse économique, depuis l'intérêt que portait Adam Smith aux phares jusqu'aux travaux contemporains qui s'intéressent au changement climatique. L'émergence du programme de recherche du *public choice*, dans les années 1960, avec son application explicite des outils économiques à des problématiques de nature politique, a eu une profonde influence sur la pensée sociale.

Le *public choice* a encouragé une véritable prise en compte du rôle et du fonctionnement du gouvernement, des modes de gouvernance et des obligations réciproques qui existent entre les individus et avec la société. Alors que de nombreuses approches de l'étude des choix publics coexistent, l'approche dominante est celle de l'école de Virginie de James M. Buchanan, fondée sur l'idée d'un inévitable échec du gouvernement. De fait, la critique néolibérale de l'Etat développée par l'école de Virginie a fourni une justification à la dérégulation, aux réductions d'impôts et à la privatisation des services publics.

Le présent ouvrage, fondé sur la thèse de doctorat que l'auteur, Julien Grandjean, a soutenu à l'Université de Lorraine en 2020, propose deux contributions importantes à l'histoire du *public choice*. D'abord, il contextualise le milieu académique et idéologique au cœur duquel les premiers contributeurs que sont Anthony Downs, James M. Buchanan et Gordon Tullock ont déployé leurs efforts pour analyser la prise de décision collective non-marchande. Ensuite, par le biais d'une historisation plus large des origines du *public choice*, l'auteur restaure de manière convaincante le rôle de Tullock à un niveau égal à celui de Buchanan dans la formation de l'école de Virginie.

Des découvertes récentes concernant la créativité et la variété inhérentes à l'approche de Tullock offrent la promesse selon laquelle le domaine du choix public peut dépasser les préoccupations néolibérales étroites pour fournir des analyses nouvelles et innovantes de la motivation des différents acteurs du choix public, électeurs ou fonctionnaires.

De façon générale, l'une des difficultés qui réside dans le fait d'écrire l'histoire de l'émergence d'un domaine d'étude est le fait que ses fondateurs n'ont pas de vision claire de ce qu'ils font au moment où ils le font. Ce n'est pas le cas de Buchanan, qui cherche sans ambages à créer un espace au cœur de la science économique pour étudier la prise de décision sociale et politique (e.g., Buchanan 1949, 1952 et 1954). Alors que les premiers travaux de Buchanan se révèlent fondamentaux pour le *public choice*, il apporte également d'importantes contributions aux institutions qui soutiennent ce nouveau domaine, y compris le *Thomas Jefferson Center for Political Economy* à l'Université de Virginie (d'où le nom d'école de Virginie) et la *Public Choice Society* (Boettke & Marciano 2015 ; Wagner 2017). En 1986, les efforts de Buchanan sont reconnus par l'attribution d'un prix Nobel « pour sa contribution à la théorie de la prise de décision politique et à l'économie publique ». Ce que le Nobel et les histoires du *public choice* centrées sur l'école de Virginie négligent est la mesure dans laquelle le domaine a émergé d'un milieu complexe d'insatisfaction politique au milieu du XXe siècle (voir Buchanan 2007, Boettke & Marciano 2020, Johnson 2014, Medema 2000 et Wagner 2004 et 2007).

Cet ouvrage commence en proposant une étude des travaux des théoriciens précurseurs des théories du choix collectif, parmi lesquels se distinguent les économistes Joseph Aloïs Schumpeter et Kenneth Arrow, les politistes Robert Allan Dahl et Edward Christie Banfield, le philosophe Karl Mannheim et les sociologues Hazel Gaudet et Paul Felix Lazarsfeld. Malgré des intérêts communs, il montre que leurs travaux ont été cloisonnés dans leurs domaines académiques respectifs, avec très peu d'échanges d'idées. En effet, alors que les travaux de l'entre-deux-guerres ont montré une certaine tendance à une analyse plus large et englobant plusieurs sciences sociales, après la Seconde Guerre mondiale, les schismes entre les différentes disciplines ont réapparu. Un examen de l'étude très pessimiste de Walter Lippmann sur l'opinion publique donne le ton à cette première partie de l'ouvrage.

Emerge rapidement un problème fondamental rencontré par les spécialistes de différentes disciplines étudiant le choix public : savoir comment rendre compte de l'intensité des sentiments des électeurs et gérer le problème selon lequel une règle de vote à la majorité absolue entraîne le fait que les électeurs qui ont des sentiments plus intenses ont un poids égal à celui des électeurs quasi-indifférents. Un second problème émerge cette fois-ci à propos de la signification de la notion de « bien commun » et sur la question de savoir s'il pourrait exister indépendamment du bien individuel de chaque électeur. Julien Grandjean traite ainsi des contributions à la réflexion sur le vote par ordre de priorité, le traitement mathématique du vote en petit comité, la nécessaire existence de préférences uniques et l'existence d'une fonction de bien-être social. Le résultat des différentes analyses menées est qu'au début des années 1950, économistes et politistes reconnaissent bien que le vote devrait constituer la pierre angulaire de l'analyse des choix collectifs. Cependant, la façon de parvenir à une règle de vote efficiente reste ouverte entre, d'un côté, le théorème d'impossibilité d'Arrow et, d'un autre côté, la règle unanime de Knut Wicksell.

Tout au long de son ouvrage, l'auteur avance la thèse que l'un des traits distinctifs de cette nouvelle économie du politique ou tout du moins de l'étude du choix collectif est sa nature manifestement normative. Buchanan et Tullock se sont plongés non seulement dans le processus d'élaboration de politiques (le financement des routes par exemple) mais également dans la question de la motivation des électeurs. Ce faisant, ils ont élevé la nécessité de préserver les libertés individuelles dans le processus politique à un niveau de préoccupation central, si bien que des contemporains comme Downs se sont plaints des fondements idéologiques de leurs travaux. Façonner des règles de vote et agir contre la manipulation ou l'extorsion des électeurs en minorité semblait en effet s'écarter des descriptions positives des pratiques et des résultats réels du vote. Ainsi, l'ouvrage nous permet d'assister à une véritable scission entre la façon de traiter le vote chez Arrow et Downs (enracinée dans les modèles mathématiques et dans la théorie économique néoclassique) d'un côté, et chez Buchanan et Tullock (qui fondent leurs travaux sur une composante philosophique) de l'autre côté. La ligne de démarcation entre analyse positive et analyse normative constitue dans cette approche un point de friction entre spécialistes traditionnels des finances publiques et théoriciens du choix public parmi lesquels Buchanan, qui propose d'ailleurs une définition distincte (et stimulante) de l'économie positive. Une grande partie de la tradition de l'école de Virginie repose en effet sur l'affirmation de Buchanan, selon laquelle ses travaux relèvent en réalité d'une analyse positive (Boettke & Marciano 2015 et 2020). *Le choix en démocratie* constitue une réfutation efficace de cette affirmation communément acceptée.

La figure qui émerge de cet ouvrage est Tullock – co-auteur avec Buchanan du *Calculus of Consent* et correspondant de Downs à propos de la théorie du vote. Julien Grandjean démontre que Tullock est bien plus qu'un simple acolyte pour Buchanan en ce sens qu'il propose des contributions importantes et uniques à l'analyse du choix social. Cela devient évident à la lecture des chapitres 3 et 4 du livre.

Tullock a certainement complètement adopté la position de Buchanan selon laquelle les libertés individuelles sont d'une importance primordiale lorsque l'on s'intéresse aux théories du vote. Le but pour les deux co-auteurs était de trouver une règle de vote optimale ou un processus qui permettrait de proposer des politiques Pareto améliorantes

– politiques qui ne lèseraient personne. S'appuyer uniquement sur la règle de vote à la majorité absolue ferait prendre le risque aux démocraties de faire face à une instabilité systémique, en ce sens que les électeurs adopteraient sans cesse de nouvelles stratégies pour éviter d'appartenir à des coalitions minoritaires. Tullock forge cependant son propre chemin en étudiant les régimes démocratiques bien sûr, mais également les différents types de régimes autocratiques et les motivations des politiciens en plus de celles des électeurs.

Comparé à Downs, qui a décidé de prendre le vote à la majorité absolue comme acquis, Tullock propose de juger de l'efficience des règles sous la perspective de la Pareto-optimalité et de l'égalisation des coûts et bénéfices marginaux. En d'autres termes, Tullock développe une analyse fondée sur ce à quoi les politiques et la démocratie devraient ressembler. Il en conclut que le vote à la majorité est lacunaire en ce qu'il éloigne la société d'un résultat idéal pour deux raisons : en ne parvenant pas à prendre en compte l'intensité des préférences des électeurs et parce que les coûts des mesures sont supportés à la fois par ceux qui votent pour ces dernières et ceux qui s'y opposent. Tullock détermine qu'il n'est pas possible de simplement modifier le vote à la majorité (par exemple en y ajoutant des règles de majorité qualifiée, en pratiquant l'échange de votes ou la compensation). Il est donc nécessaire que les démocraties abordent fondamentalement la question du changement des règles de vote au niveau constitutionnel. Le rôle du gouvernement devrait être d'offrir des règles qui permettent de parvenir à un accord. C'est l'un des points de départ de la naissance de l'analyse économique constitutionnelle.

En somme, *Le choix en démocratie* dresse, pour la première fois, un historique complet des contributions de Tullock à l'analyse de la prise de décision collective. Le comité Nobel a spécifiquement nommé le *Calculus of Consent* comme la contribution centrale de Buchanan à l'analyse du choix public et de l'analyse économique constitutionnelle.

Tullock est exclu de cette histoire par les membres du comité, et beaucoup d'autres ont minimisé ses contributions. Dans cet ouvrage, Julien Grandjean redonne à Tullock un rôle central dans l'émergence du programme de recherche du *public choice* et démontre son importance dans le développement des analyses modernes du choix collectif.

L'analyse de Julien Grandjean repose sur une étude très soigneuse de sources publiées et non publiées, y compris sur des résultats fascinants tirés de recherches archivistiques et en particulier de la correspondance entre Tullock et Downs. Cela permet à l'auteur de nous amener au-delà des analyses traditionnelles de Buchanan et du *Calculus of Consent*, et de comprendre le rôle central joué par Tullock.

La contextualisation des contributions de Buchanan par rapport à celles de Downs et Tullock réalisée par Julien Grandjean permet de rééquilibrer l'histoire de l'émergence du *public choice*. Parallèlement, la récente résurgence de l'intérêt pour les travaux de Tullock par les praticiens du choix public rend la compréhension historique de son rôle d'autant plus importante. Tout cela fait du *Choix en démocratie* un ouvrage remarquable.

Pr. Marianne Johnson
Oshkosh, Wisconsin
18 novembre 2022

Références pour la préface

Boettke, Peter J. & Alain Marciano. 2015. The Past, Present and Future of Virginia Political Economy. *Public Choice* 163: 53 – 65.

Boettke, Peter J. & Alain Marciano. 2020. *The Soul of Classical Political Economy*. Arlington: Mercatus Center, George Mason University.

Buchanan, James M. 1949. The Pure Theory of Government Finance, A Suggested Approach. *Journal of Political Economy* 57(6): 496-505.

Buchanan, James M. 1952. Wicksell on Fiscal Reform: Comment. *American Economic Review* 42(4): 599 – 602.

Buchanan, James M. 1954. Individual Choice in Voting and the Market. *Journal of Political Economy* 62(4): 334 – 343.

Buchanan, James M. 2007. *Economics from the Outside.* College Station, TX: Texas A&M University Press.

Buchanan, James M. & Gordon Tullock. 1962. *Calculus of Consent.* Ann Arbor: University of Michigan Press.

Johnson, Marianne. 2014. James M. Buchanan, Chicago, and Post War Public Finance. *Journal of the History of Economic Thought* 36(4): 479 – 497.

Johnson, Marianne, Alain Marciano & Manuela Mosca. 2021. Are There Alternative Traditions in Public Choice? *Œconomia* 11(1): 3 -8.

Medema, Steven G. 2000. Related Disciplines: The Professionalization of Public Choice Analysis. *The History of Applied Economics: History of Political Economy* 32(Supplement): 289 – 323.

Wagner, Richard. 2004. Public Choice as an Academic Enterprise: Charlottesville, Blacksburg, and Fairfax Retrospectively Viewed. *American Journal of Economics and Sociology* 63(January): 55 – 74.

Wagner, Richard. 2017. *James M. Buchanan and Liberal Political Economy*. New York: Lexing

La démocratie est un état instable, non spontané, non naturel, en équilibre sur le tranchant d'une lame de couteau. La démocratie est un effort et une vigilance.
François Cavanna (*Les pensées*, 1994)

Introduction générale : Du pessimisme en démocratie

Le sentiment de sécurité et de stabilité que l'on accorde à la démocratie en dehors de tout conflit armé et de toute crise politique d'envergure semble aujourd'hui remis en question. En effet, le fonctionnement même de ce régime politique fondé sur l'exercice du pouvoir par le peuple et sur de grands principes comme le respect des libertés individuelles, l'égalité stricte entre tous les citoyens ou la séparation des pouvoirs, laisse parfois entrevoir ses fragilités, ses faiblesses. De fait, il n'est plus rare d'observer, par exemple, que des chefs d'État élus démocratiquement sont partie intégrante d'une menace qui plane sur la démocratie. Donald Trump, aux États-Unis, accusé de mettre en jeu la démocratie pour servir ses intérêts personnels en fut le parfait exemple. Cette accusation a conduit à l'*impeachment* du président et à un procès visant à le destituer. Mais d'autres exemples peuvent être cités ici, bien que n'ayant pas conduit à quelconque action en justice. Ainsi, Jair Bolsonaro ou Recep Tayyip Erdogan, respectivement ancien président de la République fédérative du Brésil et président de la République de Turquie, sont accusés de tester les limites de la démocratie en lui faisant prendre une direction autoritaire quand Hugo Chávez, président de la République bolivarienne du Venezuela était accusé de la verrouiller. Ce sont là quelques exemples parmi tant d'autres, qui caractérisent les tensions qui animent actuellement le fonctionnement démocratique à travers le monde. Une crise de la démocratie est même évoquée et l'on cherche alors à en comprendre les causes, à améliorer le fonctionnement démocratique, à le consolider. Mais les inquiétudes quant au fonctionnement de la démocratie et sa capacité à perdurer ne sont pas nouvelles. Il apparaît alors important d'ajouter du temps long afin de comprendre d'où elles viennent et comment elles se sont formées.

Si cette compréhension est nécessaire, c'est parce que le débat actuel est d'envergure. Les inquiétudes liées à l'exercice démocratique sont multiples et se cristallisent autour de grands thèmes qui sont autant de problèmes soulevés aussi bien par des politistes que par des économistes : constat pessimiste que nous avons évoqué selon lequel la démocratie n'est plus seulement menacée par les révolutions ou des coups d'État, mais également aujourd'hui par certains types d'hommes politiques pourtant démocratiquement élus (Steven Levitsky et Daniel Ziblatt, *How Democracies Die*, 2019) ; défiance du peuple envers les partis politiques (Luc Rouban, *La démocratie représentative est-elle en crise ?*, 2020) ; capture de la démocratie par des intérêts privés (Julia Cagé, *Le prix de la démocratie*, 2018) ; remise en question des vertus de l'élection (Adam Przeworski, *Why Bother with Elections ?*, 2018) ; divorce entre démocratie et libéralisme (Yascha Mounk, *The People vs. Democracy: Why our Freedom is in Danger and How to Save* It, 2018) ; porosité de la frontière entre démocratie et dictature (Eugénie Merieau, *La dictature, une antithèse de la démocratie ?*, 2019) ; polarisation politique et privation des libertés individuelles (Robert B. Talisse, *Overdoing Democracy: Why We Must Put Politics in its Place*, 2019 ou Ezra Klein, *Why We're Polarized*, 2020) ; crises de la démocratie (Adam Przeworski, *Crises of Democracy*, 2019) ; nécessité de lutter contre la corruption (Edward L. Glaeser, *Corruption and Reform: Lessons from America's Economic History*, 2008) ; périls de la démocratie et de la liberté (Daron Acemoglu et James A. Robinson, *The Narrow Corridor : States, Societies and the Fate of Liberty*, 2019). L'on pourrait citer bien d'autres ouvrages, bien d'autres sujets d'inquiétude concernant la démocratie, mais ce très bref survol permet déjà de se rendre compte de l'importance et de l'ampleur du débat ainsi que du sentiment de crise qui touche ce régime politique.

Nous l'avons noté, parmi les quelques travaux que nous venons d'évoquer figurent aussi bien des contributions de politistes que d'économistes. Si la participation des premiers à cette littérature semble évidente, celle des seconds l'est peut-être moins, bien qu'elle soit, comme nous le montrerons, d'une grande importance. D'autant plus que les économistes, pour étudier le fonctionnement de la démocratie et mettre en exergue ses faiblesses, usent de méthodologies qui leur sont propres. Bien que le débat soit d'actualité, en revanche, cette façon de faire ainsi que l'inquiétude prégnante dans cette littérature ne sont pas nouvelles. En économie au moins, elles ont fait l'objet de nombre de théories structurant ce que l'on nomme économie du politique, notamment depuis le milieu du XXe siècle. Elle succède, après de nombreuses décennies d'abandon à l'économie politique dite classique au cœur de laquelle la politique et les problématiques inhérentes à son exercice formaient le socle des théories économiques.

De l'économie politique à l'économie du politique

L'analyse économique contemporaine du politique réunit des disciplines qui, autrefois, n'en formaient qu'une. En effet, lorsque le terme d'économie politique apparaît pour la première fois sous la plume de Loys de Mayerne Turquet en 1611 dans *La monarchie aristodémocratique, ou Le gouvernement composé et meslé des trois formes de légitimes Républiques*, pour être ensuite popularisé par Antoine de Montchrestien dans son fameux *Traicté de l'Œconomie politique* en 1615, il s'agit de dénommer une nouvelle pratique qui est celle de « généraliser l'économie d'Aristote au niveau de l'État »[1] (Waterman, 2002, p. 13). On entend alors par économie politique « un corps de théories qui a pour but d'expliquer les phénomènes économique »[2] (*Ibid.*, p. 14). Ce corps de théories est composé de travaux mêlant économie, politique ou philosophie[3]. Comme le remarque Ricardo Crespo, « il résulte des livres I de la *Politique* et V de l'*Éthique à Nicomaque* d'Aristote que le champ propre de l'économie est la morale et la politique »[4] (Crespo, 2010, p. 114).

Cependant, comme le note l'auteur (*Ibid.*), au début du XIXe siècle, Nassau William Senior indique que l'occupation des économistes n'est pas de faire des recommandations, mais d'établir des principes généraux. Prolongeant ce point de vue, John E. Cairnes explique quant à lui que l'économie politique doit être neutre vis-à-vis des systèmes politiques et leurs fins. Si ces réflexions forment un premier pas vers la désarticulation entre économie et politique, c'est véritablement Jean-Baptiste Say qui, dans le discours préliminaire à son *Traité d'Économie Politique*, évoque la nécessité de délimiter les frontières de l'économie politique

---

[1] *« to generalize Aristotle's οικονομικη ("economics") to the level of the πολιτεια ("commonwealth" or "state")».* Toutes les citations présentes dans ce travail ont été traduites par nos soins lorsqu'elles n'émanaient pas de documents rédigés en français. La citation en langue originale est reportée à chaque fois en note de bas de page.

[2] *« a body of theory that purports to explain economic phenomena ».*

[3] À titre d'exemple, l'analyse de la société et des phénomènes économiques d'Adam Smith débute dans la quatrième partie du premier chapitre de la *Théorie des sentiments moraux*, ouvrage éminemment philosophique lorsque Smith cherche à remplacer la cupidité chère à Aristote par l'accumulation du capital lorsqu'il s'agit d'expliquer une partie des actions humaines. Un peu plus tard, Jean de Sismondi, « historien lui-même, publiciste préoccupé de réformes immédiates, ne pouvait pas ne pas mettre en relief l'influence que les institutions sociales et le régime politique ont sur la prospérité économique » (Gide & Rist, [1909] 2000, p. 194). Ces deux illustrations suffisent à montrer la pluridisciplinarité de la réflexion économique du temps des premières analyses d'économie politique.

[4] *« (d)el libro I de la Política y el libro V (...) de la Ética Nicomaquea (...) se infiere que el ámbito propio de la economía es el moral y político ».*

par rapport aux autres disciplines. Il indique en effet qu'il n'y a qu'en déterminant précisément son champ de recherche que l'on pourra faire progresser l'économie politique (Say, [1803] 1972, p. 7) et que l'on « a longtemps confondu la *Politique* proprement dite, la science de l'organisation des sociétés, avec l'*Économie Politique*, qui enseigne comment se forment, se distribuent et se consomment les richesses [...] essentiellement indépendantes de l'organisation politique » (*Ibid.*).

En 1875, M. D. MacLeod baptise l'économie politique « *economics* », tiré de la traduction du terme grec « *oikonomía* »[1]. Dès lors, la discipline se développe de façon autonome autour de méthodologies et de problématiques qui lui sont propres, loin de toute autre discipline, et surtout loin des sciences politiques, qui, elles aussi, se développent en autarcie. L'étude des systèmes politiques et des institutions sort donc du champ de l'analyse économique pure pour se cantonner aux analyses faites au cœur des sciences politiques. Seuls quelques auteurs ou écoles poursuivent cette filiation. Cependant, tous sortent du cadre de l'économie pure pour absorber des éléments d'explication de nature historique ou sociologique. Marx et les socialistes après lui par exemple cherchent à former des théories sociales englobant tout à la fois fonctionnement économique de la société et répercussions sociétales engendrées. L'État y est analysé en tant que superstructure de la société alors que le fonctionnement économique est analysé en tant qu'infrastructure. D'autres économistes ont poursuivi l'étude du fonctionnement de l'État et de son lien avec l'économie en l'analysant par le canal des finances publiques. En Italie par exemple, entre la fin du XIXe siècle et le début du siècle suivant, s'est formée une école de pensée attachée aux finances publiques sous le nom de *Scienza delle finanze* autour d'auteurs comme Antonio de Viti de Marco, Luigi Einaudi ou Amilcare Puviani, qui cherchaient à développer

[1] οἰκονομία, de « *oikos* » et « *nomos* » respectivement maison et administration.

une science de l'État englobant aspects économiques, financiers et sociétaux. La même époque voit naitre en Suède une autre école menée par Knut Wicksell ou Erik Lindahl et qui s'est également attachée à étudier le fonctionnement de l'État par le prisme des finances publiques.

Si, comme nous le verrons par la suite, ces deux dernières écoles vont fortement influencer les premiers travaux contemporains d'économie du politique, et notamment ceux de James M. Buchanan, l'un des auteurs à la fois précurseurs et fondateurs du *public choice*, notamment parce qu'elles sont les premières à s'intéresser non pas uniquement aux conséquences des politiques fiscales, mais également aux processus de décision de ces politiques, ce ne sont là que quelques exemples ciblés d'auteurs ou de groupes d'auteurs ayant poursuivi la filiation entre économie et politique. Ces exemples ne sont pas l'illustration de la profession d'alors dans son entièreté.

En réalité, ce n'est qu'à partir de la seconde moitié du XXe siècle que nombre d'économistes vont revenir sur cette profonde division de façon si convaincante qu'ils parviendront à imposer leur programme de recherche à l'ensemble de la profession sans que celui-ci ne reste un programme de niche. Leurs analyses vont alors faire naître une nouvelle forme d'économie politique ; nouvelle en ce sens que si elle se rapproche de l'économie politique dite classique. Elle se fonde cependant sur la volonté d'analyser l'homme politique exactement de la même façon que l'individu qui agit dans la sphère économique alors que l'économie politique classique distinguait ces deux types d'agents. Dans un article non publié mis en lumière par Gordon Brady et Robert Tollison en 1994, Gordon Tullock revient justement sur cette différence marquante entre l'économie politique classique et celle de son temps. Ce faisant, il argue qu'au temps d'Adam Smith, l'approche dominante en termes de problématiques politiques veut que les individus agissent en vertu du bien commun (Tullock, 1994, p. 87) alors que, dans le même temps, l'auteur classique développe une discipline nouvelle – l'économie –

qui considère les individus comme égoïstes (*Ibid.*). De fait, l'économie politique classique considère que l'individu consomme ou produit dans un but égoïste, mais vote de façon altruiste. C'est ce que Tullock nomme « bifurcation de la psyché de l'individu »[1] (*Ibid.*, p. 88), sur laquelle justement les économistes contemporains – et notamment les théoriciens de l'économie du politique – reviennent en proposant des modèles composés d'individus égoïstes dans la sphère privée, mais également dans le domaine politique. L'intérêt de ce type d'approche est qu'il permet de proposer un modèle et des hypothèses uniques et réplicables pour analyser le comportement humain, sans qu'il n'y ait besoin de trouver des explications différentes aux interactions des hommes dans la sphère publique et dans la sphère privée. Il est ainsi procédé à un véritable désenchantement de l'objet politique par le biais de l'analyse rationnelle[2]. Les hommes politiques ne sont plus étudiés par les économistes comme des individus vertueux ayant pour seul objectif le bien-être collectif et le rayonnement de leur pays, mais comme des individus faisant montre de calculs rationnels. Ainsi « les hypothèses basiques sur lesquelles se fonde l'analyse économique sont transférées au domaine politique »[3] (*Ibid.*). Alain Marciano, se référant au philosophe allemand Jürgen Habermas, confirme le désenchantement de la politique en indiquant que « l'une des caractéristiques de la pensée moderne est d'avoir permis la rationalisation du politique, c'est-à-dire d'avoir réduit la prise de décision politique à un

---

1 *« bifurcation of the individual psyche ».*

2 Ce désenchantement de la politique a en réalité été amorcé par James M. Buchanan, autre fondateur du programme de recherche du *public choice* dès 1953. C'est dans un essai non publié dont l'analyse est proposée par Alain Marciano que Buchanan indique que « les économistes doivent prendre en compte les institutions ainsi que la façon dont fonctionne la démocratie [...] et le fait que les élus ne sont pas des despotes bienveillants » (*« economists have to take into account institutions and how democracy works [...] and that elected officials are not benevolent despots »* (Marciano, 2020, p. 1613)).

3 *« basic assumptions underlying economic analysis are transferred to the political realm ».*

processus purement technique » (Marciano, 2004, p. 71). L'économie du politique est ainsi épurée de toute interprétation liée à des hypothèses d'ordre politique ou philosophique.

Il faut noter que de tels changements introduits dans l'analyse du politique par les économistes sont concomitants à la naissance du programme de recherche du *public choice*, qui s'inscrit parfaitement dans cette « pensée moderne ». Ainsi, il n'est pas étonnant que Tullock notamment, comme nous venons de l'indiquer, ait une vision claire de ce qui sépare l'économie politique dite classique de l'économie du politique telle qu'elle se développe au milieu du XXe siècle, car ce sont en grande partie les précurseurs et les penseurs du *public choice* qui ont insufflé ce souffle nouveau à l'analyse économique. En réalité, « le *public choice* envisage le politique sous l'angle des sciences analytiques, ce qui permet une rationalisation et une instrumentalisation du politique, qui conduisent au détachement de la société d'elle-même et à la réduction des institutions à leur dimension technicienne » (*Ibid.*, pp. 71-72). En d'autres termes, les travaux qui correspondent au programme de recherche déployé par les auteurs du *public choice*, qui se veut interdisciplinaire en ce qu'il étudie tout à la fois des problématiques d'ordre économique et politique, sont en réalité l'illustration d'un impérialisme économique. En effet, dans ces analyses, la politique n'est étudiée que par le prisme de l'analyse économique, parfois seulement enrichie d'éléments puisés dans d'autres disciplines. Ainsi, « pour la première fois, [...] les outils de l'analyse économique étaient utilisés pour étudier des phénomènes ne relevant pas de la sphère des activités économiques » (*Ibid.*, p. 72). Par ce biais, le *public choice*, en plus de permettre la naissance de l'économie du politique, concoure à la « scientifisation du politique » (*Ibid.*, p. 73) et à son désenchantement. Son programme de recherche permet un transfert de la méthodologie économique à la science politique. Ainsi le *public choice* joue un rôle fondamental à la fois dans le développement de l'économie du politique et dans l'éclosion de la science politique nouvelle. Plus précisément, Tullock note que « la discussion formelle des améliorations du processus démocratique date de la publication du *Calculus of Consent* »[1] (*Ibid.*, p. 94), c'est-à-dire de l'année 1962.

Mais ce programme de recherche est également connecté aux débats actuels par le caractère inquiet, voire pessimiste, des analyses qui sont en son fondement. Ainsi, nous allons voir que les premiers travaux d'envergure qui forment la base à partir de laquelle le *public choice* va se développer sont révélateurs d'une instabilité théorique qui illustre leur caractère inquiet. Mais en réalité, le terme d'instabilité, utilisé par les différents auteurs que nous allons étudier, ne leur sert pas à désigner le même phénomène. Ainsi, les travaux qui, selon nous, forment le socle de ce programme de recherche, établissent la présence d'instabilité spatiale quant au positionnement des partis politiques sur l'échiquier aussi bien que la présence d'instabilité temporelle concernant le maintien de décisions politiques ou la formation de coalitions lors de la prise de décision. Mais quoi qu'il en soit, il demeure que l'ensemble des travaux auxquels nous allons nous intéresser sont traversés par un certain pessimisme, une inquiétude qui marque de la même façon les travaux actuels que nous avons évoqués.

C'est donc tout à la fois pour son caractère représentatif de l'évolution de l'analyse économique du politique et pour le caractère inquiet qu'il laisse transparaître et qui fait écho aux débats actuels que nous avons choisi de focaliser notre attention sur le programme de recherche du *public choice*.

Le *public choice* au fondement de l'économie contemporaine du politique

[1] « *the formal discussion of improvements in democratic process can be taken to date largely from the publication of The Calculus of Consent* ».

La théorie contemporaine de l'économie du politique voit le jour entre les années 1950 et 1960 au cœur de quatre ouvrages principaux : *An Economic Theory of Democracy* d'Anthony Downs en 1957, la *Theory of Political Coalitions* de William H. Riker et le *Calculus of Consent* de James M. Buchanan et Gordon Tullock en 1962 et *The Logic of Collective Action* de Mancur Olson en 1965 (Ordeshook, 2012, p. 423). À ces quatre ouvrages fondateurs, il est possible d'ajouter deux travaux précurseurs : *Social Choice and Individual Values* de Kenneth Arrow en 1951 et *The Theory of Committees and Elections* de Duncan Black en 1958 (*Ibid.*).

Dans son compte-rendu de l'ouvrage de Buchanan et Tullock, le politiste William H. Riker indique que les nouvelles théories économiques du politique sont un bienfait pour une théorie politique « dans un état confus et improductif depuis une génération »[1] (Riker, 1962, p. 408). L'auteur rappelle par ailleurs que jusqu'alors, et depuis la séparation d'avec l'économie politique que nous avons rappelée plus haut, seuls les politistes et quelques historiens travaillaient en vase clos sur le sujet (*Ibid*). En réalité, comme nous l'avons également indiqué, quelques économistes ont poursuivi cette volonté d'étudier le fonctionnement de l'État par le biais de l'analyse économique. Toujours est-il que pour Riker, les analyses nouvelles proposées par des économistes « offrent l'espoir d'une réorientation réussie de la théorie politique »[2] (*Ibid.*, p. 409)[3]. Parmi les travaux principaux de cette nouvelle littérature, le politiste cite à son tour quatre ouvrages appartenant pour la plupart au champ de recherche du *public choice* : *An Economic Theory of Democracy*

---

1 *« has been in a confused and unproductive state for the least the last generation ».*

2 *« offers some hope of a really successful reorientation of political theory ».*

3 Notons que cette appropriation de problématiques traditionnellement dévolues aux politistes de la part des économistes n'a pas été vue d'un aussi bon œil par tous. Ainsi Dennis C. Mueller nous indique que certains universitaires, comme Brian Barry, ont rédigé des ouvrages pour critiquer la méthodologie employée (Mueller, 2012a, p. 49).

d'Anthony Downs, *System and Process in International Politics* de Morton Kaplan, *The Strategy of Conflicts* de Thomas Schelling et bien sûr l'ouvrage dont il présente un compte-rendu, le *Calculus of Consent* de James M. Buchanan et Gordon Tullock (*Ibid.*).

Face à ce constat selon lequel le programme de recherche du *public choice* est d'une importance capitale, il convient de savoir à quoi renvoie exactement ce terme. Dans un ouvrage[1] qui se propose justement de présenter le *public choice* aux non-initiés, Gordon Tullock, Arthur Seldon et Gordon L. Brady indiquent que bien que l'action du gouvernement soit souvent vue comme une façon de pallier les défaillances du marché privé, les politistes se sont longtemps trompés sur leur analyse du fonctionnement du gouvernement et les économistes ont mis trop de temps à appliquer leurs outils et leurs connaissances à l'étude de ce dernier (Tullock *et al.*, 2002, p. ix).

Plus précisément, « le *public choice* est une analyse scientifique du comportement du gouvernement et, en particulier, du comportement des individus par rapport au gouvernement »[2] (*Ibid.*, p. 3). Le comportement humain tel qu'étudié par les économistes, et dont l'analyse la plus fine concerne les consommateurs sur le marché, est transposé à l'analyse du politique. Le programme du *public choice* vise ainsi à considérer que « l'électeur dans l'isoloir est la même personne que le consommateur dans le supermarché »[3] (*Ibid.*, p. 5). Il s'agit là d'un changement important dans l'analyse politique[4]. Le politicien quant à lui « gagne sa vie en gagnant les élections »[5] (*Ibid.*, p. 6) et de ce fait son action a pour but de maximiser ses chances d'être élu ou réélu. En

---

1 Tullock *et al.*, 2002.

2 « *Public choice is a scientific analysis of government behavior and, in particular, the behavior of individuals with respect to government* ».

3 « *the voter in the voting booth is the same person as the customer in the supermarket* ».

4 Un retour est opéré sur la bifurcation de la psyché évoquée plus haut.

5 « *The politician [...] makes a living by winning elections* ».

d'autres termes, il est procédé à un calcul de maximisation : « les politiciens, en tant qu'hommes d'affaires mettent en place les politiques qu'ils estiment désirées par les électeurs parce qu'ils espèrent que ceux-ci les récompenseront par le vote »[1] (*Ibid.*).

Les problèmes liés à l'incertitude et à l'information imparfaite, que l'on retrouve dans la théorie économique, sont également présents lorsque celle-ci est appliquée à la science politique. D'ailleurs, les problématiques informationnelles sont plus importantes dans le cadre politique (*Ibid.*, p. 7). Si la recherche d'information est cruciale aussi bien sur le marché économique que dans le monde politique, en réalité, celle-ci est moins évidente dans le second cas : un individu dont le vote n'a qu'un poids très faible sur la prise de décision collective sera moins incité à dépenser des ressources pour s'informer au mieux. Ainsi, les électeurs seront moins attachés au fait de réaliser un choix correct et bien informé en matière de politique qu'ils ne le seraient s'ils avaient à acheter une voiture par exemple (*Ibid.*). En retour, les politiciens tenteront de proposer des politiques capables d'attirer les électeurs les moins informés, toujours dans le but de maximiser les voix qui leur seront destinées au moment de l'élection. Un souci lié à cette imperfection de l'information vient du fait que si la plupart des électeurs sont mal informés sur les thématiques générales, en revanche, ils peuvent chacun l'être sur un sujet bien précis qui les intéresse ou les concerne en priorité. Cela mène à l'émergence de groupes se retrouvant autour d'intérêts spécifiques, groupes auxquels les politiciens se doivent de prêter attention (*Ibid.*, p. 8).

Finalement, ces hypothèses, qui forment la base du programme de recherche du *public choice* permettent d'aboutir au fait que la forme de gouvernement démocratique, si elle est la meilleure option qui s'offre aux

---

[1] « *politicians, as businesspeople pursue policies that they think the people want because they hope the people will reward them with votes* ».

individus, n'est pas exempte de défauts et reste éloignée de la situation idéale voulue par tous. C'est sur ce constat que se forment les théories inhérentes au programme de recherche du *public choice* en essayant d'une part de comprendre le fonctionnement démocratique dans ses moindres rouages – du niveau constitutionnel à la bureaucratie, en s'intéressant, comme nous le verrons, à l'étude de la règle majoritaire – et d'autre part d'apporter des solutions capables de se rapprocher d'une certaine forme d'idéal.

Cette importance du programme de recherche du *public choice* à la fois dans le renouvellement de la théorie économique et de la théorie politique fait que son histoire, ainsi que celle de ses pères fondateurs, font l'objet d'un nombre grandissant de travaux d'économistes comme, *inter alia*, Boettke et Marciano (2015), Boettke et Palagashvili (2014), Fleury et Marciano (2018), Lemieux (2015), Marciano (2019), Medema (2013) ou Wagner (2015). Elle fait également l'objet d'analyses émanant d'autres disciplines. Ainsi le sociologue Milan Zafirovski (2001) ou l'historienne controversée Nancy McLean (2017) apportent des travaux complémentaires à ceux proposés par les économistes qui, bien souvent, offrent une histoire interne de ce champ de recherche.

Parmi les pères fondateurs du mouvement, se trouvent plusieurs économistes, dont certains ont déjà été cités plus haut lorsque nous avons évoqué le compte-rendu et l'analyse du *Calculus of Consent* respectivement proposés par Riker et par Ordeshook. Comme nous l'avons vu à cette occasion, deux ouvrages en particulier sont communément cités comme étant les sources principales du programme de recherche du *public choice* et par là même des théories contemporaines de l'économie du politique : l'ouvrage de Downs et évidemment celui de Buchanan et Tullock. Cela n'est pas surprenant lorsque l'on sait l'importance aujourd'hui encore de ces deux ouvrages : une analyse bibliométrique réalisée par Mark Gray et A. Wuffle[1] a récemment montré que *An Economic Theory of Democracy* est l'un des ouvrages les plus cités de la littérature en économie politique, et Dennis C. Mueller, spécialiste reconnu du *public choice*, considère le *Calculus of Consent* comme un véritable « classique » (Mueller, 2012b, p. 329).

Notons que si, pour Ordeshook, les précurseurs de l'ouvrage de Downs sont clairement Arrow, Black, mais aussi Hotelling, en revanche l'ouvrage de Buchanan et Tullock ne semble pas avoir de prédécesseurs immédiats (*Ibid.*, p. 424). Cependant Tullock contredit cette affirmation dans la seconde annexe de l'ouvrage de 1962 qu'il a lui-même rédigée. Dans cet a*ppendix 2* du *Calculus of Consent*, Tullock indique en effet que l'une des sources de l'ouvrage est un champ de recherche peu développé et peu connu, la « *strict theory of politics* » (Buchanan & Tullock, [1962] 1999, p. 331). Ce champ de recherche est en fait composé de trois sous-champs : la « *theory of committees and elections* » dans la lignée de l'ouvrage éponyme de Duncan Black, la « *theory of constitutions* », spécialité notamment de Knut Wicksell puis de James M. Buchanan et la « *theory of parties and candidates* » dans laquelle s'inscrivent les apports de Tullock lui-même ainsi que l'ouvrage de Downs que nous avons déjà évoqué plusieurs fois (*Ibid.*).

Si l'importance des travaux formant les deux premiers sous-champs par rapport au *Calculus of Consent* est indéniable, il nous semble que la théorie des partis et des candidats est moins évidente au premier abord. En effet, si Downs étudie le comportement des partis et des électeurs

---

[1] Cette étude montre que l'ouvrage le plus cité dans le monde de la recherche en sciences politiques à propos du vote et du comportement des électeurs entre 1977 et 2004 est *An Economic Theory of Democracy* (Gray & Wuffle, 2005, p. 738). Le graphique compare les citations faites de l'ouvrage de Downs avec celles d'autres ouvrages de référence parus à la même époque comme *The Civic Culture* de G. Almond et S. Verba (1963), *The American Voter* de A. Campbell, P. Converse, W. Miller et D. Stokes (1960) ou encore *Voting* de B. Berelson (1954). Ces trois dernières références étant autant d'ouvrages rédigés par de pures politistes.

lors d'élections présidentielles notamment, le travail de Buchanan et Tullock se cristallise davantage autour de la règle de vote d'une façon générale, et de la règle majoritaire en particulier. De fait, le champ d'analyse du *Calculus of Consent* est plus large. De plus, si l'analyse de Downs se veut profondément positive, la théorie de Buchanan et Tullock en revanche est normative en ce qu'elle s'articule autour d'une philosophie politique qui est la leur. Enfin, Downs est reconnu pour sa théorie de l'électeur médian et son paradoxe du vote, deux éléments qui ne figurent pas ou peu dans le *Calculus*. Ainsi, au premier abord, seule la thématique de la politique semble véritablement relier les deux travaux. Cependant, il nous semble que ce que l'on retient de la contribution de Downs ignore la richesse de son analyse. Nombre d'autres éléments que ceux que nous avons cités sont, en effet, présents dans son ouvrage.

De l'importance de la théorie électorale downsienne

L'ouvrage de Downs est bien ancré dans l'imaginaire collectif pour ses apports principaux que sont la théorie de l'électeur médian, le développement d'une théorie spatiale des élections et le paradoxe du vote[1] (*e.g.* Riker & Ordeshook 1968 ; Strom 1975 ; Coughlin 2004 ; Ordeshook 2012 ; Medema 2013 ou Hacker & Pierson 2014). Bien sûr, d'autres

---

[1] Notons que le paradoxe du vote, à en croire Steven G. Medema, n'a pas attiré l'attention des lecteurs de Downs dès la sortie de son ouvrage, les comptes rendus de l'ouvrage ne le mentionnaient même pas forcément (Medema, 2013, p. 72). L'une des raisons est le fait qu'un tel paradoxe n'était pas totalement étranger aux politistes. Le psychologue Burrhus Frederic Skinner indiquait même dès 1948 que l'électeur avait plus de chances de se faire tuer sur le trajet jusqu'au bureau de vote que d'avoir un impact sur le résultat des élections présidentielles américaines (*Ibid.*). Il faudra attendre 1967 pour que le paradoxe intéresse à nouveau, grâce à Tullock, qui en a proposé une réinterprétation dans son article *Toward a Mathematics of Politics* (*Ibid.*).

travaux s'attachent à étudier des points complémentaires dans l'analyse proposée par Downs.

Ainsi, Steven G. Medema note que si le vote était jusqu'alors étudié en science politique sur des bases jetées par la sociologie et la psychologie, Downs est le premier à avoir proposé une nouvelle façon d'étudier le vote, en posant l'hypothèse de rationalité (Medema, 2013, p. 69). En effet, pour Downs, « l'hypothèse de la rationalité de l'électeur était une extension naturelle du travail d'un économiste »[1] (*Ibid.*). Cela permettait en outre de proposer, dans la lignée de la théorie de l'économie positive de Friedman[2], un modèle capable de prédictions. Ce changement, induit par Downs est d'une importance capitale en ce sens que désormais, les individus ne sont plus considérés comme des électeurs qui votent pour des partis ou des politiques pour ce qu'ils ou elles représentent ou proposent avec en ligne de mire l'intérêt collectif, mais comme des électeurs égoïstes qui votent dans leur propre intérêt.

Kenneth J. Meier ajoute qu'un point intéressant chez Downs, peu développé dans la littérature consacrée, est le fait que les individus votent non seulement dans leur propre intérêt, mais en fonction de leurs différentes perceptions (et

---

[1] *« the assumption of voter rationality was a natural extension of the work of an economist ».*

[2] Dans son article *The Methodology of Positive Economics*, Friedman revient sur la séparation entre économie normative et positive, en indiquant que cette dernière forme est la plus importante. Ceci tient du fait, selon lui, que « l'économie positive est en principe indépendante de toute position éthique ou de tout jugement normatif » (*« Positive economics is in principle independent of any particular ethical position or normative judgments »*, Friedman, 1966 [1953], p. 4). Cette forme positive que revêt l'économie permet en outre de réaliser des prédictions, élément d'une extrême importance pour lui. En effet, à un moment où l'économie cherche à se rapprocher des sciences dures pour en adopter leur sérieux et leur niveau d'expertise, Friedman explique que « le présent prestige et l'acceptation des opinions des physiciens [...] proviennent du succès de leurs prédictions » (*« The current prestige and acceptance of the views of physical scientists [...] derives from the success of their predictions »*, *Ibid.*). L'économie, si elle veut en faire autant, doit donc être capable de fournir des prédictions.

notamment par rapport au positionnement politique des partis, *etc.*) plutôt qu'en fonction d'une réalité objective (Meier, 1980, p. 41). Si cette intuition sert à l'auteur pour décrire l'élection présidentielle américaine de 1972, en revanche, il ne cherche pas à comprendre d'où cela vient chez Downs. Nous montrerons que cette analyse du vote portée par Downs est en réalité en lien avec l'imperfection de l'information qui touche les électeurs aussi bien que les partis et se fonde sur une hypothèse de rationalité paramétrique.

George T. Mavrogordatos souligne que trois autres points présents dans l'analyse de Downs sont peu retenus malgré leur grande importance : le caractère crucial de la distribution des électeurs, l'importance en termes d'événements politiques des changements opérés dans cette distribution et enfin le fait que, si les partis ajustent leurs programmes de façon à correspondre à la distribution des électeurs, ils cherchent également à faire changer cette dernière de façon à ce qu'elle corresponde à leur programme (Mavrogordatos, 1987, p. 334).

Nous reviendrons de fait sur ces points saillants au cœur de notre développement, de sorte à bien saisir l'importance de la théorie downsienne dans l'émergence de l'économie du politique. Nous ne manquerons pas non plus de revenir sur d'autres points qui nous semblent importants, mais qui sont, semble-t-il, passés presqu'inaperçus comme la nécessité pour Downs d'intégrer dans son modèle des éléments tirés de la science politique ou l'existence de *trade-offs* dans son analyse.

Pourtant, certains auteurs, bien que reconnaissant en l'analyse de Downs son caractère important et novateur, soulignent également ses faiblesses. Ainsi, dans leur ouvrage *Économie de la Démocratie*, Etienne Farvaque et Sonia Paty (2009) indiquent que « les premiers modèles de choix politique, dans la lignée de ceux de Downs ou de Buchanan et Tullock, négligent les interactions entre les citoyens et l'action du gouvernement » (Farvaque & Paty, 2009, p. 70) mais que « la littérature qui a suivi met en évidence deux autres types d'acteurs pouvant intervenir sur ces décisions : ce sont d'une part les administrations, *i.e.* des fonctionnaires non élus qui mettent en œuvre les politiques des élus, et d'autre part les groupes de pression » (*Ibid.*). À ce titre, les auteurs citent notamment *Bureaucracy and Representative Government* de William Niskanen publié en 1971 à propos de l'étude de la bureaucratie ou *The Logic of Collective Action* de Mancur Olson publié en 1966 concernant les groupes de pression.

Il est vrai que, comme nous venons de le rappeler, les contributions retenues de l'ouvrage de Downs ne font pas figurer ces types d'acteurs. Pourtant, nous observerons que les groupes de pression, notamment, sont bel et bien pris en compte dans les travaux de Downs, mais aussi de Buchanan et Tullock, respectivement en 1957 et 1962. Par ailleurs, nous verrons également que dès 1958, donc quatre années avant la publication de son ouvrage commun avec Buchanan, Tullock avait déjà rédigé une monographie centrée sur la bureaucratie.

Peu d'études réussissent à notre sens à lier étroitement les travaux de Downs à ceux de Tullock et de Buchanan sur le sujet de la politique, bien que quelques analyses parviennent à montrer le caractère cumulatif qui existe entre ces trois auteurs[1]. C'est cet objectif que nous nous assignons, afin de montrer en quoi la théorie des partis et des candidats est un élément fondamental de la naissance de la théorie contemporaine de l'économie du politique, elle-même au cœur du débat actuel que nous avons évoqué plus haut. Il nous faut pour cela montrer l'importance du lien qui unit Downs, Tullock et Buchanan. Nous montrerons notamment que leurs travaux s'entremêlent pour tenter de mieux appréhender le fonctionnement démocratique, avec pour Downs d'un côté, et pour Tullock puis Buchanan et Tullock

[1] Denis C. Mueller a par exemple en fait état dans les trois versions de son ouvrage de référence, *Public Choice*.

de l'autre côté, des explications, des difficultés, des hypothèses et des lectures politiques parfois convergentes, mais également parfois tout à fait divergentes.

Cet objectif, qui est celui de dévoiler l'importance du lien entre ces trois auteurs permettra en outre de montrer en filigranes que le caractère inquiet du débat actuel visant le fonctionnement de la démocratie tel que nous l'avons mentionné, tient ses sources aux fondements même du projet d'analyse économique du politique proposé par ces auteurs.

Pour mener à bien cette analyse, nous avons choisi une approche historique afin de mettre en lumière la trajectoire intellectuelle suivie par les trois auteurs au moment de l'émergence du programme de recherche du *public choice*. Pour cela, notre développement prendra appui sur des travaux formulés depuis les années 1920 jusqu'à nos jours, tout en nous focalisant particulièrement sur une période clé qui s'étend des années 1957 – date de publication de l'ouvrage de Downs – et 1962 – date de publication de l'ouvrage de Buchanan et Tullock. C'est en effet entre ces deux dates que se sont forgés les rapprochements et disparités intellectuels entre les trois auteurs, qui formeront leur contribution à l'émergence du *public choice* et les bases d'une partie des réflexions actuelles sur le fonctionnement de l'exercice démocratique. Pour ce faire, notre corpus d'analyse sera constitué des ouvrages et articles publiés par les auteurs, mais également de nombre de documents – ébauches d'articles, lettres ou monographies – inédits ou peu évoqués relevant d'un travail d'analyse de documents d'archives.

Pour comprendre au mieux les cheminements intellectuels qui se croisent entre ces auteurs, il ne s'agira pas uniquement de procéder à une histoire internaliste de leur pensée. Nous ferons effectivement également en sorte d'expliquer au mieux le contexte de ces réflexions.

Pour cela, nous nous intéresserons aux grands travaux qui ont tracé le chemin suivi par Buchanan, Downs et Tullock. Nous verrons ainsi l'importance des développements introduits à la fois en science politique, en philosophie politique ou en sociologie du vote à partir des années 1920 et jusqu'aux années 1950. Nous serons également menés à proposer une relecture de l'ouvrage de Downs permettant de mettre en exergue des éléments analytiques importants pourtant oubliés ou laissés de côté parmi lesquels le caractère inquiet de l'auteur concernant la stabilité démocratique. Nous en profiterons pour prendre en compte les travaux de Tullock, notamment le travail non publié qu'il cite au même titre que l'ouvrage de Downs comme étant au fondement de la théorie des partis et des candidats – qui fait elle-même office de précurseur du *Calculus of Consent* – ainsi que les travaux proposés par Tullock avant la publication de ce dernier et qui s'y trouvent incorporés. Cela nous permettra de souligner les points communs – pourtant peu évidents à première vue comme indiqué plus tôt – et les différences qui existent entre les travaux de Tullock et de Downs et notamment le fait que tous deux se structurent autour de la thématique que nous aurons révélée lors de notre étude de l'ouvrage de Downs, à savoir l'instabilité du fonctionnement démocratique. Nous noterons toutefois que si les deux auteurs usent de ce terme d'instabilité, en revanche ce qu'ils décrivent n'est pas exactement la même chose. Nous révélerons également le recentrage opéré par Tullock de l'analyse du politique autour de la règle de vote majoritaire ainsi que la volonté normative qui anime ce dernier. Nous pourrons alors ensuite montrer que le *Calculus of Consent*, construit en partie sur les travaux préparatoires de Tullock est articulé autour des mêmes thématiques. Enfin, nous mettrons en lumière le chemin suivi par cette littérature au cours des décennies suivantes.

Articulation et résumé des chapitres

Afin de comprendre au mieux l'intérêt et l'importance des travaux que l'on peut considérer comme pionniers dans l'analyse économique du politique, Tullock indique qu'il faut d'abord s'intéresser à la nouvelle science politique, puis à la discussion des découvertes qui ont été réalisées à propos du fonctionnement de la démocratie avant d'ouvrir l'étude du politique à celle des régimes non-démocratiques (Tullock, 1994, p. 89). C'est justement l'articulation que nous avons choisi d'adopter.

Ainsi, avant de procéder à une analyse des deux travaux formant, selon Tullock, la théorie des partis et des candidats, nous chercherons à dépeindre et à comprendre le contexte intellectuel qui a permis l'éclosion de ce champ de recherche en économie. Nous proposerons alors d'étudier, en guise de premier chapitre, les avancées qui ont été réalisées à la fois dans le champ de l'économie et dans les disciplines connexes à propos de l'étude du fonctionnement de la démocratie. Alors que les économistes se sont doté de nouveaux outils analytiques et ont commencé à s'intéresser à la fois aux problématiques d'ordre politique, mais aussi à la philosophie politique elle-même entre les années 1940 et 1950 – c'est le cas par exemple de Joseph A. Schumpeter ou de James M. Buchanan –, nous verrons que sur une période d'une trentaine d'années, nombre de travaux émanant de disciplines connexes ont contribué à une meilleure compréhension du phénomène démocratique et ont amené de nouvelles questions et de nouvelles formes de réponse tout en cherchant à s'ouvrir aux autres disciplines. Ainsi, dès les années 1920, des études ont été menées sur le fonctionnement et l'existence de ce que l'on appelle opinion publique. Ces travaux, portés par des auteurs comme Walter Lippmann ou Karl Mannheim, ont poussé quelques années plus tard à la formation d'une nouvelle branche de l'analyse sociologique, la sociologie électorale, sous la plume notamment de Paul Lazarsfeld. De leur côté, les politistes ont également proposé des théories nouvelles opérant notamment une ouverture méthodologique de la science politique à la science économique. Les travaux de Downs ou de Tullock sont donc apparus dans un contexte intellectuel favorable à de tels développements.

Les premiers travaux de Tullock et de Downs sont justement au centre du deuxième chapitre de notre travail. Il s'agit de revenir sur l'affirmation de Tullock selon laquelle lui-même ainsi que Downs avaient été les premiers à offrir des théories économiques modernes du comportement des électeurs et des partis politiques. Nous verrons alors que si Tullock a bien proposé un travail important – même si non publié – en 1958, celui-ci est plutôt centré sur le fonctionnement de la bureaucratie. Peu d'éléments d'analyse du fonctionnement politique en général et de la démocratie en particulier ne lui sont en fait attribuables, le véritable précurseur de ce type d'analyse économique étant Downs avec son ouvrage de 1957, *An Economic Theory of Democracy*. La lecture que nous en proposerons se veut différente de celles qui ont jusqu'alors été faites en ce sens qu'elle prendra en considération des éléments peu évoqués, sans pour autant remettre en question les apports majeurs de Downs que sont la théorie de l'électeur médian ou le paradoxe du vote. C'est en fait, et c'est ce que nous montrerons, une analyse inquiète et surtout positive du fonctionnement de la démocratie que nous propose Downs en filigrane dans son ouvrage. Celle-ci est principalement construite autour d'un modèle faisant le lien entre marché économique et fonctionnement politique. L'ouvrage se développe autour de la présence d'une forte instabilité aussi bien du régime démocratique lui-même que de son fonctionnement et autour de deux *trade-offs* entre d'une part rationalité et incertitude et d'autre part entre rationalité et idéologie politique. L'idéologie politique, justement, est l'un des thèmes centraux de l'ouvrage. Nous montrerons qu'elle fait en réalité partie d'une démonstration que l'auteur propose afin d'expliquer la stabilité du système démocratique alors même que son modèle de base menait à un résultat d'instabilité. Tullock, inspiré en partie de sa lecture de Downs, mettra de son côté en exergue d'autres problématiques en lien cette fois avec les règles de choix et notamment le vote majoritaire et tentera d'y apporter sa propre analyse, une analyse pessimiste concernant le respect des libertés individuelles.

L'étude du fonctionnement démocratique et de l'instabilité qui le caractérise est ainsi également au centre de divers travaux proposés par Tullock entre les années 1958 et 1961, et qui formeront le cœur de notre troisième chapitre. Ceux-ci diffèrent de ceux de Downs en ce sens que Tullock s'échappe de la théorie des partis et des candidats pour analyser le mode de prise de décision central en démocratie, à savoir le vote, dans une démarche purement individualiste, laissant de côté l'analyse de tout types de regroupements comme les partis politiques pour s'intéresser aux seuls individus. Cette volonté d'analyser le vote recentrera le débat sur la règle majoritaire. Une autre différence de taille par rapport à Downs est l'abandon de l'analyse positive, au profit d'une analyse normative qui ne dit pas encore son nom. Nous verrons qu'à travers plusieurs articles et monographies – publiés ou non – Tullock développe un modèle qui offre un point de vue pessimiste sur le fonctionnement de la démocratie. Nous verrons par ailleurs que ce point de vue s'affermit avec les années. À cette occasion, et en plus du thème central de l'instabilité, nous ferons le lien avec Downs en évoquant un article publié par ce dernier en réponse aux travaux de Tullock et qui entraînera les auteurs à se quereller sur leurs choix respectifs de modèles. Derrière cette querelle de méthode se trouve en réalité, et nous le montrerons, un véritable débat de philosophie politique. Cependant, ce débat sera de peu d'effet sur les certitudes de Tullock quant aux dysfonctionnements de la prise de décision collective en démocratie. Celui-ci cherchera alors à trouver des mécanismes capables de corriger l'instabilité prégnante dans le cadre légal existant.

Les travaux préliminaires de Tullock seront ensuite repris, améliorés et prolongés en 1962 dans le *Calculus of Consent,* ouvrage dont Tullock partage l'écriture avec Buchanan. L'objet de notre quatrième chapitre sera alors d'étudier ce travail commun pour montrer qu'une fois encore le thème de l'instabilité occupe une place non négligeable.

Nous indiquerons par ailleurs le tournant normatif assumé cette fois-ci emprunté par les auteurs. En effet, alors que les travaux de Downs se voulaient ouvertement positifs et que ceux de Tullock tendaient à être de nature normative sans l'indiquer clairement, le doute n'est plus permis avec le *Calculus*. De fait, nous verrons que les auteurs débutent leur analyse à partir de présupposés de nature philosophique et que leur développement se fait en regard de ces derniers. Une déconstruction de l'ouvrage dans le but de réorganiser les arguments qui s'y trouvent nous permettra de voir par ailleurs que l'on peut le considérer comme formant une réponse plus convaincante et développée aux problématiques soulevées par Tullock. Cependant, leur développement n'étant pas sans défauts, les auteurs se heurtent à leur présupposé philosophique. Pour la première fois en effet, la possibilité est évoquée d'étudier le fonctionnement dictatorial en tant que système pouvant se substituer à la démocratie.

En guise de cinquième et dernier chapitre, nous montrerons que l'opposition entre analyse positive, englobant méthodologie économique et éléments tirés de disciplines annexes et notamment de la science politique, et analyse normative, construite autour d'un hégémonisme économique, va se poursuivre, mais avec une portée différente. Buchanan va participer à l'éclosion d'une nouvelle branche d'analyse économique nommée *constitutional economics* qui lui permettra notamment de recevoir le Prix de la Banque de Suède pour ses travaux. Cette entreprise sera rendue possible par Downs et Tullock qui, malgré eux, aideront le premier à renforcer sa vision des choses. En effet, alors que Tullock démontrera les difficultés auxquelles les autocraties font face, Downs soulignera la lente évolution de la société démocratique et la nécessité d'adapter la constitution avant d'abandonner ce champ d'étude.

L'histoire que nous nous proposons donc de retracer ici est celle de la naissance de l'économie du politique par le canal du *public choice*, histoire marquée par le thème central de l'instabilité politique, par l'apparition de nombreux *trade-offs* qui jalonnent la pensée des auteurs précurseurs de ce programme de recherche, par l'importance du choix des hypothèses dans un modèle et leur lien avec les résultats générés.

La science cherche le mouvement perpétuel. Elle l'a trouvé : c'est elle-même.
Victor Hugo (*William Shakespeare*, 1864)

Chapitre 1. Les travaux précurseurs d'une nouvelle économie du politique

Les travaux d'Anthony Downs ou de Gordon Tullock auxquels nous nous intéresserons dans la suite de notre développement ne sont pas apparus sans que des précurseurs leur aient ouvert la voie. Ainsi, Downs cite dans son ouvrage (Downs, 1957a) nombre de travaux et d'auteurs dont il s'est inspiré. Parmi ces auteurs figurent bien sûr des économistes comme Joseph Aloïs Schumpeter ou Kenneth Arrow, mais également des politistes comme Robert Allan Dahl ou Edward Christie Banfield, des philosophes comme Karl Mannheim, des sociologues comme Hazel Gaudet ou Paul Felix Lazarsfeld. Si ces références semblent très hétéroclites, en réalité, elles ne sont pas étranges si l'on s'intéresse de plus près aux travaux de ces auteurs et à la période qu'ils représentent, c'est-à-dire la période d'entre-deux-guerres et d'immédiate après-guerre. Une étude de ces travaux est à notre avis un prérequis important pour mieux comprendre les questionnements soulevés par Downs dans son ouvrage.

C'est donc durant la période d'entre-deux-guerres et d'immédiate après-guerre que les économistes sont revenus sur le schisme opéré au XIXe siècle entrainant le développement autonome de la discipline économique. Un certain nombre d'auteurs se sont emparés de problématiques d'ordre politique – de façons assez distinctes en fonction des auteurs, nous allons le voir – pour en proposer une analyse nouvelle. D'une part, ces développements ont été rendus possibles parce que la science économique s'est dotée de nouveaux outils analytiques permettant de pousser plus loin la modélisation de la discipline. Cette modélisation accrue résulte d'un souci de rapprochement d'avec les sciences dites de la nature telles que la physique ou la biologie, qui a résulté en une mathématisation accrue de la théorie économique. D'autre part, la dynamique qu'a connu l'économie politique à ce moment a été rendue possible du fait que la science politique ait évolué d'une façon telle qu'elle s'est trouvée à la portée de l'analyse économique. Ce souffle nouveau qu'ont connu la science politique, mais aussi la psychologie et la sociologie politiques a été permis par la publication de nombreux ouvrages et articles qui ont nettement éclairé le fonctionnement de la démocratie et plus particulièrement du vote comme vecteur du choix politique. De plus, certains politistes ont commencé à filer la métaphore du marché politique, mettant ainsi en parallèle fonctionnement de la démocratie et de l'économie[1] à l'aide de concepts tels que l'offre ou la demande.

C'est de concert avec cette dynamique que l'économie du politique s'est transformée, modernisée et que certains économistes, à l'instar de Schumpeter, Arrow, Black ou Buchanan ont cherché à pénétrer la science politique de sorte à apporter des réflexions nouvelles et des réponses originales à des problématiques occupant les politistes. Avec des objectifs et des protocoles parfois éloignés, ils ont chacun participé à l'expansion de l'économie du politique dans la deuxième moitié du XXe siècle et ont ouvert la voie à un champ de recherche qui compte aujourd'hui encore des travaux d'importance.

[1] Dans son ouvrage *A Discipline Devided*, Gabriel A. Almond note en effet qu'un certain nombre de politistes ont filé cette métaphore, à l'image de Pendleton Herring ou de V. O. Key.

Ce n'est qu'en s'intéressant à cette résurgence de l'économie politique ainsi qu'aux développements de science politique qui l'ont accompagnée que nous pourrons comprendre les travaux de Downs ou Tullock sur lesquels nous reviendrons plus tard. Une brève étude des travaux incontournables de ce moment de l'histoire nous montrera par ailleurs la véritable volonté d'ouverture et de dépassement des frontières disciplinaires de la part des chercheurs en sciences sociales. Nous verrons ainsi dans un premier temps que dès les années 1920, des études se sont intéressées à la formation de l'opinion publique avec, déjà, une forte inquiétude concernant son hypothétique existence. Dans un second temps, nous montrerons que la science politique s'est largement ouverte à la science économique notamment par l'étude de problématiques communes et par l'axiomatisation de la pensée politique notamment au travers des travaux de Dahl, inspiré par Arrow. Enfin, nous verrons que ce bouillonnement a accompagné un renouveau pour l'analyse économique.

1. Vers une meilleure compréhension du comportement des électeurs

La compréhension du comportement des électeurs est la clé de voûte de la compréhension du fonctionnement de la démocratie. Elle est utile aux commentateurs qui cherchent à comprendre le fonctionnement démocratique d'une société ou tout simplement les résultats d'élections. Nombreux auteurs[1], principalement sociologues ou philosophes se sont employés à fournir des clés permettant de comprendre le comportement des citoyens et par là-même des électeurs.

---

[1] Nous avons décidé de circonscrire les auteurs étudiés à ceux qui ont été de façon certaine lus par Downs avant la publication de son ouvrage. Il en est de même pour l'ensemble des auteurs cités dans ce premier chapitre.

Walter Lippmann est l'un des premiers à avoir cherché à étudier le comportement des citoyens et la formation de leurs croyances dès les années 1920. Celui-ci fait un constat amer : « Étant donné que l'opinion publique est supposée être le moteur des démocraties, l'on pourrait raisonnablement s'attendre à trouver une vaste littérature traitant du sujet. On ne la trouve pas. »[1] (Lippmann, [1922] 1965, p. 161). Il rédige alors *Public Opinion*, ouvrage paru en 1922, qui traite justement des déterminants du comportement des électeurs et de la difficulté d'atteindre une cohésion optimale au sein de la société. Il s'agit d'une étude éminemment pessimiste quant à l'existence et à la formation d'une quelconque opinion publique. Lippmann débute en effet son travail en expliquant que la réalité est bien trop complexe pour que les individus puissent la comprendre et agir de façon éclairée.

En prenant exemple sur les communiqués envoyés par l'État-major français à la presse durant la bataille de Verdun en 1916, Lippmann (*Ibid.*, pp. 23-29) cherche à montrer la façon avec laquelle les médias et par là même le peuple, peuvent être vulnérables à la manipulation et à la propagande. Cette soumission à la manipulation ne peut être levée qu'à condition, pour les individus, d'avoir les moyens financiers pour voyager et s'informer autrement que par le seul biais des médias (*Ibid.*, p. 33). En plus de cela, Lippmann indique que les individus sont soumis à des stéréotypes tenaces. En effet, « chercher à voir les choses sous un nouvel angle et de façon détaillée, plutôt que sous l'angle de stéréotypes et de généralités, est fatigant et, alors qu'il y a des affaires plus pressantes et plus préoccupantes, même pas à l'ordre du jour »[2] (*Ibid.*, p. 59). Une autre explication donnée à la persistance des stéréotypes est avancée, à savoir le fait que les individus se sont construits par rapport à eux et se

---

[1] *« Since Public Opinion is supposed to be the prime mover in democracies, one might reasonably expect to find a vast literature. One does not find it. ».*

[2] *« For the attempt to see all things freshly and in detail, rather than as types and generalities, is exhausting, and among busy affairs practically out of the question ».*

complaisent dans la position qu'ils se sont créée. Une dernière explication vient de la nature même de l'homme, incapable de s'imaginer et de se représenter « plus d'espace que l'on peut le voir avec nos yeux, et plus de temps qu'on ne peut le sentir alors qu'il faut décrire et juger plus de personnes, plus d'actions, plus de choses qu'on ne peut compter »[1] (*Ibid.*, p. 95). Cette ténacité des stéréotypes, qui s'explique par l'économie d'effort que font les individus, par l'intérêt que peut représenter pour certains leur conservation et par la nature limitée de l'esprit humain, pousse tout un chacun à la confusion et aux erreurs de jugement.

Lippmann ajoute à cela le fait que les individus n'ont pas forcément en tête la même définition de ce qu'est un intérêt et encore moins un intérêt commun[2]. En fait, « il y a de nombreuses variables dans l'image que chaque homme se fait du monde invisible »[3] (*Ibid.*, p. 125), du monde qu'il ne peut voir et ressentir. Comment alors peut se développer une volonté commune ? Comment parler de volonté du peuple ? D'opinion publique ? Le fait est que des électeurs qui votent pour le même candidat ou le même parti ne le font pas forcément pour les mêmes raisons (*Ibid.*, p. 126).

---

[1] *« not only do we have to picture more space than we can see with our eyes, and more time than we can feel, but we have to describe and judge more people, more actions, more things than we cane vet count ».*

[2] Lippman explique de cette façon le fait que la théorie socialiste de Marx et Lénine n'ait pu aboutir en ce sens que pour lui, la théorie socialiste n'aurait eu de sens et n'aurait pu fonctionner que si les individus avaient certes conscience d'appartenir à des classes définies de façon économique mais également s'ils avaient tous en tête la même définition de ce qu'est l'intérêt commun de leur classe. Or Lippmann indique que la définition de cet intérêt diffère d'un individu à l'autre et que, de ce fait, il est impossible de voir la théorie socialiste aboutir aux conclusions portées par Marx ou Lénine (Lippmann, [1922] 1965, p. 119), faisant du même coup « disparaître l'impact de tout déterminisme économique » (« *This dissolves the impact of economic determinism* », *Ibid.*, p. 119). Il y aurait ainsi, dans les théories marxistes ou même hédonistes inspirées par Bentham une vision naïve de l'instinct humain.

[3] *« there are many variables in each man's impressions of the invisible world ».*

« L'art de pousser toutes sortes d'électeurs qui pensent différemment à voter de la même façon est pratiqué lors de chaque campagne électorale »[1] (*Ibid.*, p. 127) argue Lippmann. De ce fait, en période électorale, les candidats font en sorte, par le biais de leurs discours respectifs, de choisir avec précision les mots qu'ils utilisent de façon que le maximum d'individu puisse s'y reconnaître. Ainsi, les intérêts communs mis en exergue par les candidats aux élections ne le sont que par leur dénomination. Pour les générations actuelles de dirigeants, la persuasion est devenue un art conscient de soi.

« Que la fabrique de consentement soit capable de grande subtilité, personne, je le pense, ne le nie. [...] Les opportunités de manipulation ouvertes pour quiconque comprend leur mécanisme sont évidentes. La création de consentement n'est pas un nouvel art. C'est un art très ancien qui devait s'éteindre avec l'apparition de la démocratie. Mais il n'est pas mort. En réalité, il a énormément progressé en technique parce qu'il est désormais adossé à l'analyse plutôt qu'à des règles générales. Ainsi, avec les recherches en psychologie ainsi que les moyens modernes de communication, la pratique de la démocratie a pris un nouveau virage. »[2] (*Ibid.*, p. 158)

Au cœur d'une discipline sociologique, qui a pris pour habitude d'analyser séparément les phénomènes que sont l'opinion et le public (Potestà, 1955, pp. 280-281), Lippmann cherche à proposer une théorie faisant le pont avec rigueur et discipline. D'ailleurs, même si son analyse n'est pas parvenue à proposer une explication cohérente du

---

[1] *« the art of inducing all sorts of people who think differently to vote alike is practiced in every political campaign ».*

[2] *« That the manufacture of consent is capable of great refinements no one, I think, denies. [...] the opportunities for manipulation open for anyone who understands the process are plain enough. The creation of consent is not a new art. It is a very old one which was supposed to have died out with the appearance of democracy. But it has not died out.It has, in fact, improved enormously in technic because it is now based on analysis rather than on rule of thumb. And so, as a result of psychological research, coupled with the modern means of communication, the practice of democracy has turned a corner. ».*

fonctionnement de l'opinion publique en ce sens que le résultat obtenu est l'inexistence d'une telle opinion, « une telle discipline assigne à Lippmann le rôle, qui est véritablement le sien, de précurseur, non pas de l'élaboration d'une théorie générale, [...] mais d'une intuition, vraiment brillante, de la substantielle unité du phénomène de l'opinion publique »[1] (Potestà, 1955, p. 283), ce qui fait de l'ouvrage de Lippmann une analyse incontournable du phénomène de l'opinion publique.

Cette étude de Lippmann est enrichie quelques années plus tard par un apport du philosophe allemand Karl Mannheim. Celui-ci propose une analyse du fonctionnement de l'idéologie. Dans son ouvrage de 1929, *Ideologie und Utopie*, – « ouvrage classique dans le champ de la sociologie de la connaissance »[2] (Scott, 1987, p. 41) – Mannheim cherche à proposer une version nouvelle de la sociologie compréhensive[3] qui n'a pas pour point de départ l'individu comme chez Max Weber, mais des groupes d'individus. C'est donc une vision holiste qui est développée. Mannheim indique qu'avec l'apparition « de la formulation générale de la conception totale de l'idéologie, la simple théorie de l'idéologie devient la sociologie de la connaissance »[4] (Mannheim, [1929] 1956, p. 75) et que :

« Cette conception de l'idéologie [...] maintient qu'au-delà des sources d'erreurs communément reconnues, nous devons aussi compter avec les effets d'une structure mentale déformée. Elle

[1] *« Una tale disciplina assegnerà al Lippmann il ruolo, che gli compete, di precursore, non nella elaborazione della teoria generale [...], ma nelle intuizione, veramente brillante, della sostanziale unità del fenomeno dell'opinione publicca ».*

[2] *« Ideology and Utopia is a classical text in the sociology of knowledge ».*

[3] La sociologie compréhensive s'attache à étudier les raisons qui poussent les individus à agir de la façon dont ils le font.

[4] Par idéologie « générale », l'auteur entend que le déterminisme social de l'idéologie s'applique à l'ensemble des groupes et non seulement à ceux qui ne partagent pas nos idées. Par conception « totale », Mannheim veut signifier que plutôt que d'étudier l'idéologie prégnante derrière chaque idée (conception « particulière »), il faut étudier l'idéologie de l'esprit tout entier.

admet le fait que la « réalité » que nous ne parvenons pas à comprendre peut-être une réalité dynamique et que, dans la même époque historique et dans la même société, il peut y avoir plusieurs types déformés de structure mentale profonde, quelques-uns parce qu'ils sont restés, dans leur croissance, en deçà du temps présent, et d'autres parce qu'ils ont déjà dépassé ce temps. Dans les deux cas, toutefois, la réalité à comprendre est déformée et dissimulée ; car cette conception de l'idéologie et de l'utopie se rapporte à une réalité qui ne se dévoile que dans la pratique réelle. »

(*Ibid.*, pp. 106-107).

Cet argument n'est pas sans rappeler celui de Lippmann que nous venons d'évoquer à propos de la complexité de la réalité et de la difficulté pour les individus de l'appréhender et de la comprendre sans y être directement confrontés. Parmi les nombreux commentaires faits de l'ouvrage, Hans Speier indique que « rarement une étude sociologique a autant attiré l'attention du grand public »[1] (Speier, 1937, p. 155). Et Speier d'ajouter que pour lui, ce qui a joué dans le succès de cet ouvrage est le fait que Mannheim ait « ignoré les frontières de la spécialisation académique pour s'occuper du cœur d'un problème qui concerne de la même façon philosophes et politistes »[2]. On voit là une véritable volonté d'ouverture disciplinaire, ici de la part de la philosophie, vers d'autres objets d'étude.

D'autres disciplines sont également à la recherche d'une synthèse plus large. C'est le cas notamment de la sociologie. Les travaux de Bernard Berelson en sont une parfaite illustration. Trois de ses études, menées seul ou avec des co-auteurs tels que Paul Lazarsfeld, Hazel Gaudet et William McPhee, opérant une ouverture vers la science politique, sont d'une grande importance dans l'avancée de la

---

[1] *« Rarely has a sociological study succeeded in arresting the attention of so wide a public ».*

[2] *« What accounts for its success is rather that Mannheim, disregarding the borders of academic specialization, goes to the heart of a matter which concerns philosophers and politicians ».*

compréhension du comportement des individus lors des élections.

Ainsi Berelson est l'auteur d'un article (1952) dans lequel il tente d'étudier conjointement théorie de la démocratie et opinion publique. Il débute son analyse en expliquant que s'il est traditionnellement admis que chacun de ces deux objets d'étude appartient à un type de chercheur particulier[1], il va quant à lui chercher à combiner les deux. Cette volonté de s'éloigner de la traditionnelle séparation des deux champs d'analyse vient de l'observation qu'il dégage selon laquelle « aucune de ces deux branches d'analyse ne peut résoudre le problème seule »[2] (Berelson, 1952, p. 314). L'analyse qu'il propose consiste à présenter des conditions nécessaires au fonctionnement démocratique du vote. Ainsi, il indique que l'électorat doit présenter une « structure de personnalité » (*« personality structure »*, p. 315) c'est-à-dire qu'il doit détenir des traits de personnalité tels que la capacité morale d'accepter les choix effectués, une attitude saine face à l'autorité ou encore la capacité de s'impliquer dans des situations abstraites. De la même façon, l'électorat doit également posséder un « facteur d'intérêt et de participation » (*« factor of interest and participation »*, p. 316) c'est-à-dire qu'il doit prendre une part de responsabilité dans le processus de choix politique. Il s'agit à nouveau d'une théorie holiste de la société. Le problème est que « moins d'un tiers de l'électorat est « vraiment intéressé » par la politique »[3] (p. 316) aux États-Unis. Il y a ainsi éloignement du fonctionnement de la démocratie aux États-Unis d'avec le fonctionnement efficient en théorie.

Berelson ajoute, pour que le processus démocratique soit le plus efficace possible, que les décisions prises par les électeurs doivent se faire en possession d'information – les

---

[1] Ainsi, les théoriciens montrent la façon dont les électeurs en démocratie sont censés se comporter alors que les spécialistes de l'opinion publique prétendent connaître la réalité du comportement des électeurs en démocratie (Berelson, 1952, p. 314).

[2] *« neither side can solve the problem alone ».*

[3] *« less than one-third of the electorate is « really interested » in politics ».*

électeurs doivent être informés des problèmes sur lesquels ils sont appelés à se prononcer – et en évitant toute décision impulsive. Le souci est que l'électorat est peu informé[1]. Cela s'explique notamment par le fait que les électeurs sont incapables de comprendre le monde tel qu'il est, en sortant des images préconçues qu'ils en ont[2] et parce qu'ils ne prennent pas assez part à des discussions ou débats si ce n'est avec des personnes qui leur ressemblent et qui ont donc peu ou prou les mêmes idées qu'eux, ce qui ne permet aucun apport d'information supplémentaire ou contradictoire (*Ibid.*, pp. 321-323). L'auteur souligne ainsi un deuxième point d'éloignement de la réalité par rapport à la théorie qui consiste en un fort biais d'information qui touche les électeurs[3].

Enfin, pour que la démocratie soit efficiente, il serait nécessaire que les électeurs fassent passer l'intérêt commun avant leurs intérêts particuliers (*Ibid.*, p. 327), ce qui est compliqué à étudier pour les chercheurs. De fait, l'auteur note que nombre de prérequis à l'exercice d'une démocratie efficace ne sont pas complètement acquis aux États-Unis dans les années d'entre-deux-guerres.

Un autre ouvrage du même auteur, co-écrit avec Paul Lazarsfeld et William McPhee est d'un grand intérêt : *Voting* (1954). Cet ouvrage fait écho à un autre ouvrage rédigé en 1944 avec Lazarsfeld déjà et Hazel Gaudet : *The People's Choice. How the Voter Makes Up His Mind in a Presidential Campaign*. Le politiste Avery Leiserson note dès 1955 que l'ouvrage en question correspond « aux débuts, pour la science politique, de la recherche cumulative et systématique qui est si importante pour les sciences de la nature »[4]

[1] L'auteur avance même le fait que 20% des électeurs ne seraient pas du tout informés (*Ibid.*, p. 318) alors que les électeurs informés le sont surtout s'ils cherchent à renforcer et à rationaliser leurs croyances préétablies.

[2] On retrouve ici à nouveau l'idée développée par Lippmann dans son ouvrage de 1922 dont nous avons parlé plus haut.

[3] Nous verrons que cette asymétrie d'information se trouve au cœur de l'analyse de Downs.

[4] *« Here we have the beginning for politics of the kind of systematic, cumulative research which is so important in the natural sciences »*.

(Leiserson, 1955, p. 485), soulignant ainsi l'importance de l'étude, tout comme un autre politiste, Robert E. Lane, qui note la même année que « *Voting* est un livre extraordinairement bon »[1] (Lane, 1955, p. 531) et que « les politistes aiment être témoins d'un tel mariage, bien que tardif, entre sciences socio-psychologiques et politique »[2] (*Ibid.*). L'objet de cette étude est de comprendre la formation et les changements dans les croyances des électeurs concernant leur choix le jour du vote. Pour cela, les auteurs se sont attachés à étudier le comportement des électeurs de la ville de Elmira, dans l'État de New York[3]. Ce que l'on peut retenir de cette étude est la forte influence du contexte social dans les choix d'ordre politique. La famille – qui sera qualifiée dans les années 1960 par Berger et Luckmann d'élément central de la socialisation primaire – est le principal moteur de la formation des croyances politiques chez la plupart des individus. L'entourage proche (hors-famille) ainsi que l'appartenance à une religion expliquent également cette formation. En effet, il nous est indiqué que si le cercle amical et religieux qui entoure les individus tend à les conforter dans leurs choix politiques, c'est d'abord parce que bien souvent, ils choisissent pour amis des individus qui ont des croyances proches des leurs. Les partis politiques quant à eux n'ont presqu'aucune influence en ce sens que, comme les auteurs l'expliquent, ils sont plus occupés à gérer leurs affaires internes plutôt qu'à chercher à conquérir les électeurs. Les campagnes politiques, de façon générale, ne font que renforcer les croyances des individus plutôt que de les faire changer. C'est là un résultat important qui signifie que les partis, s'ils veulent maximiser leurs chances d'élection, doivent se conformer aux croyances préétablies

[1] *« Voting is an extraordinarily good book ».*

[2] *« The political scientists likes to witness such a marriage, however late, of the social-psychological sciences and politics ».*

[3] Cette ville a retenu l'attention des auteurs à la fois du fait de ses caractéristiques (ville moyenne, composition ethnique correspondant à la moyenne américaine par exemple) mais également pour son instabilité politique, tour à tour ville Républicaine puis Démocrate.

des électeurs plutôt que de chercher à manipuler les électeurs de façon à les attirer[1]. On s'éloigne alors de la réflexion proposée par Lippmann, selon laquelle les individus sont fortement manipulés par les partis politiques. C'est là un point capital en ce sens que la théorie de Lippmann favorisait l'étude des partis politiques puisque de toute façon, les électeurs étaient manipulés par ces derniers. Cette étude de Berelson et de ses co-auteurs redonne donc tout intérêt à l'étude du comportement des électeurs et surtout de leurs volontés[2].

Un autre résultat intéressant de cette étude, relevé par Peter H. Rossi dans son compte-rendu de l'ouvrage, est le fait que lors d'une élection présidentielle, les votes des électeurs sont un reflet aussi bien du passé que de la conjoncture présente (Rossi, 1956, p. 779)[3].

La lecture de ces travaux nous donne le sentiment qu'une grande partie des disciplines sociales à l'époque sont à la recherche d'une synthèse entre différentes disciplines pour faire avancer la compréhension de la société. Les avancées en sociologie politique, en psychologie et en philosophie ont ainsi permis une meilleure compréhension de ce spectre difforme qu'est l'opinion publique et par là même du comportement des électeurs en démocratie. Si ces éléments sont au fondement de nombre d'hypothèses notamment soulevées par Downs, et sur lesquelles nous reviendrons plus loin dans notre développement, les avancées réalisées en science politique vont également y contribuer.

---

[1] Ce point est particulièrement important pour l'analyse de Downs lorsqu'il cherche à comprendre comment les partis politiques font en sorte de récolter des voix. Voir *infra*.

[2] Downs, qui cite ces différents auteurs, sera alors mené à étudier à la fois le comportement des partis et celui des électeurs pour mettre à jour leur complémentarité.

[3] Une nouvelle fois, ce point retiendra l'attention de Downs concernant notamment la cohérence temporelle des partis. Voir *infra*.

2. De l'ouverture de la science politique à la théorie démocratique

La science politique connaît dans les années 1950 un souffle nouveau avec l'émergence notamment d'une littérature centrée autour de la théorie démocratique, qui sera portée par des auteurs tels que Robert A. Dahl ou Edward C. Banfield, reconnus aujourd'hui encore comme des références sur le sujet. Trois ouvrages notamment nous semblent d'une grande importance dans la formation de cette nouvelle littérature, qui a pu émerger grâce à une ouverture de la science politique vers d'autres disciplines.

La première ouverture d'envergure de la science politique a été en faveur de la science économique. En 1953, est publié un essai[1] rédigé par Robert A. Dahl, professeur de sciences politiques à l'Université Yale, et Charles E. Lindblom, professeur d'économie dans la même université. Cet essai s'ouvre avec la reconnaissance par les auteurs du fait qu'il soit « dommage que le terme « économie politique » soit difficilement utilisé sans évoquer les fantômes de Smith, Ricardo et des Mill »[2], qui sont des noms « respectables mais démodés »[3] (Dahl & Lindblom, [1953] 1963, p. xxi) alors même que la société actuelle mêle économie et politique (*Ibid.*). Il paraissait donc évident pour eux de proposer une théorie formant une synthèse entre les deux disciplines. Pour cela, les avancées effectuées tant en philosophie qu'en psychologie ou en sociologie telles que nous les avons vues allaient être une base nouvelle sur laquelle s'appuyer. Comme les auteurs l'indiquent, « aucune théorie ne pourrait réunir économie et politique à moins d'expliciter les

---

[1] *Politics, Economics, and Welfare. Planning and Politico-Economic Systems Resolved into Basic Social Processes*

[2] *« It is a pity that the term « political economy » can hardly be used today without conjuring up the ghosts of Smith, Ricardo, and the Mills ».*

[3] *« respectable but old fashioned ».*

principes sociologiques et psychologiques élémentaires sur lesquels reposent les deux corps de théorie »[1] (*Ibid.*, p. xxii)[2].

L'ouvrage cherche alors à « traiter dans son ensemble le problème des rapports entre la politique et l'économie, autrement dit, rechercher à la fois dans les principes de la politique et dans ceux de l'économie, le moyen d'étudier une théorie générale de la « politique économique » » (Lhomme, 1955, p. 328). Ce faisant, ce travail « illustre la croyance grandissante selon laquelle le divorce entre économie et politique qui a eu lieu au XIXe siècle était une erreur »[3] (Taylor, 1954, p. 274). Il s'agit de fait d'un ouvrage d'une importance capitale à la fois pour la science économique et la science politique en ce sens qu'il s'agit de l'un des premiers travaux d'envergure à chercher à renouer les liens forts qui ont pu exister entre les deux disciplines par le passé. L'ouvrage de Dahl et Lindblom s'articule de la façon suivante : la première partie consiste à présenter distinctement les liens entre objectifs individuels et action collective puis la rationalité de l'action politico-économique, avant que ne soient analysées sept valeurs centrales – qui sont autant d'objectifs sociaux à atteindre – qui prévalent aux États-Unis[4]. La partie suivante, qui est la plus importante de l'ouvrage est consacrée à quatre procédés socio-politico-économiques de référence[5]. Enfin, les structures et procédés étudiés dans les parties précédentes sont convoqués de façon à étudier les techniques à l'œuvre dans les décisions de politique économique. Cette étude a eu un certain impact à la

---

[1] *« no theory could unify politics and economics unless it made explicit the elemental sociological and psychological premises on which both bodies of theory rest ».*

[2] De fait, il est fait référence en plusieurs endroits du livre à Mannheim, Lippmann et Berelson.

[3] *« The book illustrates the growing belief that the nineteenth-century divorce of economic and political thought was a mistake ».*

[4] À savoir la liberté, la rationalité, la démocratie, l'égalité, la sécurité, le progrès et ce que les auteurs appellent « l'intégration convenable » (*appropriate inclusion*) des différents groupes sociaux.

[5] Le système de marché, la hiérarchie, la polyarchie et la négociation.

fois chez les économistes[1], chez les politistes[2], chez les sociologues[3], et même chez les historiens ou les anthropologues[4]. L'ouverture de la science politique vers la science économique était ainsi amorcée, préparant le terrain pour la formation de nouvelles théories en sciences politiques.

Après cette ouverture vers la science économique, c'est un rapprochement de la science politique d'avec la sociologie qui a également permis à la théorie démocratique d'émerger. Un ouvrage – beaucoup plus empirique – de Edward C. Banfield et Martin Meyerson (1955) est caractéristique de cette ouverture vers de nouvelles façons d'étudier le fonctionnement de la politique par le prisme de l'analyse sociologique. Dans cet ouvrage[5] en effet, Meyerson et

---

[1] William Baumol indique par exemple que « la qualité du travail est au-delà de tout questionnement » (*« the quality of the book is beyond question »*) et qu'il représente « une importante contribution dans le fait de rapprocher des matériaux pertinents tirés de la science politique et de l'économie » (*« it has an important contribution to offer in actually bringing together relevant materials from political science and economics »*, Baumol, 1954, p. 270).

[2] Bertram M. Gross affirme qu'il s'agit d'un « livre important » (*« This is an important book »*, Gross, 1954, p. 558) et « suggère que les politistes et économistes exploitent le filon aussi rapidement et minutieusement que possible » (*« suggest that politial scientists and economists tap this rich vein of ore as quickly and thoroughly as possible »*, *Ibid.*, p. 560).

[3] C. Arnold Anderson explique ainsi qu'il s'agit d'un ouvrage que « tout chercheur en sciences sociales devrait étudier et réétudier » (*« every social scientist should study and re-study »*, Anderson, 1953, p. 201).

[4] Respectivement, Oscar Handlin note que « la discussion entière procède avec une cohérence et une intelligence telles qu'elle saura intéresser les lecteurs spécialistes et non spécialistes » (« *The discussion as a whole proceeds with a coherence and intelligence that will prove attractive to both technical and general readers* », Handlin, 1954, p. 1096) et John Honigmann est poussé à reconnaître que le fait de « lire ce produit d'une collaboration interdisciplinaire rappelle le niveau de timidité de l'anthropologie » (« *Reading this product of interdisciplinarity collaboration calls to mind how shy anthropology remains* », Honigmann, 1954, p. 934), qui ne se développe que dans ses propres limites.

[5] *Politics, Planning, and the Public Interest: The Case of Public Housing in Chicago*

Banfield choisissent d'étudier un cas pratique qui est celui de la prise de décision concernant la construction d'habitations à caractère social dans la ville de Chicago. L'étude prend place entre l'entrée en vigueur de la loi sur le logement[1] en 1949 et la décision prise à Chicago des sites géographiques sur lesquels des logements sociaux allaient être bâtis. Le but des auteurs est de mettre en lumière et de comprendre le processus de sélection des lieux de construction des nouveaux bâtiments. Ainsi, leur étude porte aussi bien sur le fonctionnement de l'administration locale que sur l'opinion du voisinage de chaque lieu sélectionné. C'est précisément cette méthodologie qui en fait une étude qui emprunte à l'analyse sociologique. Les quartiers sont étudiés de façon à comprendre la ségrégation – qu'elle soit raciale ou économique – qui y règne. John Merriman Gaus, qui a proposé une critique de l'ouvrage en 1956 note que le travail final tel qu'il est publié semble honnête et qu'il peut être un premier pas vers une théorie universelle de la prise de décision politique au niveau local[2]. Il ajoute par ailleurs que « c'est à partir d'études comme celle-ci qu'un ensemble de données plus riche et plus utile encore [...] sera disponible auprès des étudiants, et permettra de proposer des théories plus générales »[3] (Gaus, 1956, p. 743).

Mais plus que cette étude concernant la ville de Chicago, ce qui nous importe ici est la discussion proposée par

---

[1] National Housing Act. Cette loi, appartenant au Fair Deal de Truman, visait notamment à étendre le rôle du gouvernement fédéral en matière de construction de logements sociaux. La ville de Chicago, prise en exemple dans cette étude, est un choix judicieux. En effet, c'est à la suite de la mise en place du National Housing Act que le fameux projet Cabrini-Green Homes y a vu le jour, projet qui consistait à construire des logements sociaux dans le centre-ville de Chicago.

[2] Cette réflexion de Gaus nous pousse une nouvelle fois à penser que tous les chercheurs, quelle que soit leur discipline d'origine, cherchent un modèle de décision politique universel, qui dépasse justement les frontières disciplinaires.

[3] *« It is from studies such as this that a richer and more useful body of data [...] will be available to future students, and more widely relevant generalizations will be created »*

Edward Banfield en toute fin d'ouvrage[1] de termes utilisés à de nombreuses reprises tout au long de l'étude qui précède comme ceux de politique et d'intérêt général. L'auteur indique alors que l'étude proposée repose sur le concept de rationalité des agents[2] (Meyerson & Banfield, 1969, p. 314) et que, concernant la discussion du terme « intérêt général », deux conceptions s'affrontent, à savoir une conception unitaire et une conception individualiste, cette dernière reposant sur les travaux de Bentham à propos de l'agrégation des préférences. Ce débat à propos de ce qu'est l'intérêt général est un débat de fond qui va persister de nombreuses années, et qui sera repris notamment par Buchanan, qui va opposer visions organique et individualiste de la société, formant ainsi deux types de littérature sue le sujet, comme nous allons le voir.

Après l'ouverture consentie par la science politique vers l'économie et une seconde ouverture effectuée en direction de la sociologie, le terreau était propice à l'apparition de nouveaux travaux et notamment concernant la théorie démocratique.

C'est un autre ouvrage d'une grande importance, *A Preface to Democratic Theory* de Robert A. Dahl (1956), qui a initié l'émergence de la littérature concernant la théorie démocratique. À en croire divers commentateurs, il s'agirait en effet d'un ouvrage ouvrant la voie à de nouvelles formes de recherche en science politique. Ainsi, comme le note le sociologue Bernard Barber, cet « excellent petit livre [...] représente brillement un nouveau style de théorie politique

[1] *Note on Conceptual Scheme*, p. 303.

[2] Encore une fois, l'on ressent la volonté de réfléchir sur une base commune à la théorie de la décision politique, base commune en ce sens que le concept de rationalité est une hypothèse psychologique ou philosophique commune aux nouvelles théories de la décision politique aussi bien chez les politistes que chez les économistes.

concernant la démocratie »[1] et « aura une importante influence à la fois sur les futures théories de la démocratie et sur la pratique actuelle dans les démocraties à travers le monde »[2] (Barber, 1957, pp. 474-475). Il s'agit là d'un avis partagé dans le monde universitaire[3].

Dans cet ouvrage, Dahl propose d'étudier trois formes de démocratie qui sont autant d'idéaltypes[4]. Il évoque et décrit ainsi tour à tour le fonctionnement d'une démocratie qu'il qualifie de « madisonienne », d'une démocratie dite « populiste » et enfin d'une démocratie « polyarchique ».

La démocratie madisonienne est une démocratie qui se veut représentative, offrant à chaque citoyen adulte une égalité politique devant le vote tout en restreignant son pouvoir politique de sorte que le pouvoir de la majorité ne puisse prendre le pas sur celui des minorités[5]. Ce type de démocratie repose en grande partie sur la construction et le respect d'une Constitution qui est en mesure de préserver cette égalité de tous les citoyens de sorte à éloigner les risques de tyrannie évoqués par Alexis de Tocqueville[6]. Cependant Dahl ajoute que rien n'indique qu'une concentration des pouvoirs va forcément mener à la

---

[1] *« this excellent little book [...] brilliantly represents a newer style of political theory about democracy ».*

[2] *« it will have an important influence on both future theory about democracy and on actual practice in democracies round the world ».*

[3] À titre d'exemple, nous pouvons citer les politistes Herbert McClosky indiquant que l'ouvrage de Dahl est « une contribution unique et particulièrement intelligente à la littérature en sciences politiques » (« *it is a unique and unusually intelligent contribution to the literature of political sience in general* », McClosky, 1956, p. 1136) ou encore J. Roland Pennock qui termine sa critique de l'ouvrage de Dahl en affirmant que « le livre est un incontournable pour les théoriciens de la démocratie » (« *The book is a must for democratic theorists* », Pennock, 1957, p. 310).

[4] Le terme d'idéaltype est emprunté à la terminologie wébérienne et n'apparaît pas sous cette appellation dans l'ouvrage de Dahl.

[5] On retrouve ici des problématiques qui seront ensuite traitées notamment par Buchanan et Tullock d'abord séparément puis dans leur ouvrage commun.

[6] Une nouvelle fois, cette importance de la constitution se trouvera au cœur des travaux de Buchanan comme nous le verrons dans le dernier chapitre de cet ouvrage.

tyrannie, tout comme la répétition d'élections est insuffisante pour faire perdurer la démocratie[1]. Ainsi, il semblerait que l'importance donnée à la Constitution dans ce type de démocratie soit démesurée, mettant de côté les contraintes sociales informelles inhérentes à toute société. Dahl poursuit en indiquant que le plus important est de prendre en compte ces réalités sociales qui, bien qu'informelles, jouent un rôle considérable dans le fonctionnement d'une société plutôt que de se concentrer sur un contrôle social externe composé de règles juridiques par exemple.

La démocratie populiste consiste de son côté aussi en une égalité des citoyens, une souveraineté du peuple mais cette fois sans restriction des pouvoirs notamment de la majorité. Ce type de démocratie comporte toutefois des faiblesses pointées du doigt par Dahl. Ainsi, le fonctionnement de cet idéaltype suppose que la majorité préfère une alternative alors que dans la réalité, il peut y en avoir plusieurs. De plus, il ignore l'intensité des préférences des électeurs[2]. Ces faiblesses, entre autres, font dire à Dahl que ce modèle de démocratie est également imparfait.

L'auteur décide alors de construire de toute pièce un troisième idéaltype qui est celui de la démocratie polyarchique, combinant des éléments tirés des deux premiers types de démocratie. La différence ici est que le système n'a pas pour but d'imposer un fonctionnement démocratique par la Constitution ou tout autre moyen légal, mais de proposer des conditions d'élaboration et de fonctionnement de la démocratie qui ont un véritable sens en ce qu'elles s'appuient sur des prérequis sociaux, évoqués lors du passage en revue du premier idéaltype, à savoir des déterminants informels tels que les préférences individuelles par exemple. Dahl prêche ainsi pour la recherche d'une

---

[1] On retrouve ici des prémisses d'une théorie de l'instabilité de la démocratie, qui va occuper l'ensemble de notre travail.

[2] C'est également là un point qui sera longuement développé chez Tullock notamment dans ses articles de 1959 à 1961 et qui formera la base de sa réflexion sur le vote à la majorité absolue. Voir *infra*.

meilleure compréhension de la réalité démocratique qui permettrait son amélioration et sa pérennité : plutôt que de ne s'intéresser qu'aux déterminants politiques et juridiques du vote, l'auteur propose de prendre en compte l'ensemble de ces déterminants. Ainsi, en plus d'assurer la liberté de vote ou l'égalité de tous devant les urnes, l'accent est également porté sur l'intensité des opinions et préférences des électeurs[1]. C'est donc une étude à la fois juridique, psychologique et sociologique à laquelle se confronte Dahl avec des outils qu'il est l'un des premiers à apporter à la science politique, des outils analytiques. En effet, l'auteur admet lui-même avoir été influencé par l'ouvrage de Kenneth Arrow publié en 1951[2] de telle sorte qu'il a, dans une « ère de la science politique pré-quantitative, pré-mathématique, lorsque le langage presque exclusif de la science politique était constitué de mots »[3] (Dahl, 1991, p. 298), « présenté une partie des arguments à l'aide d'un système de notation formel »[4] (*Ibid.*)[5]. L'ouvrage de Dahl permet donc un véritable renouveau pour la science politique. Non seulement l'analyse des systèmes démocratiques proposée emprunte largement à la sociologie et à la psychologie, mais surtout par la volonté explicite de Dahl d'axiomatiser la pensée politique. Cette axiomatisation, inspirée par la lecture de l'ouvrage de Arrow, a de ce fait permis un rapprochement de la science politique et de la science économique non seulement du point de vue des problématiques traitées et des théories évoquées, mais également sur un plan méthodologique, avec l'usage de modèles mathématiques

1 Ces deux éléments seront opposés par Downs et Tullock dans leurs articles respectifs en 1960. Voir *infra*.

2 Voir *supra*.

3 *« In that pre-quantitative, pre-mathematical era of political science, when the almost exclusive language of political science was words »*.

4 *« to present parts of the argument in a formal notational system »*.

5 Lorsqu'il présente ses arguments, Dahl avance des propositions et déroule des hypothèses comme de véritables modèles hypothético-déductifs que les économistes pourraient utiliser. Il n'hésite également pas à traduire ses idées sous forme d'équation en notes de bas de pages.

dont la science économique a su se doter dans sa volonté de rapprochement d'avec les sciences de la nature.

3. De nouvelles références pour la discipline économique

Dans un article publié en 1998, Mary S. Morgan et Malcolm Rutherford indiquent que la période d'entre-deux-guerres est marquée par un changement de standards pour la science économique, qui va se reconstruire autour d'éléments centraux tels que les mathématiques, les statistiques et l'économétrie. Ceci s'explique en partie par la volonté des économistes d'ériger leur discipline en tant que véritable science. En effet, le caractère scientifique de l'économie était très fortement contesté à une époque où l'on estimait que toute discipline relevant de la science devait prendre appui sur les méthodes employées par les sciences de la nature (Morgan & Rutherford, 1998, p. 6). Les mathématiques permettent en effet d'éloigner toute subjectivité, toute ambiguïté en ce sens, et sont considérées comme neutres (*Ibid.*, p. 9). Cela autorise de fait les économistes à donner des conseils politiques objectifs. Ce changement de canons va pousser les économistes à axiomatiser leurs théories et va leur permettre de reprendre des réflexions et théories déjà bien connues, en les étudiant à l'aune de l'analyse mathématique[1]. À côté de ce mouvement de mathématisation de la discipline, la science économique procède également à une ouverture vers d'autres disciplines en s'accaparant des thématiques et problématiques qui lui étaient jusqu'alors étrangères. Parmi ces thématiques figure le fonctionnement de la démocratie.

Si la démocratie et les éléments qui la composent ont été l'objet d'étude privilégié de nombre d'auteurs issus de champs disciplinaires aussi divers que la science politique, la

[1] On peut ici évoquer les travaux sur l'équilibre général de Kenneth Arrow et Gérard Debreu en 1954 ou de Lionel McKenzie la même année.

philosophie ou la sociologie, les économistes ont également apporté leur pierre à l'édifice, opérant ainsi un retour à la tradition classique. Cette résurgence de l'économie politique ou, plus précisément, de l'économie du politique est anticipée par des auteurs comme Schumpeter, Black, Arrow ou Buchanan qui, chacun de leur façon, ont proposé des analyses novatrices qui formeront une base de réflexion riche pour les auteurs qui leur succéderont.

3.1 De la redéfinition des frontières de l'économie à la théorie du choix social

Parmi les premiers économistes à tenter de filer la métaphore du marché en politique au XXe siècle se trouve Schumpeter[1]. Il faut dire que le profil de l'économiste autrichien s'y prête facilement. En effet, en parallèle de sa carrière d'économiste, Schumpeter a été, un court moment, ministre des Finances (Cunningham, 2002, p.9).

Dans son ouvrage *Capitalisme, Socialisme et Démocratie* (1942), l'économiste s'interroge sur la notion de démocratie et sur le sens que celle-ci revêt. Il indique ne pas être en accord avec la définition classique donnée à ce régime politique par les politistes et propose une redéfinition du concept. Cette volonté sera qualifiée de contestation réaliste ou révisionniste de l'interprétation classique de la démocratie par les politistes (*Ibid.*).

Ainsi, Schumpeter présente la conception classique de la démocratie en indiquant que dans ce cadre, « la méthode démocratique est la technique de gestation des décisions

[1] Joseph A. Schumpeter n'est pas le premier à user de la métaphore du marché pour évoquer le fonctionnement politique d'un pays. Certains politistes avaient d'ores et déjà réfléchi en ce sens. Comme nous l'avons noté plus haut, Gabriel A. Almond (Almond, 1991, p.118) indique que dès 1940 Pendleton Herring publie un ouvrage dans lequel il propose une analogie entre marché économique et fonctionnement des partis politiques aux États-Unis. Dans son analyse, le politologue explique que les actions du gouvernement américain sont mises en place pour répondre à une demande qui émane de la population. C'est ainsi que sont insérés les termes de marché, d'offre, de demande au cœur de la réflexion politique.

politiques qui réalise le bien commun en chargeant le peuple lui-même de faire pencher le plateau de la balance en élisant des individus qui se réunissent ensuite pour accomplir sa volonté » (Schumpeter, 1951 [1942], pp. 377-378). Or, cette définition classique lui pose un problème, notamment concernant la notion de bien commun. En effet, Schumpeter fait remarquer que pour faire éclore l'intérêt commun à partir d'intérêts particuliers, il est nécessaire de connaître l'ensemble des volontés individuelles, ce qui est tout bonnement impossible. De plus, l'économiste autrichien remet en doute le fait que tous les individus ont la même vision de ce qu'est cet intérêt commun[1]. En effet, il indique que « le bien commun doit nécessairement signifier des choses différentes pour des individus et groupes différents » (*Ibid.*, p. 379). Ces divers éléments font dire à Schumpeter que la définition classique de la démocratie correspond peu à la société telle qu'elle existe. Il y a donc nécessité d'avoir une conception plus réaliste de ce que représente le terme démocratie. Une nouvelle définition en est donc proposée : « la méthode démocratique est le système institutionnel, aboutissant à des décisions politiques, dans lequel des individus acquièrent le pouvoir de statuer sur ces décisions à l'issue d'une lutte concurrentielle portant sur le vote du peuple » (*Ibid.*, p. 403). Cette nouvelle définition donnée à la démocratie déplace la frontière entre science politique et économie et fait entrer l'étude de la démocratie dans le champ de l'économie[2]. De fait, il place le vote en tant que

---

[1] Voir Lippmann *supra*.

[2] C'est là un point sur lequel Schumpeter n'insiste pas mais qui est en fait crucial : par ce simple changement de définition, l'auteur fait passer la démocratie du rang d'objet politique à celui d'objet économique. En définissant la démocratie en termes de choix politiques voire psychologiques, l'économie était tenue éloignée de son étude. En choisissant en revanche, comme l'a fait Schumpeter, de définir la démocratie à partir d'éléments tels que la concurrence et en filant ainsi une métaphore entre compétition politique et compétition économique, avec la notion implicite de marché, l'objet politique entre naturellement dans le spectre d'étude des économistes. Cela se précise deux pages plus loin, lorsque Schumpeter indique que la compétition pour la prise de

pierre angulaire de la démocratie. Sans vote, suivant la définition donnée par Schumpeter, il n'y a pas de démocratie (Cunningham, *op. Cit.*, p. 68).

La métaphore est d'usage : Schumpeter propose une analogie entre démocratie et marché économique. C'est là le premier pas majeur effectué de la part d'un économiste en direction de la science politique. Mais d'autres économistes vont emboîter le pas à Schumpeter et notamment les premiers théoriciens du *public choice*. Nous montrerons en effet plus tard dans notre développement que ces derniers vont se servir de la théorie schumpetérienne de la démocratie[1] comme point de départ de leur analyse (*Ibid.*, p. 102). Mais avant eux, d'autres économistes ont poursuivi le chemin tracé par Schumpeter.

Dans un article publié en 1948, l'économiste écossais Duncan Black s'interroge sur la prise de décision collective[2]. Dans l'exemple qu'il y développe, un certain nombre de motions sont proposées à un comité qui doit n'en choisir qu'une par le biais d'un vote. L'auteur montre alors que l'on peut, à partir du moment où un membre du comité a réalisé un classement de ses préférences vis à vis des différentes motions proposées, représenter ce classement sous forme graphique. Se dessine alors une courbe qui peut prendre n'importe quelle forme[3]. Cependant, Black insiste sur le fait

---

pouvoir politique met en exergue les mêmes questions que la compétition de nature économique. Un véritable parallélisme se dessine donc entre politique et marché.

Si la définition nouvelle donnée par Schumpeter permet à l'objet politique d'être mieux saisi par l'analyse économique, elle a cependant été l'objet de critiques sévères, notamment de la part des « théoriciens socialistes, féministes et antiracistes [...] qui favorisaient des approches de la démocratie impliquant les citoyens plus que par le simple fait de voter » (« *Socialist, feminist, and antiracist theorists [...] favored approaches to democracy involving much more citizen participation than just voting* », Cunningham, *op. Cit.*, p. 20).

[1] Cunningham (*op. Cit.*, p. 123) parle même d'école de pensée réaliste.

[2] Plus précisément, sa réflexion est portée sur le fonctionnement du vote en tant que déterminant d'une prise de décision.

[3] En effet, le classement des préférences est libre.

que « il y a des raisons de penser que, concernant quelques problèmes pratiques importants, les estimations effectuées auront tendance à prendre la forme de points isolés sur des courbes à sommet unique »[1] (Black, 1948, p. 24). C'est là l'apparition des préférences *single-peaked*, ou préférences à sommet unique.

Une fois tracées les courbes de préférence de tous les individus, il est possible de dégager un optimum médian, *i.e.* un sommet médian dans la distribution totale des préférences. En posant une hypothèse de transitivité (*Ibid.*, p. 30), Black nous enseigne que l'optimum médian sera l'optimum choisi par la majorité. C'est un cas typique de gagnant de Condorcet[2]. Ce nouvel outil analytique - les *single-peaked preferences*, préférences à sommet unique - va se montrer très utile dans l'analyse économique du politique.

En effet, lorsque la distribution des préférences est représentée graphiquement, on obtient une succession de courbes à sommets uniques qui se chevauchent. Si le nombre de courbes est impair, alors il existe un sommet médian enclin à obtenir une majorité de votes. Si le nombre de courbes est pair, alors la distribution peut comporter deux optima médians. Dans ce cas, un individu - le président du comité chez Black - peut faire en sorte de briser la situation en désignant le sommet le plus proche du sien comme étant le vainqueur. Une fois l'optimum identifié, il suffit pour le candidat ou le parti de le conquérir dans le but d'obtenir *in fine* une majorité de suffrages. Les électeurs dont le sommet des préférences se place à droite de l'optimum sur l'axe des abscisses - sur lequel on place la distribution ordonnée des alternatives proposées au vote - préféreront ce dernier à toute proposition située à sa gauche. De façon inverse, tout électeur dont le sommet des préférences se trouve à gauche de l'optimum sur l'axe des abscisses préférera ce dernier à

---

[1] *« There is reason to expect that, in some important practical problems, the valuations actually carried out will tend to take the form of isolated points on single-peaked curves ».*

[2] Ainsi, si cet optimum médian était opposé en duel à n'importe quel autre optimum de la distribution, il obtiendrait une majorité de voix.

toute proposition se trouvant à sa droite. C'est la manifestation de la propriété de transitivité, centrale dans le modèle de Black (*Ibid.*).

De cette réflexion et de l'application de ces outils à la politique va naître le théorème de l'électeur médian, élément central des nouvelles théories d'économie politique développées dans les années 1950 et 1960, qui sera notamment repris et peaufiné par Downs[1].

Kenneth Arrow participe également de cette volonté d'analyser la problématique politique à l'aune de la méthodologie économique. Plus précisément, il est intéressé par le choix collectif établi par le biais du vote. Dans son travail de thèse publié en 1951[2], Arrow cherche à comprendre le mécanisme de la démocratie. C'est en fait le fonctionnement du vote en tant qu'outil permettant le choix social qui intéresse l'auteur[3]. Aussi, il est possible de résumer la question centrale à la réflexion développée par Arrow de la façon suivante : « si l'on met en présence des individus rationnels cherchant à maximiser leur bien-être et qui sont en compétition pour obtenir des ressources rares au sein d'un mécanisme de marché en concurrence pure et parfaite, qu'advient-il ? » (Lengaigne et Postel, 2004, p. 390) ou, plus précisément en termes de choix social, « étant donné un ensemble d'individus rationnels ayant des préférences distinctes, existe-t-il un moyen de déterminer un choix collectif qui corresponde à leur souhait ? » (*Ibid.*, p. 392). Ayant évacué les modes de décision de type dictatorial et conventionnel, il reste ce qu'Arrow nomme le consensus. Ce

---

[1] Voir *infra*.

[2] *Social choices and individual values*, contribution qui vaudra à Arrow en 1972 d'être récipiendaire du Prix de la Banque de Suède en sciences économiques en mémoire d'Alfred Nobel. Voir, par exemple, Bernard Grofman (2004).

[3] Dès l'introduction de son ouvrage, Arrow évacue la prise de décision dictatoriale ou par convention (Arrow, [1951] 1974, p.2) pour ne retenir que le vote démocratique comme objet d'étude. Une nouvelle fois donc, à l'image de Schumpeter, le vote tient un rôle central dans la théorie développée.

terme de consensus provient du fait qu'il faille, dans le but de faire émerger un choix social accepté de tous, obtenir un véritable accord en tant qu'équilibre entre les différentes préférences individuelles. Rappelons que celles-ci sont rationnelles, mais aussi ordinales en ce sens qu'on ne peut mesurer leur intensité[1]. Ce consensus peut être atteint par le biais de l'élection. Cependant, tout n'est pas si simple et la question est ici de savoir comment le vote pourrait y aboutir. C'est dans le chapitre 3 de son ouvrage que l'économiste, se référant à Abram Bergson, propose une formalisation de la fonction d'utilité qui va lui servir à étayer son argumentaire. Par fonction d'utilité sociale, Arrow entend « un processus ou règle qui, pour chaque ensemble ordonné de préférences individuelles R1, ..., Rn concernant des états sociaux alternatifs (un seul classement par individu), fait correspondre un ensemble ordonné de préférences sociales concernant les différents états sociaux, R »[2] (Arrow, [1951] 1974, p. 23). Plutôt que de se demander si une fonction de bien-être social existe bel et bien, Arrow préfère proposer un ensemble de conditions qui pourrait correspondre au moins de façon satisfaisante à une telle fonction. Pour cela, il propose cinq conditions[3] que doit remplir cette fonction, de

[1] C'est là un point sur lequel reviendront Tullock et Buchanan. Voir *infra*.

[2] *« a process or rule which, for each set of individual orderings R1, ..., Rn for alternative social states (one ordering for each individual), states a corresponding social ordering of alternative social states, R ».*

[3] La première condition concerne l'universalité de la préférence sociale, qui assure que « aucune restriction n'est imposée sur les préférences individuelles » (Lengaigne et Postel, *op. Cit.*, p. 396). De ce fait, les individus sont libres d'imposer l'ordre des préférences qui leur importe. En d'autres mots, tout ensemble de préférences logiquement possibles peut être choisi par les individus (*« ervery logically possible set of individual orderings [...] can be obtained from some admissible set of individual orderings of all alternatives »*, Arrow, *op. Cit.*, p.24).

La deuxième condition impose une certaine forme à la fonction d'utilité, une sorte de monotonie à la fonction. Ainsi, Arrow s'assure que l'ensemble ordonné de choix collectif obtenu dérive bien des ensembles ordonnés de choix privés émis par les individus.

La troisième condition consiste en une condition d'indépendance des préférences. Cette condition veut que les choix les individus ne tiennent

sorte à poser un cadre à sa réflexion. Ces différentes conditions assurent au modèle d'Arrow que le consensus y émerge d'un processus libre, transparent et collectif. Cependant l'auteur reconnaît lui-même que « il sera très difficile de construire une fonction de bien-être social qui serait conforme avec les conditions 1 à 5 »[1] (*Ibid.*, p. 46), bien que celles-ci soient assez larges. En réalité, poursuit-il, une telle construction est possible lorsque le choix porte sur deux alternatives. C'est au-delà de deux qu'elle devient problématique. Il extrait de cette remarque un théorème de possibilité pour deux alternatives. Mais Arrow poursuit son étude pour en tirer une théorie qui s'applique de façon générale et pas seulement à cette spécificité. Il affirme alors que l'hypothèse que l'on pourrait faire de l'existence d'une fonction de bien-être social répondant aux cinq conditions préétablies est purement contradictoire (*Ibid., passim.*). Cela le mène à annoncer qu'aucun moyen ne peut accorder préférences individuelles et sociale, à moins d'abandonner

---

pas compte des éléments externes aux différentes alternatives qui leur sont proposées. À la page 26 de son ouvrage, Arrow prend l'exemple d'une élection qui voit s'affronter plusieurs candidats. Il est demandé aux électeurs de faire leurs choix entre ces candidats lorsque l'un de ces derniers décède. Le classement final établi par les électeurs devra alors évidemment exclure le candidat disparu mais encore, il devra se faire sur la base des seuls candidats présents, la mort du candidat disparu ne devant pas entrer en compte lors de ce choix.

La quatrième condition nous renvoie à ce que nous avons vu plus haut, à savoir la non-imposition des choix des individus par quelque convention qu'il soit. Arrow formule cette condition de la plus simple des manières : « la fonction de bien-être social ne doit pas être imposée » (« *The social welfare function is not to be imposed* », Arrow, *op. Cit.*, p. 29)).

La cinquième et dernière condition reprend ce que nous précisions également plus tôt, à savoir le fait que la fonction d'utilité sociale ne doit pas être dictatoriale. Le choix social doit rester démocratique et découler de la volonté de l'ensemble des individus et non seulement d'un seul ou d'un groupe restreint d'entre eux.

[1] « *it will be very difficult to construct a social welfare function consistent with Conditions 1-5* ».

l'idéal démocratique pour se rapprocher du fonctionnement dictatorial[1].

Cette période, durant laquelle nombre d'économistes vont chercher à étudier le politique au travers du prisme de l'analyse économique, est également marquée par le souhait de certains d'entre eux de s'interroger sur l'objet qu'ils étudient, à savoir l'État. C'est en introduisant des notions de philosophie politique – qui poussera plus encore le rapprochement de la science économique d'avec la science politique – que cela sera rendu possible. Certains travaux de Buchanan en sont le reflet.

3.2. Buchanan et l'introduction de la philosophie politique en économie

Jusqu'au milieu des années 1950, les travaux de Buchanan se focalisent sur le thème des finances publiques ou du fédéralisme et l'économiste « commence à peine à reconnaître l'extension exploratoire potentielle permise par l'abandon des frontières disciplinaires »[2] (Buchanan, 1992, p. 90). Autrement dit, c'est à partir du milieu des années 1950 que Buchanan commence à s'intéresser à des problématiques provenant d'autres disciplines et en particulier de la science politique. Cet élargissement du champ de recherche de Buchanan à l'économie politique commence en réalité à apparaître dès 1949 et se poursuit en 1954 (*Ibid.*) au cœur de travaux qui introduisent la philosophie politique dans l'analyse économique moderne de la démocratie. Le volet philosophique de la pensée de Buchanan lui provient de sa connaissance des travaux de Knut Wicksell. Dans son discours de réception du Prix Nobel en 1986, Buchanan le confirme en « admettant l'influence de ce grand suédois, Knut Wicksell, sur [son] propre travail, une

---

[1] Nous verrons que l'option dictatoriale sera étudiée par Tullock des années plus tard. Voir *infra*.

[2] *« beginning to recognize the potential explanatory extension made possible by the abandonment of disciplinary constraints ».*

influence sans laquelle [il] ne serait pas sur le podium [pour recevoir son prix, *nda*]. Nombre de [ses] contributions, notamment en économie politique et en théorie fiscale, peuvent être décrites comme des réitérations, des élaborations et des extensions variées de thématiques wicksellienne »[1] (Buchanan, 1986)[2] [3]. « Épuré au maximum, le message de Wicksell était clair, élémentaire et évident. Les économistes devraient cesser de proposer des avis en termes de politique [...] et devraient s'intéresser à la structure au cœur de laquelle les décisions politiques sont prises »[4] (*Ibid.*). Ainsi, dans « une étude préliminaire »[5], Buchanan « a exhorté

---

[1] *« to acknowledge the influence of that great Swede, Knut Wicksell, on [his] own work, an influence without which [he] should not be at this podium. Many of [his] contributions, and especially those in political economy and fiscal theory, might be described as varied reiterations, elaborations, and extensions of Wicksellian themes ».*

[2] Buchanan a pris connaissance de « l'approche microéconomique individualiste de Wicksell » (*« Wicksell's individualistic microeconomic approach »*, Forte & Brady, 2018, p. 150) lorsqu'il lui a été demandé de traduire un texte en allemand pour un cours de langues vivantes (*Ibid.*, p. 151). Buchanan a alors choisi de traduire la thèse de Wicksell, *Finanztheoretische Untersuchungen* rédigée en 1896 (Buchanan, 1986) dans laquelle celui-ci indique entre autres choses que « la règle de vote à l'unanimité permet aux membres d'un parlement de choisir les services publics et les montants de taxes correspondants avec une répartition similaire à celle qui interviendrait sur un marché » (*« voting by the unanimity rule allows members of a parliament to choose the public services and their tax prices with an allocation similar to that in the market exchanges »*, *Ibid.*).

[3] Wicksell est par ailleurs au fondement de trois hypothèses employées par Buchanan dans ses travaux, et qui figuraient déjà dans la thèse de l'économiste suédois, à savoir l'individualisme méthodologique, l'homo œconomicus et une vision mercantile de l'activité politique. Notons également que c'est en parcourant les travaux de Wicksell que Buchanan s'est familiarisé avec les travaux des auteurs italiens de la science des finances (Forte & Brady, *op.cit.*, p. 147). C'est par cet autre rapprochement que Buchanan établit une relation entre le principe de Pareto-optimalité et la règle unanime de Wicksell, qui le suivra dans le *Calculus of Consent*. Voir *infra*.

[4] *« Stripped to its essentials, Wicksell's message was clear, elementary, and self-evident. Economists should cease proffering policy advice [...] and they should look to the structure within which political decisions are made ».*

[5] *« in a preliminary paper ».*

[ses] camarades économistes à postuler un modèle d'État, de politique avant de procéder à l'analyse des effets de mesures alternatives »[1] (*Ibid.*). L'auteur se donne pour objectif de « donner un sens économique à la relation entre l'individu et l'État avant de procéder à l'avancement de directions politiques »[2] (*Ibid.*). Cette volonté se traduit dans trois articles en particulier : un article publié en 1949 et deux en 1954.

En 1949, Buchanan dédie un article à l'étude du cadre analytique dans lequel se placent les théories de finances publiques. Il y indique qu'avant même de penser finances ou fiscalité, il est nécessaire de comprendre la nature de l'État au cœur duquel évoluent les agents. Il propose ainsi une dichotomie entre État organique et État individualiste. On parle d'État organique lorsqu'il est « perçu comme une seule entité organique »[3] (Buchanan, 1949, p. 496) et d'État individualiste lorsque « l'État est représenté par la somme des individus qui le composent et qui agissent de façon collective »[4] (*Ibid.*). Buchanan indique que « ces deux approches n'ont pas été clairement séparées ou distinguées dans la littérature à propos des finances publiques »[5] (*Ibid.*). Cette distinction est pourtant d'une importance capitale. Si l'on considère l'État comme organique, alors il faut le traiter comme une unité à part entière cherchant à maximiser son utilité alors que si l'on considère l'État comme individualiste, alors il n'a pas d'objectifs propres en ce sens que, dans ce cadre, l'État n'est qu'un outil mis en place et utilisé par les individus pour réaliser leurs volontés (*Ibid.*, pp. 496-498). Il

---

[1] *« called upon [his] fellow economists to postulate some model of the state, of politics, before proceeding to analyze the effects of alternative policy measures ».*

[2] *« to make economic sense out of the relationship between the individual and the state before proceeding to advance policy nostrums ».*

[3] *« the state [...] is conceived as a single organic entity ».*

[4] *« the state is represented as the sum of its individual members acting in a collective capacity ».*

[5] *« These two approaches have not been clearly separated or distinguished in the literature of government finance ».*

y a donc bien là réellement une première manifestation de la volonté affichée par Buchanan de dépasser les frontières de l'économie pour englober des éléments de réflexion empruntés à la science politique et à la philosophie.

En 1954, Buchanan propose un article qui revient sur les apports proposés par Arrow dans son ouvrage de 1951. Il y indique que si de nombreux commentaires ont été faits à son propos concernant les aspects formels de la démonstration, en revanche les implications philosophiques de ce travail l'ont peu été[1]. Ainsi, Buchanan se propose d'apporter une réflexion de nature philosophique. Le concept de rationalité sociale est notamment l'un des éléments soulignés par Buchanan. Il apparaît, selon lui, difficile de comprendre le sens de cette formule dans l'ouvrage d'Arrow. Ce terme indique que le résultat des processus de prise de décision devrait être rationnel socialement. Or, ce résultat doit être attendu uniquement si l'on confère au groupe social « une existence organique indépendante des individus constitutifs de ce groupe »[2] (Buchanan, 1954a, p. 116). Il convient alors de se demander si la rationalité d'un groupe ainsi pensé peut être évaluée à l'aune d'un ordre de valeur qui n'est pas le sien, mais qui est celui des individus qui le composent (*Ibid.*). Si l'on adopte une approche philosophique individualiste, alors « l'individu est la seule entité possédant des fins ou des valeurs »[3] (*Ibid.*) et le concept de rationalité sociale n'a pas de sens. Dans le cas contraire de la démarche holistique, il convient d'étudier le groupe social comme une entité à part avec ses propres valeurs ou ses propres fins[4].

---

[1] Buchanan cite les travaux de Ian Little et de Jerome Rothenberg comme étant les seuls à avoir intégré cette dimension à leurs commentaires.

[2] *« an organic existence apart from that of its individual components ».* Buchanan revient ainsi ici sur des éléments déjà présents dans son article de 1949.

[3] *« the individual is the only entity possessing ends or values ».*

[4] Les développements antérieurs à cet article de Buchanan, notamment ceux de Lippmann ou de Mannheim, que nous verrons plus tard, semblent indiquer que cette seconde approche est peu en phase avec la réalité de la société telle qu'ils la dépeignent.

Les difficultés de compréhension de l'analyse menée par Arrow proviennent du fait que « le vote et le marché, en tant que mécanismes de prise de décision sont fondés et ont évolué depuis l'acceptation de la philosophie individualiste qui ne suppose pas d'entité sociale »[1] (*Ibid.*, p. 117). On observe donc une différence épistémologique importante qui vient scinder la littérature en deux avec d'un côté les analyses que l'on peut qualifier de holistes, et qui trouvent leur écho dans les théories développées dans les disciplines connexes, comme nous venons de le voir, à l'image de celle développée par Arrow, et d'un autre côté celles qui relèvent de l'individualisme, comme ce que Buchanan semble vouloir développer à ce moment.

Cependant, si l'analyse proposée par Arrow se fonde sur une forme d'holisme qui n'est pas retenue par Buchanan, en revanche elle reste une base intéressante de réflexion. Buchanan se propose en effet de montrer que « la possible incohérence du choix collectif appliquée au vote est nécessaire et une caractéristique très utile du système politique démocratique »[2] (*Ibid.*, p. 118). Dans le cadre du vote à la majorité, une décision qui ne fait pas l'objet d'un consensus peut se révéler provisoire ou expérimentale. En effet, les majorités sont elles-mêmes temporaires et toute décision peut être renversée par une future majorité et peut même l'être par la majorité qui l'a votée (*Ibid.*, p. 119). De plus, « une majorité peut rejeter C en faveur de B, puis sélectionner A plutôt que B, mais pour autant sélectionner C plutôt que A »[3] (*Ibid.*). Le résultat que l'on peut tirer de ce paradoxe apparent n'est pas forcément une incohérence, mais simplement le fait que la majorité n'est pas capable de prendre une décision définitive. L'hypothèse de transitivité

---

[1] *« Voting and the market, as decision-making mechanisms, have evolved from, and are based upon an acceptance of, the philosophy of individualism which presumes no social entity ».*

[2] *« possible inconsistency of collective choice as applied to voting is a necessary and highly useful characteristic of political democracy ».*

[3] *« A majority may reject C in favor of B, and then select A over B, but still select C over A ».*

est donc remise en question. La règle majoritaire, malgré ses limites[1], offre une marge de manœuvre pour opérer des allers-retours entre différentes alternatives qui ne font pas l'objet d'un consensus (*Ibid.*). Toute alternative peut être adoptée, testée, modifiée ou remplacée. Le fait qu'il n'y ait pas de caractère définitif dans les décisions prises fait que l'électorat est moins enclin à camper sur ses positions lorsqu'il s'agit de prendre une décision, sachant que celle-ci pourra être modifiée par la suite, ce qui fluidifie le processus de décision.

Approfondissant sa réflexion, Buchanan indique que dans le cadre du vote à la majorité, un problème d'envergure pourrait toutefois apparaître dans le cas où l'ensemble des membres de la majorité disposerait de préférences identiques quant au classement des différentes alternatives. Dans ce cas, « la rationalité ou cohérence collective est garantie uniquement par l'imposition d'une véritable "tyrannie de la majorité". Les minorités, sous de telles conditions, ne pourraient plus accepter les décisions de la majorité sans révolte »[2] (*Ibid.*, p. 120). Les libertés individuelles des membres non-majoritaires seraient menacées. Il faudrait dans ce cas imposer des contraintes à l'exercice du vote à la majorité et c'est cette réflexion « qui a poussé Wicksell à défendre le principe de l'unanimité pour ce qui concerne l'approbation des lois de finances »[3] (*Ibid.*). Ainsi, note Buchanan, si comme dans l'analyse de Arrow les individus disposent d'un classement immuable des alternatives sociales qui s'offrent à eux, alors l'ensemble du processus de majorité temporaire avec ses décisions

---

[1] Buchanan et Tullock insisteront longuement sur les limites du vote majoritaire dans différents travaux à la fin des années 1950 et dans leur ouvrage commun en 1962. Voir *infra*.

[2] *« collective rationality or consistency is secured here only at the cost of imposing a literal « tyranny of the majority ». Minorities under such conditions could no longer accept majority decisions without revolt ».*

[3] *« This was one of the considerations which led Wicksell to advocate the adoption of the principle of unanimity in the approval of tax bills ».*

modifiées, conservées ou renversées doit être ramassé en une période beaucoup plus courte qui se résume à une discussion (*Ibid.*, p. 121). Le choix collectif dans ce cas ne peut être réalisé par le vote que si un accord unanime émerge de cette discussion (*Ibid.*). « À partir du moment où l'obtention d'un tel consensus est impossible, il est préférable que les processus de choix fassent état d'une possible incohérence plutôt que d'une cohérence garantie »[1] (*Ibid.*). Autrement dit, il est préférable que les préférences de chaque individu ne révèlent pas un classement identique et immuable des alternatives présentées.

Dans cet article, Buchanan prend donc ses distances avec Arrow et commence à poser les premiers jalons d'une littérature différente fondée à la fois sur l'individualisme et sur la défense de libertés individuelles.

Dans un second article publié la même année, Buchanan poursuit son chemin en proposant de comparer la nature des choix individuels permis par le marché d'un côté et par le vote d'un autre côté (Buchanan, 1954b, p. 334).

Dans cet article, Buchanan suggère d'étudier un à un six points particuliers : le degré de certitude dont peut bénéficier l'individu au moment du choix[2], le degré de participation à la prise de décision collective[3], le degré de

---

[1] *« it is preferable that the actual choice processes display possible inconsistency to guaranteed consistency ».*

[2] « Dans le cadre du marché, l'individu « peut prédire avec une certitude absolue le résultat direct ou immédiat de son action » (*« The individual in the market can predict with absolute certainty the direct or immediate result of his action », Ibid.*, p. 335) alors que dans le cadre du vote, il lui est impossible « de prédire le comportement des autres électeurs » (*« He can never predict the behavior of other voters », Ibid.*) et donc le résultat du vote. Buchanan indique que le comportement de l'électeur ne peut être compris qu'à travers une théorie qui fait l'hypothèse d'incertitude. C'est notamment ce à quoi s'attellera Downs en 1957 comme nous le verrons plus tard.

[3] Sur le marché, l'individu n'est pas conscient de la portée sociale de ses choix (*Ibid.*, pp. 335-336) alors que lors de l'élection, il « reconnait que son vote influe directement sur la détermination du choix collectif final » (*« recognizes that his vote is influential in determining the final collective*

responsabilité[1], la nature des alternatives proposées[2], le degré de coercition et les relations de pouvoir entre les individus.

Ces deux derniers points sont d'une grande importance. Concernant le cinquième point, lorsqu'une décision est prise par votation, elle peut être contraire aux désirs de l'électeur, qui doit alors subir le choix des autres. « Une telle forme de contrainte n'est jamais présente concernant le choix sur un marché »[3] (*Ibid.*, p. 339). En effet, sur le marché, chaque décision prise par l'individu lui procure un bien ou un service qu'il désire et dont il a expressément fait le choix. On voit bien à nouveau la volonté affichée par Buchanan de penser les façons de préserver les libertés individuelles et encore une fois, la règle de l'unanimité pourrait faire disparaître cette faiblesse liée au vote. Concernant le sixième point, Buchanan note que le marché est marqué par une inégalité entre les différents individus et qui concerne leur pouvoir d'achat

---

choice », (*Ibid.*, p. 336). Dans ce second cas, les individus sont donc conscients que leur choix est avant tout social. Buchanan indique que cela peut le pousser à adopter des décisions qui ne seraient pas forcément les mêmes s'il ne devait choisir que pour lui-même. Nous verrons que la théorie de Downs postule plutôt un égoïsme de la part des électeurs, qui votent uniquement en fonction de leurs objectifs propres.

[1] L'électeur peut choisir de s'impliquer dans la prise de décision en allant voter ou de s'abstenir. Dans le cadre du marché, l'individu ne peut s'abstenir (*Ibid.*, p. 337), ce qui fait qu'il est plus à même de connaître les coûts et bénéfices inhérents à son action. Une nouvelle fois, nous retrouverons un écho à cette idée dans le travail de Downs. Alors que Buchanan indique que les bénéfices et les coûts liés au vote ne sont pas immédiatement visibles, Downs mettra l'accent sur le déséquilibre entre bénéfices faibles et coûts élevés liés au vote, qui formeront la base de son fameux paradoxe du vote. Nous étudierons ces éléments plus tard dans notre développement.

[2] Sur le marché, les individus peuvent choisir différentes combinaisons de biens et services alors que le cadre électoral restreint fortement cette possibilité. En effet, dans ce cas, les différentes alternatives s'excluent les unes les autres, c'est-à-dire que le vote en faveur d'une alternative particulière empêche l'électeur de voter pour une autre alternative.

[3] *« A similar sort of coercion is never present in market choice ».*

alors que le vote démocratique est censé garantir l'égalité de l'ensemble des électeurs face aux urnes[1].

En guise de synthèse, Buchanan argue que si le vote produit un choix social rationnel, les individus doivent cependant s'accorder sur les buts à atteindre. La règle de l'unanimité pourrait alors se révéler d'une grande utilité. Sinon, le caractère non définitif des décisions prises par le vote est la seule façon de limiter les contraintes imposées à la minorité.

Cependant, l'auteur note que le marché devrait être privilégié si « la rationalité dans le comportement individuel est considérée comme une caractéristique désirable du processus de choix »[2] (*Ibid.*, p. 341) en ce sens que la certitude présente sur le marché est gage de choix rationnels. Il s'agit également de l'option à privilégier si l'on valorise les libertés individuelles en ce sens que chaque individu est maître de ses décisions.

En réalité, « la sélection du processus de choix dépendra de si les individus considèrent ou non que leur propre intérêt est mieux servi de façon individuelle ou collective »[3] (*Ibid.*). Mais ce qui est important ici est le fait que Buchanan différencie fortement politique et marché. Pour lui, la métaphore du marché est inexacte, d'où la nécessaire unanimité. L'analyse économique du fonctionnement politique n'est donc pas une analyse de marché pour Buchanan, même s'il est évident, à la lecture de l'article, que sa préférence va plutôt du côté du marché et de l'épanouissement des libertés individuelles. C'est justement parce que le fonctionnement politique ne s'autorégule pas comme le marché et que donc le respect des libertés individuelles n'y est pas garanti qu'il faut penser ce

---

[1] Nous verrons plus tard dans notre développement que Downs revient sur cette égalité théorique de tous lors des élections.

[2] *« rationality in individual behavior is considered a desirable feature of a choice process ».*

[3] *« The selection of choice process will also depend on whether or not the voters consider their own self-interest to be better served individualistically or collectively ».*

fonctionnement et la sauvegarde des libertés individuelles. Cette opinion est d'ailleurs devenue plus évidente en 1957.

Si les deux articles publiés en 1954 proposent une incursion profonde dans les problématiques politiques en partant des considérations évoquées dès 1949, c'est en effet à partir de 1957 que Buchanan va véritablement faire de l'économie politique l'un de ses sujets de prédilection. Cette année marque la date de fondation à l'université de Virginie du *Thomas Jefferson Center for Studies in Political Economy and Social Philosophy*, à l'initiative de Buchanan et de l'un de ses collègues, Warren Nutter[1]. Le but de ce centre de recherche est alors clair : implanter « une communauté d'universitaires désirant préserver l'ordre social fondé sur la liberté individuelle »[2] (Buchanan, [1983] 2001, pp. 39-40) capable d'étudier les problématiques liées aux sociétés libres (*Ibid.*). Cette initiative de Buchanan et Nutter a pour base le constat réalisé par les deux économistes selon lequel de nombreuses universités, en dehors de celle de Chicago, négligent l'économie politique alors qu'il s'agit pourtant là d'une sous-discipline fondamentale déjà étudiée par les auteurs classiques comme Adam Smith (*Ibid.* pp. 40-41). De fait, la séparation qui avait été opérée entre économie, politique et philosophie par le biais de la spécialisation des disciplines apparue au XXe siècle (Boettke & Marciano, 2015, p. 55) poussait à la concentration des compétences dans des disciplines bien distinctes, ce qui empêchait les étudiants et universitaires de s'intéresser à l'étude d'objets recouvrant d'autres domaines d'expertise (*Ibid.*). C'est face à cette spécialisation et dans la volonté de réunir puis de former des individus capables d'étudier de tels objets que Buchanan et

---

[1] Buchanan intègre l'université de Virginie au cours de l'année 1956 où il prend la charge du département d'économie (Boettke & Marciano, 2015, p. 55). Il y retrouve Warren Nutter, arrivé la même année, avec qui Buchanan s'était lié d'amitié lors de leur passage à l'Université de Chicago quelques années plus tôt (*Ibid.*).

[2] *« community of scholars who wish to preserve a social order based on individual liberty ».*

Nutter se positionnent en fondant leur centre de recherche, ouvrant la voie à de nouvelles pistes de réflexion en économie politique.

4. Conclusion

Nous venons de le voir, les années d'entre-deux-guerres et d'après-guerre sont le théâtre de nombreuses recherches portées par les économistes à propos de leurs nouvelles problématiques. Si Schumpeter élargit l'objet d'étude de l'économie, que Black forge de nouveaux outils d'analyse du politique, qu'Arrow mobilise la logique pour en proposer une étude formalisée et que Buchanan y ajoute une réflexion philosophique qui provoque une bifurcation entre théories organiques et théories individualistes, il semblerait que la science économique ne soit pas la seule à chercher à sortir de son corset à cette époque. En réalité, l'ouverture de la discipline économique est concomitante à celles de disciplines connexes, qui lui ont ouvert la voie. Ainsi, l'éclosion de l'économie du politique a été facilitée par les développements qu'ont connus des disciplines comme la psychologie ou la sociologie politiques dans les années précédentes et qui ont fourni des pistes de réflexion, des problématiques nouvelles dont les politistes et les économistes ont pu se saisir.

Les ouvrages que nous avons évoqués ne forment bien sûr pas une liste exhaustive des avancées qui ont été réalisées par la science politique, la sociologie ou la psychologie du vote. Mais ils sont une bonne illustration d'une volonté qui semble générale à cette époque qui est celle de proposer une réflexion à propos de la décision politique qui soit synthétique et qui se nourrisse des apports de différentes disciplines pour être la plus riche et la plus révélatrice possible. En ce sens, ces auteurs, ces ouvrages – et bien d'autres – ont véritablement participé à l'émergence du « nouveau champ de recherche en science politique appelé théorie démocratique »[1] (Dahl, *Op. Cit.*, p. 292) qui donnera naissance à une littérature abondante à un moment où le terme même de « théorie démocratique » n'était pas clairement défini et était loin d'être commun comme il l'est à présent (*Ibid.*).

C'est cette période de bouillonnement intellectuel qui a participé à nourrir la réflexion de Downs[2]. C'est en effet au cœur de ce nouveau champ de recherche que le développement de ce dernier va prendre toute sa place et on retrouvera chez Downs cette volonté de marier analyse économique et éléments de réflexion politique ou psychologique. Cependant, alors que la sociologie politique ou la science politique de l'époque insistent sur l'absence de clairvoyance de la part de l'électeur sur son propre intérêt, Downs formulera une théorie faisant au contraire de l'électeur, mais également de certaines entités politiques de véritables agents maximisateurs, en les intégrant dans un cadre d'analyse mêlant méthodologie économique et hypothèses de nature politique.

---

[1] *« A new 'field' of political science called democratic theory [...] was on the way ».*

[2] Comme nous l'avons indiqué plus tôt, l'ensemble des auteurs cités dans notre travail figurent dans l'ouvrage de Downs.

Politique : lutte d'intérêts déguisée en débat de grands principes ; conduite d'affaires publiques pour un avantage privé.

Ambrose Bierce (*Le dictionnaire du diable*, 1911)

Chapitre 2. Le modèle électoral downsien : un révélateur d'instabilité et d'incertitude

Comme nous l'avons indiqué dans l'introduction générale, l'ouvrage de Downs constitue l'une des sources principales du *Calculus of Consent* en ce sens qu'il est également au fondement de la « *theory of parties and candidates* » (Buchanan & Tullock, [1962] 1999, p. 331).

En réalité, cette théorie des partis et des candidats, fondée sur l'idée selon laquelle « les politiciens veulent être élus ou réélus, et que les partis sont simplement des coalitions volontaires de politiciens qui s'organisent dans le but de remporter les élections »[1] (*Ibid.*, p. 342), s'est développée sur « une très courte période »[2] (*Ibid.*) : les années 1950 principalement. L'une des autres particularités de ce sous-champ de recherche est le fait que les thèmes qui y sont abordés par des économistes - par le biais de la méthodologie économique - sont habituellement l'apanage des politistes (*Ibid.*)[3].

---

[1] « *based on the view that politicians want to get elected or re-elected, and that parties are simply voluntary coalitions of politicians organized for the purpose of winning elections* ».

[2] « *a very short period* ».

[3] Tullock explique qu'il était plus facile pour les économistes d'aborder des thématiques politique avec leur méthodologie plutôt que pour les politistes d'aborder leurs propres thématiques avec des outils d'économistes. En effet, selon lui, les économistes de façon générale ont quelques connaissances en sciences politiques et maîtrisent forcément la

Si l'on peut trouver quelques prémisses des travaux qui nous intéressent ici dans les apports d'auteurs tels que Hotelling ou Schumpeter[1], selon Tullock la théorie des partis et des candidats a bien essentiellement été « développée par deux personnes, Anthony Downs et [lui]-même »[2] (*Ibid.*, p. 243) dans deux travaux distincts[3].

Il faut noter qu'en plus de son apport important à la théorie du *public choice*, Downs, par le biais de son ouvrage *An Economic Theory of Democracy*, publié en 1957[4], est considéré comme étant l'un des instigateurs de la « révolution comportementale en science politique » (Zuckerman, 2005, p. 3). De plus, « le modèle de concurrence électorale » proposé dans l'ouvrage « a servi de *master theory* »[5] pour deux générations de politiques (Hacker & Pierson, 2014, p. 644), apportant « une approche conceptuelle basique à la politique américaine qui influencerait près d'un demi-siècle de réflexion de pointe en science politique »[6] (*Ibid.*). Ainsi, nombre de politistes américains se sont affirmés en tant que *spatial theorists*, *neo-Downsians* ou même *Americanists* à la suite du travail de Downs (*Ibid.*). Il faut dire que, selon Hacker et Pierson, l'ouvrage offre un cadre d'analyse « parcimonieux » – en ce sens qu'il permet d'expliquer beaucoup de phénomènes à partir de peu d'éléments –, « cohérent », « normativement

---

méthodologie économique alors que les politistes, qui connaissent bien leurs thématiques n'ont en revanche que peu de connaissances en termes de techniques mathématiques.

1 Voir *supra*.

2 « *has been developed by two people, Anthony Downs and myself* ».

3 Downs (1957a) et Tullock (1958c).

4 Si la version originale de l'ouvrage a été consultée pour rédiger ce chapitre, les citations ont été faites à partir de la traduction française publiée en 2013.

5 « *the model of electoral competition [...] served as a kind of master theory* ».

6 « *Downs provided a basic conceptual approach to American politics that would influence almost half a century of leading political scientists* ».

attirant » et qui « aligne de façon commode données et théorie »[1] (*Ibid.*, p. 645).

L'ouvrage de Downs a par ailleurs été, avec *The Theory of Committees and Elections* de Duncan Black (1958)[2], l'un des premiers ouvrages à sérieusement développer au milieu du XXe siècle l'analyse électorale en mobilisant à la fois des outils mathématiques issus du choix social naissant et les nouvelles approches de sociologie et de sciences politiques de Lippmann ou Dahl, que nous avons vus précédemment[3], et qui ont véritablement servi de fondement à l'analyse downsienne.

Pour mieux comprendre l'importance de Downs dans l'histoire que nous déroulons, il convient de revenir sur sa contribution fondatrice pour l'analyse du politique en en proposant une lecture différente de celle effectuée traditionnellement par les économistes.

Pour de nombreux auteurs, l'ouvrage en question tient son importance du fait qu'il constitue une première véritable assimilation de l'objet politique par l'économie (Banfield 1958 ; Diamond 1959 ; Marvick 1960) alors que pour d'autres, l'ouvrage de Downs tient son importance du paradoxe du vote sur lequel il lève le voile ou du théorème de l'électeur médian[4] (Riker & Ordeshook 1968 ; Strom 1975 ; Block & Roomkin 1982 ; Boyd et al. 1988 ; Coughlin 2004 ; Sanders et al. 2011 ; Dodd 2015). L'électeur médian est d'ailleurs souvent retenu pour son hyperstabilité qui facilite le travail de prédiction des économistes. Mais si c'est là ce que l'on retient de Downs, en réalité celui-ci est travaillé par une question plus large qui est celle de savoir, dans le cadre

---

[1] *« parsimonious », « coherent », « normatively appealing », « conveniently aligns data and theory ».*

[2] Bien que nous évoquions ici seulement l'ouvrage de 1958, notons qu'un précédent article (Black, 1948) traite déjà du sujet.

[3] Rappelons, comme indiqué dans la note de bas de page 25 que tous les auteurs évoqués dans le chapitre précédent sont cités par Downs dans son ouvrage.

[4] Résultat connu depuis Duncan Black (1948) au demeurant.

d'une démarche positive assumée, comment expliquer la stabilité observée alors que la théorie économique pure telle qu'il la modélise est censée aboutir à un résultat d'instabilité politique. En réalité, l'ouvrage de Downs révèle une inquiétude de la part de l'auteur quant à la capacité de la démocratie à perdurer. Malheureusement, peu de lecteurs de Downs se sont concentrés sur les difficultés relevées dans la théorie downsienne et les contradictions du système électoral démocratique présentées tout au long de l'ouvrage. C'est précisément ce travail de reconstruction que nous souhaitons envisager. Il nous permettra de montrer que les difficultés soulignées par Downs, qui sont en fait des problèmes d'instabilité politique, entraînent chez l'auteur la recherche de mécanismes stabilisateurs capables d'expliquer les faits observés contraires aux prévisions théoriques. De façon étonnante, c'est par le biais de l'incertitude et des mécanismes sociaux qui sont utilisés par les acteurs politiques pour y faire face – au premier rang desquels l'idéologie – que la démocratie se trouve stabilisée dans la théorie downsienne. Mais cette stabilité, nous le montrerons, a un prix qui est celui de la rationalité dégradée.

1. Un cadrage théorique refusant l'emploi de l'hypothèse de certitude

Pour comprendre la théorie électorale downsienne et être en mesure de déchiffrer l'inquiétude qu'elle renferme, il faut d'abord comprendre l'objectif que Downs s'est fixé ainsi que le cadre d'analyse qui est le sien. Ainsi, dans son ouvrage, l'auteur propose d'étudier le fonctionnement démocratique par le biais d'un « monde-modèle » qui se veut tout à fait positif et qui est structuré autour de deux hypothèses centrales fortes héritées des années 1950 que sont la rationalité des agents et l'absence totale de certitude, que Downs semble déceler dans la réalité qu'il observe. Cette dernière hypothèse marque une différence profonde d'avec les auteurs qui l'ont précédé et qui ont choisi de travailler en monde certain. Cependant, nous allons voir qu'elle entraîne une tension dans le modèle.

1.1. Pour une meilleure compréhension du fonctionnement démocratique

L'ouvrage de Downs résulte de son travail de thèse[1], publié en 1956. À l'origine, le rapport rédigé par Downs avait pour titre *An Economic Theory of Government Decision-making in a Democracy*[2], titre qui dévoile clairement la visée de l'auteur[3]. Downs regrette que le gouvernement, pourtant acteur important du fonctionnement de l'économie, ne soit pas pris en compte à sa juste valeur dans l'analyse économique. En fait, il explique que « le gouvernement n'a pas été intégré avec succès, en compagnie des décideurs privés, dans une théorie de l'équilibre général » (Downs, 2013, p 17) et que « les théories économiques du comportement gouvernemental - pour autant qu'elles existent - échouent toutes à assigner un mobile aux individus qui participent au gouvernement » (*Ibid.* p. 322). C'est justement ce que l'auteur cherche à faire en étudiant le fonctionnement démocratique et plus particulièrement celui du système électoral représenté par le vote.

Si Downs n'est pas le premier à analyser des problématiques d'ordre politique par le truchement des outils et cadres analytiques empruntés par les économistes[4],

---

[1] Travail financé par l'Office of Naval Research, entité de recherche de la marine américaine.

[2] Plus précisément, *Office of Naval Research Technical Report No. 32*. Almond note par ailleurs que « aucun changement n'a été fait entre le manuscrit de la thèse, le rapport et le livre publié » (Almond, 1991, p. 117, *« No changes were made in the manuscript from dissertation to report to published book »*).

[3] On peut noter par ailleurs que le titre d'un article rédigé par Downs la même année que la publication de l'ouvrage est également révélateur de la pensée de Downs : *An Economic Theory of Political Action in a Democracy* (1957b).

[4] Voir *supra*.

le modèle qu'il développe dans son ouvrage est différent. Alors que ses prédécesseurs ont pris le parti de développer leur théorie dans un univers certain et empreint de stabilité[1], Downs choisit de construire ce qu'il nomme lui-même un « monde modèle » qui se déploie tout au long de sa démonstration en se structurant autour d'éléments centraux tels que le caractère rationnel des agents (électeurs comme candidats), la présence d'incertitude ou le dynamisme des partis. Ce « monde modèle » permet une avancée incontestable dans la compréhension et l'étude du fonctionnement de la sélection démocratique des dirigeants politiques. Bien sûr, comme nous l'avons indiqué, les résultats les plus saillants et les plus commentés de cette démonstration restent le théorème de l'électeur médian, la compétition spatiale ou le paradoxe du vote. Cependant, limiter la contribution de Downs aux seuls résultats que l'économie politique en a retenu conduit à sous-estimer le message global de l'ouvrage. Car c'est au moins autant la possibilité d'analyser en économiste le processus démocratique que les risques et les failles de ce système politique que Downs veut mettre en avant. Au fil de sa démonstration, il alerte en effet sur les dangers qui menacent le fonctionnement et l'essence-même de la démocratie.

En réalité, l'ensemble de l'ouvrage est traversé par une thématique fondamentale qui est celle de l'instabilité de la démocratie. Et, de manière surprenante, c'est finalement la présence d'idéologie politique qui contribue à stabiliser le système politique démocratique[2]. Étudiant de Arrow, il n'est pas étonnant que Downs ait été intéressé par le thème de la stabilité. C'est d'ailleurs ce thème que l'on retrouve chez

---

[1] Chez Arrow par exemple, les partis politiques sont stables en ce sens qu'une fois qu'ils se sont placés sur l'échiquier politique, leur placement est définitif.

[2] Cette intuition de Downs est fondamentalement novatrice en ce sens qu'à cette époque, « l'idéologie ne joue aucun rôle dans la théorie économique néoclassique » (« *Ideology plays no role in neoclassical economic theory* », North, 1992, p. 485).

Hotelling dont Downs s'inspire dans sa propre description de la dynamique électorale. Pour comprendre le caractère inquiet de l'analyse de Downs, c'est au cadre analytique employé par ce dernier qu'il faut s'intéresser.

1.2. Le concept central de rationalité

Si l'objectif de Downs dans son travail de thèse est de proposer un traitement différent de questions d'ordre politique, il ne cherche pas à innover en matière de modélisation économique. Ainsi, le modèle qu'il construit et autour duquel s'articulent ses théories emprunte à la méthodologie et aux outils mobilisés dans les analyses conduites par ses pairs. Ce sont cependant les hypothèses qu'il retient ainsi que la vision personnelle qu'il développe du fonctionnement démocratique qui vont faire de son modèle un cadre d'analyse nouveau.

Downs explique que « les théoriciens de l'économie ont presque toujours envisagé les décisions comme si elles étaient prises par des esprits rationnels »[1] (*Ibid.*, p. 18). Cela s'explique pour l'auteur par le fait que « pareille simplification est nécessaire pour prédire un comportement, dès lors que les décisions prises au hasard ou sans relations mutuelles ne forment aucune structure » (*Ibid.*). L'hypothèse de rationalité permet ainsi de structurer les relations et actions des individus en ce qu'elle leur apporte un sens et permet leur prédiction[2]. L'hypothèse de rationalité forme ainsi le point de départ de l'analyse proposée dans l'ouvrage.

Par rationalité, Downs entend le fait que les hommes « poursuivent leurs propres intérêts directement, sans les déguiser » (*Ibid.*). Partant de ce postulat, l'analyse économique se déroule en deux temps : d'abord, il faut découvrir les objectifs des individus avant d'analyser la

---

[1] Downs ne nie pas le fait que certains économistes avant lui ont mis en doute l'hypothèse de rationalité. Il cite à ce titre les « dénégations chagrines » (p. 18) de Thorstein Veblen ou de John Maurice Clark.

[2] On retrouve ici l'influence de la théorie développée par Friedman à propos de l'économie positive, comme nous l'avons noté plus haut.

manière la plus efficiente de les atteindre. C'est une part de ce travail qui est proposée par Downs.

Le modèle développé a pour but de traiter de la fonction politique des élections – c'est-à-dire la désignation d'un gouvernement (*Ibid.*, p. 21) – et de partir de cette fonction pour analyser les comportements des électeurs et des candidats ou partis politiques en termes de rationalité. Un comportement rationnel, dans ce cadre, étant dirigé vers l'objectif assigné aux élections. Plus précisément, Downs définit dans son modèle la rationalité des agents de la façon suivante[1] : « un citoyen sera [...] rationnel lors d'une élection si ses actions lui permettent de jouer son rôle dans la sélection efficiente d'un gouvernement » (*Ibid.*, p. 40). En d'autres termes, et c'est là tout à fait intéressant, Downs relie la notion de rationalité à celle de civisme. Il estime ainsi qu'il est rationnel pour les individus de vouloir faire triompher leurs idées.

Plus précisément, et pour en venir à une terminologie économique, l'électeur est assimilé, à la façon de l'*homo oeconomicus*, à un *homo politicus* en ce sens qu'il cherche, selon l'expression utilisée par Downs, à maximiser ses gains[2] – il vote alors en faveur du candidat ou parti qui, pense-t-il, lui rapportera le plus. Plus formellement, l'électeur établit ce que Downs appelle un « différentiel partisan », c'est-à-dire qu'il compare les gains qu'il pourrait obtenir si chaque parti en lice prenait le pouvoir. Il vote alors ensuite pour le parti qui, selon ce calcul, serait enclin à lui offrir le gain le plus

---

1 Downs est tout à fait lucide sur le fait que le choix qu'il opère d'analyser le comportement des individus partant de l'hypothèse de rationalité limite la comparaison entre ses résultats et la réalité en ce sens que parfois « les individus votent *de fait* de manière à plaire à leur épouse – et vice versa – plutôt que pour exprimer leurs préférences politiques » (p. 22). Downs note que ce type de comportement, bien que ne faisant pas partie de son analyse, peut être considéré comme tout à fait « rationnel dans le contexte des situations domestiques » (Ibid.) et renvoie notamment aux travaux de Paul Lazarsfeld pour plus de détails.

2 Dans son analyse, Downs parle de maximisation du revenu en utilité réelle ou hypothétique.

élevé[1]. Le candidat, parti politique ou gouvernement, quant à lui, cherche à agir de façon rationnelle[2] en maximisant ses chances de remporter l'élection. Il met donc en place les politiques ou propose un programme qui pourrait être susceptible de plaire au plus grand nombre en ce sens qu'il apporterait un maximum de gains à un maximum d'individus. Ainsi, « l'hypothèse fondamentale [du modèle de Downs] repose sur le raisonnement suivant : les partis élaborent des politiques afin de gagner les élections, plutôt qu'ils ne gagnent les élections pour élaborer des politiques » (*Ibid.*, p. 45).

Downs abandonne toute prétention de bien-être collectif ou d'objectif social de la part du gouvernement. Ce dernier ne se souciera en effet du bien-être social que si ce but favorise sa réélection (*Ibid.*). L'auteur rejette ainsi les approches fondées sur la recherche du bien-être social et critique des auteurs comme Bergson, qui aurait lui-même admis les faiblesses de son raisonnement concernant la fonction de bien-être social (*Ibid.*, p. 33). C'est en fait dans la trajectoire de Buchanan, mentionné dans l'ouvrage[3], que Downs veut se placer. Pour autant, il explique que l'approche de Buchanan, qui indique que seuls les individus disposent de fonctions de bien-être et de « structures de fin » (*Ibid.*, p. 30), est lacunaire en ce sens qu'elle ne prend pas en compte les coalitions et que, dans la réalité, de petites coalitions peuvent gérer l'appareil d'État, ce qui pourrait donc éventuellement donner lieu à l'attribution d'une fonction de bien-être et de fins

---

[1] Le calcul mené par l'électeur est plus fin que cela dans l'analyse de Downs. Ainsi, l'électeur ajuste son différentiel partisan en appliquant un facteur tendance et un taux de performance aux partis en lice. Cependant, il nous semble que l'exposé exhaustif du calcul mené par les électeurs n'est pas à propos ici.

[2] La définition précise que Downs donne au terme d'action rationnelle est le suivant : « action conçue avec efficience pour réaliser des objectifs politiques ou économiques consciemment sélectionnés par l'acteur » (p. 35). Notons qu'il s'agit ici de rationalité paramétrique.

[3] Downs cite « The Pure Theory of Government Finance » (1949), que nous avons analysé dans le chapitre précédent.

spécifiques à l'État considéré comme étant représenté par ces coalitions (*Ibid.*, p. 32). Et en effet, force est de constater que l'organisation politique fait que les dirigeants et ceux qui aspirent à de telles fonctions, se regroupent au sein de partis politiques, qui sont justement semblables aux coalitions dont parle Downs. L'on retrouve ainsi à nouveau la volonté positive de l'auteur, qui cherche à inclure les partis, mais aussi, nous le verrons, les lobbies et toutes les sortes de groupes ou de coalitions qui régissent la vie politique démocratique. C'est donc une approche enrichie de la pensée de Buchanan que Downs souhaite développer[1].

Outre cette « vision volontariste de l'État » (*Ibid.*, p. 31), un autre point qui marque fortement le travail de Downs est le fait que son « monde modèle » « diffère du monde de l'équilibre général[2] parce qu'il contient de l'incertitude » (p. 28).

1.3. De l'instabilité en monde certain

Afin de comprendre les raisons qui ont poussé Downs à formuler son analyse en univers incertain, il convient de comprendre pourquoi l'hypothèse de certitude, pourtant adoptée par ses prédécesseurs, a été écartée.

Outre le fait d'indiquer que l'incertitude est « une force fondamentale affectant toute activité humaine » (p. 28), la volonté de Downs d'employer l'hypothèse d'incertitude[3] est développée par l'auteur comme suit.

Avant de proposer une analyse prenant forme en univers incertain, Downs commence par poser les bases d'un premier

---

1 Notons également que si Buchanan chercher à séparer clairement fonctionnement politique et fonctionnement du marché économique, en revanche Downs combine les deux en apposant les hypothèses habituellement faites des acteurs économiques sur le fonctionnement du politique.

2 Plus précisément, il diffère du monde de l'équilibre général tel qu'il est construit à la fin des années 1950. Voir Debreu (1959).

3 Downs définit l'incertitude comme « tout manque de connaissance certaine à propos d'événements passés, présents, futurs ou hypothétiques » (*Ibid.*, p. 97).

modèle de réflexion qui fonctionne en univers certain. Il montre alors que faire l'hypothèse de certitude dans le monde politique conduit à des résultats très négatifs concernant la capacité de la démocratie à se maintenir. On trouve ainsi des affirmations qui semblent difficiles à comprendre à première vue : « La démocratie ne peut fonctionner en univers certain, sauf si les électeurs sont quasi tout à fait d'accord sur toutes les questions » (*Ibid.*, p. 81). Dans un monde certain, nous dit Downs, le risque est grand d'un glissement de la démocratie représentative à l'absolutisme.

Downs, on l'a dit, est un élève de Arrow et les travaux de ce dernier – notamment le fameux théorème (Arrow, 1951) – sont discutés dans l'ouvrage. L'auteur s'intéresse particulièrement à ce qu'il nomme le « problème d'Arrow » qu'il résume comme suit : au moment de l'élection, si l'ensemble des électeurs ne parvient pas à définir un objectif commun, le principe de majorité – central dans une démocratie – fait que le parti au pouvoir ne peut être réélu. En effet, lorsque plusieurs options sont proposées aux électeurs et qu'aucune n'est soutenue par la majorité, le gouvernement qui souhaite être réélu ne peut l'être, quelle que soit la position qu'il adopte : l'opposition, qui aura attendu que le gouvernement choisisse une position, peut le mettre en échec en adoptant une autre position, qui sera préférée à celle du gouvernement. En effet, « l'opposition peut choisir une autre solution et prendre la même position que le programme gouvernemental sur toutes les autres questions de manière à réduire les élections à ce sujet et à battre le parti au pouvoir, quelle que soit la solution choisie par les sortants » (*Ibid.*, p. 80).

Ainsi, indique Downs, « comme le professeur Arrow l'a montré, dans ce genre de situation, il est impossible pour le gouvernement d'adopter une politique rationnelle » (*Ibid.*), c'est-à-dire une politique qui lui assure la victoire lors des élections. L'auteur émet l'hypothèse selon laquelle « *a priori* [le gouvernement] rencontre ce dilemme au moins une fois par législature » (*Ibid.*).

Mais si le gouvernement anticipe qu'il ne sera pas réélu, alors aucun mécanisme de contrôle de son action ne peut plus jouer dans la mesure où c'est précisément par le biais de la menace de non-réélection que le système démocratique limite le pouvoir discrétionnaire des partis aux affaires. Le gouvernement n'est pas incité à prendre des mesures qui plairont à l'électorat et donc à la majorité, puisque celle-ci ne l'en remercierait pas. Les politiques qui seront alors décidées et mises en place ne le seront que dans l'intérêt des membres du gouvernement et de leurs partisans. La démocratie basculera alors vers un système politique absolutiste. « À ce point, [le] modèle commence à se désintégrer à cause de l'hypothèse de la certitude » (*Ibid.*, p. 81). Downs aurait très bien pu s'arrêter là. En adoptant un modèle et des hypothèses toutes faites, la conclusion aurait mené à une autodestruction de la démocratie. Or, il cherche à proposer une théorie positive du fonctionnement démocratique et l'on se rend bien compte en observant la réalité que la plupart des dirigeants politiques élus démocratiquement ne font pas volte-face en cours de mandat pour devenir autoritaires et faire basculer le régime.

Dans ce cadre, et par contraposée, il apparaît fondamental, pour que le modèle utilisé permette d'analyser le fonctionnement de la démocratie sans aboutir à sa transformation en autocratie, de supposer que la vie politique se développe en univers incertain. C'est le présupposé à partir duquel Downs va construire son second modèle : dans la réalité, les individus sont frappés d'incertitude.

Deux hypothèses forment le socle théorique du second modèle développé par Downs : la rationalité des agents et l'incertitude. Or, une tension apparaît au cœur du modèle. En effet, il est indiqué par Downs dans l'introduction de son ouvrage que plus la présence d'incertitude est forte, plus il devient difficile pour les agents d'agir de façon pleinement rationnelle. En effet, un individu peut agir de façon rationnelle même dans un monde irrationnel, un monde dans lequel les décisions politiques par exemple seraient irrationnelles. Mais pour cela, il est indispensable qu'il soit « confronté à des schémas de comportement prédictibles » (*Ibid.*, p. 25) et qu'il soit possible de « discerner la structure rationnelle sous-jacente » (*Ibid.*) : si par exemple un homme ou parti politique fait de fausses promesses à longueur de temps, son comportement peut toutefois être considéré comme rationnel s'il parvient à faire croire aux électeurs que ses mensonges n'en sont pas et que cela lui permet de gagner des voix[1]. L'individu doit donc découvrir ce caractère rationnel dans le schéma du parti ou du candidat de façon à pouvoir voter de façon rationnelle également. Or, si la structure n'est pas discernable, si, dans le cas présent, il est impossible de se rendre compte du caractère mensonger des déclarations, alors l'individu ne peut réagir de façon pleinement rationnelle puisqu'il ne discerne pas la façon la plus efficiente d'atteindre ses objectifs. En d'autres termes, la présence d'information imparfaite ou, autrement dit, d'incertitude entraîne le fait « qu'un individu qui connaît ses propres buts ne dispose d'aucun chemin rationnel » (*Ibid.*), pour les atteindre. On parle alors de rationalité limitée.

Un *trade-off* apparaît donc entre rationalité du comportement et incertitude entourant la décision : « chaque fois que l'incertitude croît de manière significative, la rationalité devient difficile » (*Ibid.*), elle est de plus en plus limitée. Cependant, comme nous venons de le voir, il est fondamental d'introduire de l'incertitude pour éviter le risque de dérive autoritaire, d'autant plus que « le comportement rationnel est impossible sans la stabilité ordonnée que procure le gouvernement » (Ibid., p. 26). La stabilité démocratique permise par l'hypothèse d'incertitude est donc fondamentale. C'est une véritable situation paradoxale que Downs met ainsi en lumière dans son

[1] Cela peut par exemple nous faire penser aux déclarations au Président américain Donald Trump ou au Président brésilien Jair Bolsonaro, tous deux cités dans l'introduction générale.

« monde modèle » : d'un côté l'incertitude permet la stabilité du régime politique et donc la rationalité individuelle, d'un autre côté elle limite cette dernière par le fait qu'elle opacifie la prédictibilité et les structures de prise de décision. Mais là n'est pas le seul problème soulevé par la présence d'incertitude. Nous allons voir que celle-ci est source de nombre d'autres soucis liés au fonctionnement de la démocratie tels que l'apparition d'un risque abstentionniste ou d'une asymétrie de la distribution du pouvoir politique.

2. Les maux démocratiques liés à la présence d'incertitude

Comme nous venons de l'indiquer, le modèle développé par Downs est conduit à se détourner de l'hypothèse de certitude. L'auteur fait même de l'incertitude l'un des piliers de son analyse. Celle-ci touche à la fois les partis politiques et les électeurs si bien que de nouveaux problèmes apparaissent. Ceux-ci participent à la déstabilisation de l'échiquier politique ainsi qu'à l'asymétrie de la distribution du pouvoir politique entre les différents individus qui composent la société démocratique. En cela, l'incertitude génère elle-même une instabilité. Cependant, il est question ici d'instabilité au cœur du régime et non plus du régime lui-même.

2.1. Incertitude et instabilité chronique de l'équilibre politique

Dans son modèle composé de deux classes d'acteurs – les électeurs d'un côté et le gouvernement, les partis politiques ou candidats d'un autre côté – l'ensemble des individus est confronté à l'incertitude. L'incertitude des électeurs concerne la connaissance des volontés réelles des partis politiques, le fait de savoir si une amélioration de leur utilité provient directement de leurs choix politiques ou privés, la connaissance des actions mises en place par le gouvernement, l'influence de leur opinion sur la politique du gouvernement ou encore le comportement de vote des autres électeurs (*Ibid.* p. 100). Les partis politiques sont quant à eux frappés par l'incertitude en ce sens qu'ils ignorent le comportement futur des secteurs économiques privés, les conséquences de leurs propres actions, le comportement futur des autres partis, le degré de conscience qu'ont les électeurs des bienfaits des actions du gouvernement sur leur situation personnelle ou encore les relations d'influence existant entre électeurs (*Ibid.*, pp. 100-101). L'incertitude affecte de ce fait la prise de décision politique avec la même intensité dans les deux groupes d'individus.

Face à cet état des choses, les partis politiques d'opposition ou le gouvernement, cherchant à atteindre ou à conserver le pouvoir – et donc à maximiser le nombre de votes en leur direction – « modèlent leurs politiques pour convenir aux électeurs afin de gagner un maximum de suffrages » (*Ibid.*, p. 109). Cependant, dans un monde incertain, il est impossible de connaître les volontés du peuple, les fonctions d'utilité individuelle de tous les citoyens. Des individus sont donc choisis par le gouvernement pour représenter les intérêts des citoyens. Par ailleurs, face à l'incertitude qui voile les actions du gouvernement, d'autres représentants ont pour but de faire connaître les décisions et le programme du gouvernement aux citoyens. Les représentants envoyés par le gouvernement ont par ailleurs pour mission de rapporter les intentions de vote des électeurs. Ainsi, les politiques proposées peuvent varier de façon à faire infléchir ces intentions de vote.

Dans ce cadre d'action, Downs développe un modèle dynamique, emprunté aux analyses de Harold Hotelling et Arthur Smithies, et ayant pour objectif de décrire le fonctionnement d'un système qui ne reste pas inerte. La réflexion déployée se fait en deux temps. Il va d'abord montrer que la distribution des électeurs influence le nombre de partis politiques présents[1] puis que la forme de la distribution est à la base des possibilités de mouvement des partis[2].

Downs explique d'abord que, lorsque la distribution des électeurs le commande, le système politique peut être assimilé à un système bipartite. Dans ce cas, il existe un risque de chevauchement des politiques proposées par les deux partis qui, cherchant à brasser le plus grand nombre d'électeurs, visent à étendre au maximum leur emprise sur l'échelle politique. Cela mène chaque parti à se rapprocher de son adversaire sur les questions modérées – qui se trouvent convenir aux électeurs plutôt centristes – tout en saupoudrant « ces politiques modérées de quelques positions extrêmes » (*Ibid.*, p. 161) afin de plaire aux électeurs éloignés du centre de la distribution. Ce sont d'ailleurs ces propositions radicales qui permettent de comprendre de quel côté de la médiane politique se situent les partis. Il reste cependant que la majeure partie de leurs propositions se chevauchent autour de la médiane, au point médian de l'échelle, entretenant ainsi une forme d'ambiguïté quant à la position réelle que souhaiterait adopter le parti si la distribution des électeurs ne l'obligeait pas à agir ainsi.

Le modèle développé est à partir de là instable[3]. Chaque équilibre politique est bousculé par les changements de positions incessants des partis et un cycle se met ainsi en

---

[1] Une distribution bimodale entraînera par exemple l'existence de deux partis, une distribution unimodale n'accordera de place qu'à un parti unique. Notons qu'un changement dans la distribution des électeurs peut entraîner la naissance de nouveaux partis qui viennent s'ajouter aux partis historiques, voire la disparition de l'un de ces derniers.

[2] Par exemple, si la distribution des électeurs le long de l'axe politique allant de l'extrême gauche à l'extrême droite suit une loi normale, les partis vont se rapprocher du centre jusqu'à se confondre de façon à capter les électeurs centristes.

[3] Cette instabilité révélée par Downs anticipe un thème récurrent du *public choice*. Voir Tullock (1981) par exemple.

place[1]. En cela, l'hypothèse d'incertitude entraîne une forte instabilité politique. Cependant, il ne s'agit plus cette fois d'instabilité du régime politique comme nous l'avons vu avec le problème d'Arrow mais d'instabilité de l'échiquier politique au sein du seul régime démocratique. De plus, l'incertitude qui entoure le positionnement politique agit comme un voile posé sur la position réelle des partis, rendant leur différenciation difficile. On retrouve ici l'absence de clairvoyance de l'électeur sur son propre intérêt tel que développé dans la littérature politique des années 1950[2]. Le vote des électeurs peut de ce fait une nouvelle fois perdre en rationalité. Ainsi, « le comportement rationnel des partis politiques tend à décourager le comportement rationnel des électeurs » (*Ibid.*, p. 162)[3]. Il y a donc une forte tension entre la rationalité des uns et celle des autres. Le vote, « en tant que processus de sélection du gouvernement » (*Ibid.*, p. 164), est ainsi contraint à l'irrationalité par la présence d'incertitude[4].

---

[1] Cette idée de cycles est évoquée par Alesina (2000) lorsqu'il indique que « l'incertitude électorale est associée avec l'incertitude politique qui mène à des cycles partisans » (« *electoral uncertainty is associated with policy uncertainty that leads to partisan cycles* », p. 120).

[2] Voir chapitre 1.

[3] Cette réflexion est également reprise plus tard et développée sous un autre angle par Alesina (1988), qui revient sur le fait qu'il peut être rationnel pour un parti d'agir de sorte que le vote de l'électeur perde en rationalité. En effet, Alesina explique que « l'asymétrie d'information génère une motivation pour les décideurs politiques à générer des comportements sous-optimaux à l'approche des élections » (« *asymmetry of information generates an incentive for the politcymakers to engage in sub-optimal signaling behavior before elections* », p. 35). Ces comportements sous-optimaux consistent par exemple en des hausses visibles de dépenses publiques, des réductions de taxes, *etc.* qui ont pour but de faire penser aux électeurs que les décideurs politiques en place sont compétents, c'est-à-dire « capables de fournir des biens publics ou des transferts de façon efficiente » (« *[able] to provide public goods or transfers efficiently* », p. 36). Pensant donc que certains partis sont plus compétents que d'autres, les électeurs vont rationnellement voter pour eux. En réalité en imaginant voter de façon rationnelle, les électeurs choisissent des partis dont l'action est irrationnelle et pour lesquels, en univers certain, il n'aurait pas été rationnel de voter.

[4] On retrouve ici la tension évoquée plus haut entre rationalité et incertitude.

Mais avant de voir comment Downs fait évoluer son modèle pour éviter cet écueil, il est nécessaire de montrer l'existence d'autres problématiques liées au modèle et qu'il faudra veiller à solutionner.

Car l'instabilité de l'équilibre politique n'est pas la seule difficulté induite par l'existence d'incertitude dans le « monde modèle » de Downs. En effet, l'imperfection de l'information devient également un problème de taille pour le fonctionnement démocratique.

2.2. Information imparfaite, menace abstentionniste et inégale distribution du pouvoir politique

L'incertitude, qui caractérise le « monde modèle » de Downs, a d'autres conséquences négatives sur le fonctionnement démocratique. Outre l'instabilité de l'échiquier politique qu'elle provoque, elle entraîne également une imperfection de l'information importante et par là même des coûts liés à l'acquisition de l'information qui eux aussi peuvent être importants. Ces coûts, payés par les électeurs notamment, interviennent dans un contexte social marqué par des inégalités de revenus. Bien sûr, il est entendu que la structure sociale de la société n'est pas neutre lors des élections. Mais l'originalité de Downs tient au fait qu'il relie cette structure sociale aux revenus et à l'acquisition d'information. Il explique ainsi que « la possession de ressources autres qu'un bulletin de vote accroît sans aucun doute l'influence potentielle d'un citoyen sur la politique du gouvernement » (*Ibid.*, p. 115). En d'autres termes, la richesse des citoyens conditionne leur influence et la possibilité qu'ils ont de bénéficier ou non d'informations en nombre conséquent.

L'information ne s'acquiert que par un processus long et coûteux[1] si bien que parfois certaines étapes de ce processus peuvent être confiées à des tierces personnes dans un souci d'économie d'accès à l'information. Comme l'indique Downs, dans les sociétés modernes, « la plupart des citoyens [...] ne collectent pas eux-mêmes l'information dont ils ont besoin pour prendre une décision politique » (*Ibid.*, p. 245). Dans ce contexte, les individus à qui l'on demande de rapporter les informations ont un rôle important. Ainsi, tout comme « tout observateur qui rend compte d'un événement doit choisir de transmettre certains faits et d'en ignorer d'autres, ce qui biaise son rapport *ipso facto* » (*Ibid.*), il est à leur discrétion de rapporter les faits tels qu'ils le souhaitent. Le caractère rationnel des individus vient édulcorer cela en ce sens que, bien souvent, les individus qui souhaitent déléguer leur recherche d'information se tournent vers des rapporteurs qui, pensent-ils, vont vraisemblablement s'intéresser aux mêmes faits et de la même façon qu'eux. On retrouve en cela l'influence des travaux de Mannheim ou Lippmann qui expliquaient dès les années 1920[2] que bien souvent les individus, face à un monde bien trop complexe pour eux, choisissent pour s'informer ou débattre des journaux ou individus qui partagent en fait avec eux des valeurs, et même parfois des idées ou opinions communes.

Outre l'observation directe ou le fait de confier à des intermédiaires leur collecte, les individus peuvent aussi trouver de l'information diffusée par certains fournisseurs

---

[1] Le processus d'acquisition de l'information est composé de différentes étapes qui correspondent toutes à un coût spécifique pour Downs. Il existerait ainsi deux catégories de coûts principales : les coûts transférables et les coûts non transférables. Les premiers sont composés des coûts d'acquisition (collecte, sélection, transmission des informations), des coûts d'analyse (*fact checking*) et des coûts d'évaluation (mise en relation des données avec les objectifs de l'individu). Les coûts non transférables sont quant à eux les coûts que l'électeur est obligé de supporter : assimilation de l'information et déplacement ou non au bureau de vote. Voir Downs, [1957] 2013, pp. 242-243 pour une analyse plus détaillée de ces étapes et de ces coûts.

[2] Mannheim (1956 [1929]), Lippmann (1960 [1955], 1965 [1922]).

d'information bien spécifiques. Les électeurs doivent donc prendre des décisions les plus rationnelles possibles en termes de vote à partir d'éléments qui, parfois sont totalement ou partiellement biaisés. Pour Downs, seule l'adoption rationnelle, scrupuleuse et coûteuse d'information peut réduire cet effet. Il faut alors que les électeurs respectent minutieusement chacune des étapes nécessaires à la construction d'un vote rationnel en se fondant sur des informations vérifiées ou même émanant du gouvernement lui-même, qui fournit « une documentation importante aux citoyens » (*Ibid.*, p. 261), documentation neutre en ce sens qu'elle « n'est pas d'essence politique » (*Ibid.*, pp. 260-261)[1].

En tout état de cause, le fait est que les individus qui disposent de plus de moyens que les autres disposent également d'informations en plus grande quantité et souvent de bien meilleure qualité. Les électeurs les moins fortunés n'ont pas le loisir d'acquérir de l'information par le même cheminement et sont obligés de se tourner vers les diffuseurs d'informations. Ces diffuseurs peuvent aussi bien être des journalistes que d'autres électeurs qui, eux, plus fortunés, et parfois constitués en groupes, disposent d'informations. Lorsque ces derniers prennent conscience de leur pouvoir sur les premiers, ils peuvent décider de ne diffuser que les informations qui pousseraient les électeurs mal informés à diriger leurs votes d'une façon ou d'une autre. Ainsi, des électeurs fortunés farouchement opposés au gouvernement en place pourraient profiter de l'imperfection de l'information pour ne diffuser que des données à charge contre ce gouvernement de sorte que les électeurs qui ne fondent leur vote que sur ces données soient amenés à ne pas le réélire.

---

[1] Notons que Downs évoque, sans pour autant l'intégrer dans son analyse, l'existence possible de fausses informations, c'est à dire « factuellement incorrecte[s] » (*Ibid.*, p. 63), qui peuvent pourtant elles-aussi menacer la rationalité du vote des électeurs.

L'incertitude – qui se manifeste par l'imperfection de l'information – entraîne ainsi « un biais de distribution du pouvoir politique » (*Ibid.*, p. 301). Si l'essence de la démocratie est de permettre à chacune et chacun d'exprimer sa volonté lors des élections de façon tout à fait égalitaire, dans les faits des disparités existent.

Mais les inégalités de revenu ont d'autres conséquences fâcheuses pour la démocratie. Elles apparaissent lorsque Downs s'intéresse au coût du vote lui-même. En-dehors de toute taxe visant le vote, celui-ci peut sembler absolument gratuit. Or, il n'en est rien. Un coût d'opportunité, parfois important, lui est imputable. En effet, le fait de voter nécessite de prendre du temps : pour s'inscrire sur les listes électorales, pour former son opinion sur les différents programmes et pour se rendre à l'isoloir. Ainsi, si le temps utilisé pour voter se fait au détriment des heures de travail, le coût du vote peut avoir un impact important. Il pénalisera par ailleurs une nouvelle fois plus les classes les moins aisées de la société pour lesquelles un différentiel de salaire, si faible soit-il, aura un impact plus important[1].

Ce coût inhérent au vote peut, de façon rationnelle, écarter un nombre important d'électeur des urnes. En effet, lorsque le rendement marginal du vote est faible et que le coût est élevé, il est rationnel pour un individu de ne pas se rendre au bureau de vote et de s'abstenir. Seuls ceux pour qui le coût du vote est inférieur ou égal à son rendement voteront de façon rationnelle. Cela est le cas notamment pour les classes sociales les plus aisées qui, rappelons-le, ont un pouvoir politique plus important dû au fait qu'ils disposent de plus d'informations. Un risque important apparaît ici : que seules les volontés des citoyens les plus riches soient prises en compte lors des élections. Ainsi, si l'abstention n'est pas une menace pour la démocratie en temps normal, c'est-à-dire lorsque le vote est considéré comme absolument gratuit, en

[1] En effet, la désutilité liée à la perte d'un euro de revenu est plus grande pour les individus les moins fortunés même si, dans l'absolu, le revenu perdu est plus faible pour eux.

revanche « des coûts positifs du vote modifient cette situation en amenant à s'abstenir aussi des individus aux préférences bien arrêtées » (*Ibid.*, p. 304). Le moindre coût peut dès lors menacer d'effondrement l'idéal démocratique.

De fait, le modèle qui sert à Downs pour expliquer le fonctionnement de la démocratie ne permet pas d'assurer l'égalité de tous face au vote comme cela devrait pourtant être le cas. C'est donc la pérennité du système lui-même qui est remise en cause par son incapacité à faire que tous les citoyens aient voix au chapitre de la même façon. Face à ce constat amer, Downs tente de trouver un mécanisme existant qui, une fois introduit dans son modèle, permettrait à la fois de stabiliser l'échiquier politique et de répondre au problème d'information imparfaite. Un mécanisme va donc être étudié qui est celui de l'idéologie politique.

3. L'idéologie politique : une variable politique au service d'un modèle économique

Nous venons de le voir, les hypothèses dictées par le modèle downsien mettent en lumière des soucis d'envergure pour le fonctionnement démocratique. D'abord, ils soulignent une instabilité chronique de l'équilibre politique puis une distribution inégalitaire du pouvoir politique dont la cause semble être l'imperfection de l'information. Une nouvelle fois, Downs pourrait s'arrêter là. En ayant construit un modèle économique se rapprochant le plus possible de la réalité notamment grâce à l'hypothèse d'incertitude, le résultat de l'analyse pourrait être l'instabilité politique et la manipulation des électeurs. Cependant, une nouvelle fois, ces conclusions ne concordent pas avec la réalité. L'intuition de Downs est alors que pour expliquer cette réalité, il faut sortir du cadre purement économique et incorporer des éléments venant d'autres disciplines et notamment de la science politique. Et c'est en introduisant l'idéologie politique à son modèle qu'il va permettre d'expliquer la situation factuelle. Cependant, cette explication, apportée par Downs, met en péril la rationalité des individus.

3.1. L'idéologie politique comme vecteur de stabilité

Dans son analyse, Downs, inspiré par Mannheim[1], indique que les partis politiques développent une idéologie politique, c'est-à-dire « une image verbalisée de la société idéale et des principaux moyens de la construire » (*Ibid.*, p. 119). Cette *Weltanschauung*[2] – terme que Downs emprunte à l'auteur allemand – est entendue comme « un moyen d'obtenir le pouvoir politique » (*Ibid.*) et est propre à chaque parti.

L'idéologie ainsi développée par chaque parti est d'abord un moyen pour les électeurs de connaître son positionnement politique sans avoir à subir de coûts d'information trop importants. En effet, en affichant une idéologie claire, chaque parti va implicitement faire comprendre aux électeurs le type de politiques qu'il souhaite mettre en place ou en tout cas la direction vers laquelle ses politiques vont tendre. Ainsi, les électeurs pourront voter de façon rationnelle non pas en fonction de l'adéquation entre des politiques précises et leur point de vue sur celles-ci, mais en fonction de l'adéquation entre l'idéologie qui est la leur – c'est-à-dire celle qui, pensent-ils, leur est la plus bénéfique – et celle qui est développée par le parti. Ainsi, un électeur aux penchants libéraux par exemple votera pour un parti qui affiche une volonté libérale importante et n'aura pas à dépenser trop de ressources dans l'acquisition d'informations supplémentaires. L'idéologie développée par le parti lui sera suffisante pour arrêter son vote.

---

[1] Lorsqu'il emploie le terme d'idéologie, Downs se réfère explicitement en note de bas de page (*Ibid.*, p. 119) à Mannheim ([1929]1956). Voir chapitre 1.

[2] *Weltanschauung*, de l'allemand *welt* (monde) et *anschauung* (vision), signifie vision du monde ou conception du monde.

De leur côté, les partis politiques vont chercher à développer l'idéologie qui leur sera à eux aussi la plus bénéfique, c'est-à-dire celle qu'ils estiment pouvoir leur rapporter le plus de suffrages lors des élections.

Pour que l'idéologie développée permette effectivement d'attirer les suffrages, il faut cependant qu'elle soit prise au sérieux par les électeurs. Elle doit ainsi être développée de manière cohérente, c'est-à-dire de façon fiable et responsable[1]. Supposons un système bipartite. Le parti A est au pouvoir – on peut donc juger de ses actions concrètes –, le parti B est dans l'opposition – il faut donc le juger sur ses déclarations et prises de position. Lorsque se profile l'élection, chaque parti va faire des promesses en adéquation avec l'idéologie qu'il souhaite afficher. À partir de là, il est possible de juger de la fiabilité et de la responsabilité d'un parti politique.

---

1 On retrouve ici une idée qui sera développée par Arthur Denzau et Douglass North (1994) lorsqu'ils s'interrogent sur les liens entre prise de décision et forte incertitude. Les auteurs expliquent que dans un contexte où l'incertitude est forte au point pour les décideurs de ne pas être capables d'anticiper les issues liées aux différents choix qui s'offrent à eux, alors l'idéologie et les modèles mentaux sont une façon de guider les choix. En guise d'illustration, les auteurs indiquent que lors d'un achat, pour savoir s'il peut discuter du prix, le consommateur va chercher à « construire un modèle mental du vendeur (« *building a mental model of the seller* », p. 10) fondé notamment sur les interactions passées avec le même vendeur et avec d'autres vendeurs dans de pareilles circonstances. C'est la même idée qui est proposée par Downs à propos des électeurs face au choix politique.
L'idée est également reprise par Nordhaus (1975), qui fonde une partie de son raisonnement sur le fait que face à une situation d'information imparfaite quant à la faisabilité des politiques ou de leurs objectifs, « les ménages forment des prévisions quant au comportement habituel des partis politiques, prévisions fondées sur leur comportement passé » (« *households [...] form a set of expectations of what is the usual behaviour of political parties, this expectation based on past behaviour* », p. 172). En cela, Dubois (2016) indique que « Downs [...] a proposé une hypothèse qui constituerait un fondement pour Nordhaus (1975) » (*Downs [...] proposed a hypothesis that would serve as a foundation for Nordhaus's (1975) paper* », p. 236) concernant les anticipations adaptatives.

Un parti est dit fiable s'il est possible de prédire son comportement pour la législature à venir à partir des promesses tenues lors de la campagne (*Ibid.*, p. 128). Il est dit responsable si son comportement passé est en adéquation avec son comportement présent (*Ibid.*). On peut de ce fait anticiper les actions des deux partis à partir des actions ou prises de positions réalisées pendant la législature qui se termine lorsqu'il s'agit d'un parti fiable et responsable. Il faut en d'autres termes, que les partis évitent le piège de l'incohérence temporelle[1].

Un parti responsable ne peut balayer ses actions passées et ne peut donc pas procéder à un changement radical d'idéologie. La cohérence de l'idéologie déployée par les partis mène à ce que Downs appelle « immobilisme idéologique » (*Ibid.*, p. 134). Ce terme renvoie au fait que les changements doctrinaux sont lents. L'utilisation de l'idéologie par les partis les pousse donc à une certaine forme de stabilité spatiale sur l'échiquier politique, ce qui contribue donc à la stabilisation de ce dernier. L'idéologie joue donc ici pleinement son rôle de mécanisme de stabilisation.

Cet immobilisme idéologique, dont parle Downs en le qualifiant de rationnel[2], est renforcé par une seconde forme de lenteur qui est représentée par l'immobilisme institutionnel. Celui-ci s'explique par le fonctionnement interne des partis lorsqu'il s'agit de changer de programme politique et donc par là même de dirigeants. En réalité, « la lutte pour le pouvoir à l'intérieur de chaque parti est assez semblable au conflit entre les partis » (*Ibid.*). Chaque membre du parti qui propose sa candidature doit lui-même endosser une idéologie qu'il fera celle du parti une fois élu. À nouveau, l'idéologie choisie par les candidats à l'intérieur même du

[1] L'incohérence temporelle sera l'objet en 1977 du fameux article *Rules rather than discretion: the inconsistency of optimal plans* de Kydland et Prescott.

[2] Le retard idéologique est qualifié de rationnel par Downs en ce sens que la cohérence dont les partis doivent faire preuve dans leur idéologie oblige à un certain immobilisme.

parti sera celle qui leur permettra d'attirer le maximum de votes d'adhérents.

Downs ajoute, pour pallier tout problème d'adéquation entre idéologies politiques en place et volontés des électeurs, que si un changement d'importance intervient au sein de la distribution des électeurs, « l'immobilité des partis existants les empêchera sans doute de s'adapter rapidement » (*Ibid.*, p. 155) mais champ libre sera laissé à de nouveaux partis. Ceux-ci pourront alors émerger et capter les électeurs qui se sont déplacés le long de l'échelle politique. Les nouveaux partis, qui ne connaissent pas encore les contraintes idéologiques dont les partis en place doivent s'accommoder, pourront adopter une toute nouvelle idéologie en adéquation avec les attentes des électeurs. Or, comme nous venons de le noter, il faut pour cela observer un changement important dans la distribution de ces derniers et un tel changement n'intervient pas fréquemment, ce qui permet tout de même à l'échiquier politique d'afficher une relative stabilité concernant le positionnement et le nombre de partis en lice.

C'est ainsi que l'idéologie politique permet d'expliquer la stabilité observée du régime démocratique. Elle permet en outre aux individus de voter de façon rationnelle tout en économisant une partie importante des coûts liés à la recherche d'information. Si cette idéologie salvatrice est une des clés de voûte du modèle downsien, elle ne constitue cependant pas une solution entièrement curative de l'ensemble des problèmes rencontrés lors de l'exercice démocratique. Pis encore, elle induit une rationalité moindre de la part des agents.

3.2. Apparition d'un *trade-off* entre idéologie et rationalité

Si la présence d'idéologie est un prérequis nécessaire à la stabilisation de l'équilibre politique, elle n'en reste pas moins une solution partielle.

D'abord, l'élaboration d'une idéologie politique n'est pas une science exacte. Nous l'avons noté, chaque parti développe une idéologie qui est censée pouvoir attirer un maximum d'électeurs. L'hypothèse d'incertitude fait cependant que le gouvernement « doit avoir des agents qui "prennent le pouls" de la population » (*Ibid.*, p. 111) s'il veut savoir comment orienter son idéologie au mieux. De cette façon, les attentes des électeurs sont remontées auprès du gouvernement, qui sait alors dans quelles directions il doit diriger sa campagne. Cependant, bien souvent, les électeurs eux-mêmes ont des idées très vagues de ce qu'ils désirent et donc les éléments remontés par les intermédiaires sont lacunaires et parfois flous. Ainsi, « sur nombre de questions, les représentants n'ont rien à représenter » (*Ibid.*, p. 112). C'est dans cette brèche ouverte que les lobbies peuvent intervenir, en manipulant l'opinion publique à leur avantage.

Certains lobbyistes, qui ont des idées très tranchées sur ce qu'ils veulent obtenir du gouvernement vont proposer à ce dernier de lui transmettre les souhaits d'une majorité de citoyens sans que celui-ci ne puisse vérifier que la majorité est bien au fondement des vœux exprimés. Or, il apparaît que, souvent, ces souhaits sont justement uniquement ceux d'un groupe représenté par les lobbyistes et non ceux de la majorité. Le gouvernement est donc floué. Mais quand bien même celui-ci verrait clair dans le jeu des lobbyistes, il n'aurait d'autres choix que de s'accrocher à eux en ce sens que les représentants propres du gouvernement ne sont que d'une aide toute relative. Il vaut mieux alors pour le gouvernement prendre des décisions qui satisferont au moins une partie de l'électorat plutôt que d'avancer à l'aveugle.

Ce processus créé d'autres formes de disparités entre les électeurs qui viennent s'ajouter à celles créées par les différentiels de richesse : ceux qui s'investissent dans les débats et sont représentés par les groupes de pression semblent avoir un poids plus important dans l'infléchissement des politiques que ceux qui restent muets. De fait, le poids de leur vote lors de l'élection est plus important. Ainsi, en résolvant en partie le problème du manque d'information et donc la mauvaise distribution du pouvoir politique d'un côté, l'idéologie politique ne parvient pas à limiter complètement les inégalités de distribution du pouvoir politique en ce sens qu'elle ouvre une brèche pour que d'autres inégalités se forment.

Un autre souci que pose l'idéologie politique a trait au modèle lui-même. Nous l'avons rappelé en de nombreuses occasions, le modèle électoral downsien repose en grande partie sur l'hypothèse de rationalité. Or, alors qu'une tension était déjà apparue entre rationalité et incertitude, une seconde se dévoile cette fois-ci entre rationalité et idéologie politique.

Si l'idéologie est une façon pour les électeurs de voter de façon plus éclairée et donc plus rationnelle que s'ils avaient à voter dans un cadre d'information totalement imparfaite, elle peut, à certaines occasions, être à la source d'une nouvelle restriction de la rationalité.

Ainsi, si différents partis en lice pour obtenir le pouvoir ont des informations de même nature de la part de leurs émissaires ou des différents lobbies, ils pourront adopter des idéologies similaires. Dans ce cadre, il deviendra impossible pour l'électeur de différentier clairement entre différents partis. Tout calcul de différentiel partisan sera impossible et alors le vote pour l'un ou pour l'autre des partis sera fait sur des bases non rationnelles par l'individu. Celui-ci pourrait même être amené à s'abstenir de voter. En effet, lorsqu'un électeur obtient un différentiel partisan nul entre différents partis ou candidats – c'est-à-dire qu'après comparaison, il conclura à l'équivalence des partis sur le plan politique – il ne peut définir de choix clair quant au vote à effectuer. La solution de l'abstention apparaît dès lors la plus sage, la plus rationnelle en ce sens que, rappelons-le, le vote n'est pas un acte gratuit et qu'il n'y est procédé que lorsque le résultat du vote produit un rendement certain (ce qui n'est clairement pas le cas dans le cadre de différentiels partisans nuls). Dès lors, le vote ou l'abstention de vote provoqués par une convergence des idéologies produit un résultat beaucoup moins rationnel que ce qu'il en aurait été si les électeurs disposaient d'informations précises sur les programmes des partis qui, eux, peuvent ne pas réellement converger.

Notons qu'une autre tension peut apparaître entre idéologie et rationalité : « si un parti pense pouvoir augmenter ses chances d'accéder au pouvoir en décourageant les électeurs d'être rationnels, il se conduit rationnellement en agissant ainsi » (*Ibid.*, p. 164). En d'autres termes, Downs indique qu'il peut être rationnel pour les partis de pousser consciemment les électeurs à l'irrationalité. Cette volonté peut passer par la proposition de politiques ambiguës notamment ou par la diffusion d'informations erronées visant à manipuler le vote des électeurs. Quoi qu'il en soit, ici encore, l'idéologie est source d'une rationalité moindre. « Rendre le vote moins que parfaitement rationnel ne le prive pas de toute utilité, mais en réduit simplement l'efficience en tant que processus de sélection du gouvernement » (*Ibid.*).

Finalement, si « les partis parviennent à voiler leurs décisions politiques d'un brouillard de généralités et si les électeurs échouent à découvrir la portée réelle de leur vote, on voit se développer une crise de rationalité » (*Ibid.*, p. 165). Ainsi, un véritable *trade-off* apparaît dans le modèle électoral downsien entre idéologie politique et rationalité.

Un an plus tard, c'est au tour de Tullock de livrer son analyse du fonctionnement démocratique, et qui va former le deuxième volet de la théorie des partis et des candidats telle qu'il l'a évoquée. Cependant, nous allons voir que le développement proposé par Tullock ne contient que peu d'éléments susceptibles d'enrichir cette théorie.

4. Le comportement de l'homme politique : de nouveaux éléments de réflexion apportés par Tullock

Alors que l'ouvrage de Downs le champ d'étude des élections, du fonctionnement des partis et des déterminants du vote, le travail de Tullock, n'a pas la même importance à notre avis dans la construction de la théorie des partis et candidats. Cependant, à travers ce travail, il apporte toutefois quelques éléments de réflexion sur le comportement des hommes politiques de façon générale et des souverains en particulier. Nous remarquerons au passage que si l'auteur étudie l'homme politique, il n'évoque pas les partis comme le faisait Downs, bien qu'il estime que son travail soit fondateur, au même titre que celui de son collègue, d'une théorie des partis et candidats. C'est un pas vers l'analyse individualiste qu'effectue ici Tullock, dans la lignée de ce que préconisait Buchanan[1], et qui, nous le verrons par la suite, sera réitéré dans ses travaux successifs.

4.1. Replacer l'homme politique dans un contexte plus général

La contribution de Tullock à ce champ de recherche réside dans « un ouvrage qui a circulé dans un état préliminaire »[2] (*Ibid.*, p. 243) et de façon privée en 1958, mais dont Tullock a débuté la rédaction[3] dès 1950 alors qu'il étudiait la langue chinoise à Yale. Il ne peut donc complètement s'inscrire, comme le fait Downs, dans le mouvement initié par Schumpeter, Arrow et Buchanan. De plus, l'objet d'étude de Tullock diffère de l'analyse du gouvernement et des choix collectifs à laquelle contribuent ces derniers. En effet,

[1] Voir chapitre 1.

[2] « *a book which has been circulated only in preliminary form* ».

[3] De son propre aveu, Tullock a rédigé la première moitié de son ouvrage – dont le chapitre qui nous intéressera particulièrement – lors des derniers mois qu'il a passés à Yale.

l'ouvrage de Tullock, qui porte le nom de *A General Theory of Politics*, est assez peu dévoué au sujet qui nous intéresse puisque le terme de "*politics*" est entendu dans une acception qui nous éloigne de l'étude du gouvernement. En réalité, comme le note Tullock dans l'ouvrage en question, « il pourrait tout aussi bien s'appeler « A General Theory of Bureaucracy »[1] (Tullock, 1958c, p. 1) en ce sens qu'il s'intéresse principalement aux relations politiques qui existent dans les strates inférieures de l'administration. Ainsi, « l'art de gouverner » (*Ibid.*) est peu étudié dans l'ouvrage. Quelques éléments figurant dans le chapitre III[2] forment toutefois des apports intéressants à la théorie, notamment concernant le comportement des hommes politiques.

Dans ce chapitre, Tullock s'intéresse aux élections démocratiques et indique à leur propos que la sélection qui découle du vote se fait au mérite, par rapport à des caractéristiques estimées comme désirables et « sans connotation morale »[3] (*Ibid.*, p. 9). En plus d'être méritant, Tullock estime que l'élu est forcément intelligent. Par intelligent, il n'évoque pas l'intelligence en termes de quotient intellectuel, mais dans le sens de capacité à prendre les bonnes décisions au bon moment pour atteindre des objectifs fixés (*Ibid.*, p. 13). En d'autres termes, l'homme politique serait un fin tacticien doué de caractéristiques adéquates.

Toujours concernant le comportement de l'homme politique, Tullock indique que ce dernier est forcément rationnel dans ses choix ou au moins qu'il « fait partie des hommes les plus rationnels »[4] (*Ibid.*, p. 20). De façon plus

---

[1] « *it could almost as well be called "A General Theory of Bureaucracy"* ».

[2] Chapitre intitulé « *The Politician's World* ».

[3] « *no moral connotations* ».

[4] « *among the most rational of men* ». Par cette affirmation, Tullock semble indiquer que d'autres hommes ne sont pas rationnels ou en tout cas le sont moins. Dans cette perspective, la rationalité de l'homme politique pourrait être entendue comme faisant partie de l'intelligence de l'homme politique telle que développée *supra*.

générale, les individus – dont les hommes politiques font évidemment partie – sont motivés par l'égoïsme. Tullock note que, comme eux, « chaque être humain, en décidant d'une action, le fera de la façon la moins perturbante »[1] (*Ibid.*, p. 22). En d'autres termes, les individus cherchent à agir de façon efficiente. Dans le cas de la bureaucratie, l'égoïsme peut se résumer à la volonté de gravir les échelons hiérarchiques. Transposé au cadre politique, l'égoïsme se rapporterait à la seule volonté de conquérir ou de conserver le pouvoir. Ainsi, chaque action entreprise par l'homme politique serait le fruit d'un calcul de maximisation avec comme objectif le pouvoir. Un apport important de la théorie de Tullock réside dans le fait qu'il cherche explicitement à étudier l'homme politique en tant qu'être humain « avec ses propres fins et ambitions »[2] (*Ibid.*, p. 26) et non comme une « petite machine »[3] (*Ibid.*, p. 26) agissant de façon mécanique. Il est à noter que l'homme politique est ici évoqué de façon générale et non seulement dans le cadre démocratique[4], Tullock indiquant en cela différer des analyses menées en science politique dont les principaux apports consistent à rationaliser la démocratie (*Ibid.*, p. 29).

Pour mieux comprendre encore l'action des hommes politiques, l'auteur argue qu'il est nécessaire de développer une analyse de l'environnement social qui les voit évoluer. Si la culture entre dans la composition de cet environnement et que l'homme politique doit en tenir compte[5] et suivre les

---

[1] « *each human being, in takin a given action, takes the course which, in his own eyes, will disturb him least* ».

[2] « *with his own ends and ambitions* ».

[3] « *a little machine* ».

[4] C'est là une différence majeure d'avec le travail de Downs qui, lui, s'intègre pleinement dans le cadre démocratique. Par ailleurs, les premiers éléments de théorie ici apportés par Tullock concernant les régimes totalitaires notamment ainsi que la prise de pouvoir par la force seront repris et largement développés à deux reprises par l'auteur : Tullock (1974) et Tullock (1987). Voir chapitre 5.

[5] Tullock explique par exemple que « le politicien américain [...] ne pensera probablement pas à l'assassinat en tant que moyen d'éliminer un rival dangereux » (« *American politician [...] will probably never even thing of assassination as a method of eliminating a dangerous rival* », *Ibid.*, p. 32).

règles dictées par la société dans laquelle il évolue s'il veut arriver à ses fins, la principale difficulté consiste à évoluer dans cette société au contact d'autres individus qui poursuivent tous leurs intérêts propres (*Ibid.*, p. 31). Parmi ces autres individus, peuvent se trouver aussi bien des adversaires politiques directs que des opposants politiques[1], qui doivent être pris en compte par le politicien en ce sens qu'ils ont le pouvoir de faire évoluer sa réputation bien que ne s'opposant jamais frontalement lors des échéances électorales. Avec cela en tête ; l'auteur estime qu'il faut analyser avec plus de précision le comportement de l'homme politique par excellence : le souverain.

4.2. Le souverain en tant qu'homme politique particulier

L'analyse de Tullock s'affine en abandonnant l'étude de l'homme politique de façon générale pour se concentrer sur l'action du « souverain »[2] uniquement. Les souverains sont un type particulier d'hommes politiques en ce sens qu'ils n'ont aucun supérieur hiérarchique. Cela mène à s'interroger sur le fait de savoir si les souverains le sont vraiment. En d'autres termes, Tullock cherche à connaître le degré de liberté du souverain lorsqu'il prend des décisions. Si « à première vue, le souverain semble avoir les pleins pouvoirs »[3] (*Ibid.*, p. 50) puisqu'il n'est soumis à aucune autorité supérieure qui pourrait le sanctionner, souvent, cela

[1] Par opposants politiques, nous entendons des individus opposés à un homme politique mais qui pour autant ne sont pas ses adversaires directs en ce sens qu'ils n'entendent pas être élus ou ne se présentent pas aux mêmes élections ou pas dans la même circonscription. Notons que dans son ouvrage, Tullock ne parle pas d'opposants politiques à ce stade mais évoque la présence de « spectateurs », qui suivent leurs propres buts tout en ayant, s'ils se regroupent, le pouvoir d'influencer l'avenir de l'homme politique en agissant sur sa réputation. C'est en cela que nous les assimilons à de possibles opposants politiques.

[2] Par « souverain », Tullock entend analyser aussi bien le comportement du président élu que celui du roi ou du tyran.

[3] « *At first glance, the sovereign would appear to have ultimate power* ».

n'est pas le cas. « Les rois et les dictateurs sont toujours renversés »[1] (*Ibid.*, p. 51) remarque l'auteur, et les élus du peuple peuvent être – et sont régulièrement – remplacés. S'en suit une discussion sur les moyens de remplacer un souverain, de façon démocratique ou par la force[2] qui amène par conséquent à la conclusion selon laquelle « aucun individu n'est complètement souverain »[3] (*Ibid.*, p. 57), sans quoi il pourrait faire en sorte de rester au pouvoir autant de temps qu'il le désire. Il faut donc garder à l'esprit, lors de l'étude du comportement des dirigeants politiques, les limites qui pèsent sur leur pouvoir. Ces limites émanent en fait en grande partie non pas de supérieurs – puisque, rappelons-le, les souverains n'en ont pas – mais des individus qu'ils administrent[4]. Plus précisément, dans le cadre démocratique, le dirigeant doit faire en sorte de maintenir ses soutiens ou ceux que Tullock nomme « *followers* ». Ces derniers peuvent en effet décider d'accorder leur soutien à d'autres dirigeants potentiels. Pour éviter cela, et donc se maintenir aux commandes, le dirigeant doit « user de son pouvoir et de son influence »[5] (*Ibid.*, p. 151) pour accompagner ses *followers* vers leurs objectifs. En d'autres termes, le dirigeant élu doit plaire à ses électeurs s'il souhaite se maintenir au pouvoir. Toute action politique est donc calculée de façon à plaire à certains électeurs ciblés et toute action qui ne permettrait pas de conserver ou d'engranger de nouveaux partisans serait absurde. C'est là une conclusion commune entre ses travaux et ceux de Downs.

---

1 « *Kings and dictators are always being overthrown* ». Tullock reviendra sur ce point des années plus tard lors de son étude du fonctionnement autocratique. Voir chapitre 5.

2 Une nouvelle fois, ces développements seront repris et affinés par la suite. Voir Tullock (1974) et Tullock (1987).

3 « *No individual is ever completely sovereign* ».

4 Notons que, bien que Tullock en vienne à s'interroger sur la Constitution dans ses travaux ultérieurs comme nous le verrons plus tard, il n'est cependant pas fait état à ce stade des limites constitutionnelles qui peuvent également agir sur le souverain.

5 « *by using his power and influence* ».

L'ouvrage de Tullock, bien que principalement porté sur l'analyse du fonctionnement bureaucratique offre donc bien quelques apports concernant la compréhension du comportement des hommes politiques et donc du fonctionnement du système politique démocratique, que l'on retrouve chez Downs. Il permet notamment de penser l'homme politique comme un être humain avant tout, rationnel et égoïste. Cependant, peu de choses, finalement, sont dites précisément sur le fonctionnement démocratique et notamment sur le fonctionnement des partis et des candidats. En réalité, de l'aveu de Tullock lui-même, Downs a réalisé un travail bien plus poussé sur un sujet bien plus restreint que celui qu'il a tenté d'embrasser : « mon travail [...] couvre un sujet large de façon sommaire alors que Downs couvre un sujet précis de façon intensive »[1] (Buchanan & Tullock, *op. Cit.*, p. 344).

5. Conclusion

Le modèle électoral downsien repose sur deux hypothèses fortes : celle de la rationalité des agents et celle de l'existence d'incertitude dans le monde. Si l'hypothèse d'incertitude est dictée par le fait que sans elle, le modèle prédirait la chute du régime politique démocratique, en revanche, elle est la cause de l'apparition de nombre de difficultés. D'abord, elle provoque une tension dans le modèle en ce sens qu'elle est à la source d'une rationalité moindre. Ensuite, elle provoque une forte instabilité de l'échiquier politique. Enfin, l'imperfection de l'information, couplée à la réalité de la stratification sociale de la société entraîne une inégale distribution du pouvoir politique chez les électeurs.

Downs propose alors d'introduire un élément emprunté à la science politique capable de rendre compte de la stabilité de la position des partis politiques dans la réalité et de

[1] « *my work [...] covers a broad field rather lightly. Downs instead has covered a narrow field intensively* ».

contenir l'asymétrie d'information. C'est l'idéologie politique qui constitue cet élément de contrainte à l'instabilité spatiale. Cependant, elle ne permet pas de résorber l'ensemble des inquiétudes concernant le fonctionnement démocratique révélées par le modèle de Downs.

En effet, si le modèle permet de fixer la position politique des partis et candidats au moins sur le court ou moyen termes et que les électeurs sont supposés disposer de plus d'information pour réaliser leurs choix que le modèle initial ne le laissait penser, en revanche la présence d'idéologie politique ne permet pas de faire disparaître les résultats l'inégale distribution du pouvoir politique puisqu'elle laisse pénétrer les groupes de pression dans l'équation. Une seconde tension apparaît donc cette fois-ci entre rationalité et idéologie politique.

En cherchant à mettre en place un modèle qui rend compte de la réalité du fonctionnement démocratique en combinant à la fois des hypothèses de nature économique et politique, Downs met en lumière à la fois les risques qui pèsent sur le régime politique lui-même et les faiblesses qui minent son fonctionnement. Cette théorie inquiète va pourtant, comme nous l'avons déjà indiqué, faire des émules et va inspirer nombre d'autres économistes et de politistes. Tullock a d'ailleurs cherché à compléter cette analyse dès 1958. Mais à partir de 1959, il va proposer d'analyser le fonctionnement démocratique sous un prisme différent, qui va permettre de mettre en exergue un autre type d'instabilité au cœur de la démocratie et qui va appeler Tullock à chercher d'autres mécanismes capables d'y répondre.

La démocratie ce n'est pas la loi de la majorité, mais la protection de la minorité.
Albert Camus (*Carnets III*, 1951-1959)

Chapitre 3. Instabilités du vote à la majorité et mécanismes alternatifs : une démonstration pratique de Gordon Tullock

Nous l'avons vu au cours du chapitre 1, l'un des objets d'étude de l'économie du politique naissant au milieu du XXe siècle est le choix collectif. Dans son ouvrage, Downs a cherché à comprendre les déterminants de ce choix. Il a étudié à la fois ce qui pousse les partis ou candidats à faire des choix dans leurs programmes et ce qui pousse les électeurs à choisir parmi ces derniers. En revanche, les règles de choix n'ont pas été discutées. Downs semble en effet pendre pour acquise la règle majoritaire en ce sens qu'il souhaite décrire de façon positive le fonctionnement démocratique tel qu'il l'observe. On peut penser que son intérêt ne porte, de ce fait, pas sur la remise en cause des règles, mais sur la façon dont les individus s'en accommodent. C'est justement sur ce point que Tullock va revenir.

Le choix collectif dans le cadre démocratique est effectué par le biais d'élections ou de votes et ceux-ci suivent des règles précises. Ainsi la règle traditionnellement mise en place est celle de la majorité absolue. Cela signifie que pour qu'une décision soit prise, il faut qu'elle recueille plus de la moitié des suffrages exprimés, c'est-à-dire au minimum 50 % des voix +1.

La règle politique qui décide du fonctionnement du choix collectif est souvent ignorée par les économistes. Elle est considérée comme exogène, comme c'est le cas chez Downs.

Mais en plus d'aborder un point laissé en friche par Downs, Tullock va procéder à une autre manière de faire. Alors que l'analyse downsienne était positive, Tullock va quant à lui proposer un travail normatif sans jamais le dire explicitement dans ses travaux publiés. C'est en réalité par le biais de l'optimalité, introduite en tant que moyen de juger du caractère efficace d'une règle de choix, que la normativité de l'analyse va se révéler. Cette façon d'étudier les règles de vote va par ailleurs s'accompagner d'une analyse en termes de coûts, qui pousse plus loin encore l'utilisation de la méthodologie économique pour l'analyse du politique. Ce n'est qu'en travaillant sur les publications de Tullock, mais aussi sur des documents d'archive (correspondances, documents de travail non publiés, brouillons) que l'on peut observer cette volonté qu'a l'auteur de voir les institutions évoluer dans un sens favorable à ses présupposés – qui, nous allons le voir, vont s'affermir avec le temps au fil des travaux produits – ainsi que sa volonté d'évacuer les éléments d'explication de nature politique que l'on retrouve par exemple chez Downs pour faire la part belle à une pure méthode d'analyse économique. C'est ce travail de mise en lumière que nous allons mener dans ce chapitre.

Mais pour comprendre le point de vue de Tullock, il semble nécessaire de rappeler brièvement le parcours de celui que d'aucuns considèrent comme un économiste alors même qu'il n'a jamais suivi de cursus d'économie dans ses études et que d'autres considèrent comme un politiste, pour les mêmes raisons.

Après une courte carrière d'avocat à Chicago, Gordon Tullock est embauché en 1947 par le ministère des affaires étrangères des États-Unis en tant que vice-consul au consulat américain de Tientsin, en Chine. Il occupe plusieurs postes[1] en Asie et aux États-Unis avant de démissionner neuf ans plus tard. C'est durant toute cette époque qu'il rédige en grande partie le document que nous avons analysé dans le chapitre précédent. L'année de sa démission, Tullock devient directeur de recherche au Princeton Panel[2], ce qui le confronte à des problématiques de politiques publiques diverses et à la réalité des groupes d'intérêt politiques (Brady & Tollison, 1991). En 1958[3], il accepte un contrat postdoctoral et rejoint le *Thomas Jefferson Center for Studies in Political Economy*, fondé par James M. Buchanan et Warren Nutter à l'Université de Virginie[4]. « La principale publication de son année d'affiliation fut un article phare consacré à l'importance du *logrolling* face au problème du vote à la majorité »[5] (Houser & Rowley, 2012, p. 13) alors que le concept même de vote à la majorité est accepté par la plupart des politistes et économistes de cette époque. Son travail à ce propos formera l'une des vertèbres les plus importantes du *Calculus of Consent*[6].

Lorsqu'il occupe son poste au *Thomas Jefferson Center for Studies in Political Economy*, Gordon Tullock a lu l'ouvrage de Downs. Il ne cache d'ailleurs pas s'en inspirer pour ses propres recherches. Une lettre en particulier est révélatrice de cela. Il s'agit d'une missive (Tullock, 1958a) adressée à Friedrich Hayek le 3 juin 1958 qui révèle que l'auteur connaît personnellement Downs et échange régulièrement avec lui. La proximité entre Tullock et Downs est également rappelée dans une lettre écrite à l'attention de Duncan Black le 11

---

[1] Pour plus de détails concernant ces différentes positions, voir Houser & Rowley (2012).

[2] Le Princeton Panel est une filiale de Gallup Organization, entreprise qui offre notamment des services de sondage.

[3] Année durant laquelle il fait circuler son travail sur la bureaucratie.

[4] Voir chapitre 1.

[5] *« The principal publication of his fellowship year was a seminal paper on the relevance of logrolling to the problem of majority voting »*.

[6] Buchanan & Tullock, 1962. Voir Chapitre 4 pour une étude approfondie de cet ouvrage.

décembre 1958 dans laquelle il indique que son « propre principe de travail est "dynamique", dans la même veine que l'ouvrage de Downs *An Economic Analysis* (*sic.*) *of Democracy* »[1] (Tullock, 1958b). Mais même si Gordon Tullock et Anthony Downs ont des bases de réflexion communes, le premier a plus de doutes que le second concernant l'efficacité de la règle majoritaire. En effet, à la lecture de l'ouvrage de Downs, on peut comprendre que l'auteur ne cherche pas à remettre en cause les règles en vigueur. Son but est simplement de les étudier et de les comprendre, dans une démarche explicitement positive. Tullock, quant à lui, estime que la règle électorale de la majorité simple n'est pas forcément toujours efficiente. Cette façon de faire renoue avec les travaux exploratoires de Buchanan dans les années 1950. Cela n'est pas étonnant si l'on considère la philosophie qui a mené à la création du *Thomas Jefferson Center* et qui l'anime depuis. Cependant, les travaux de Tullock ne sont pas pour autant de nature ontologique, en ce sens qu'il ne s'interroge pas, comme a pu le faire Buchanan, sur la nature de l'être dans la société qu'il étudie. En réalité, Tullock développe son analyse par le prisme de sa propre vision de ce que doit être la politique et de ce que doit apporter la démocratie aux individus. Autrement dit, il débute son analyse sur des fondements de philosophie politique qui lui sont propres.

L'on comprend rapidement que la vision adoptée est individualiste et place les libertés individuelles en son fondement. Nous le verrons, le premier élément que Tullock prend en compte est le fait que les individus devraient pouvoir être capables de faire valoir l'intensité de leurs préférences et qu'ils ne devraient pas avoir à subir la volonté d'autres électeurs contre leur gré.

Les travaux de Tullock sont donc à la croisée des chemins : il s'agit de proposer une analyse économique d'un problème lié à la science politique tout en prenant en compte les

---

[1] *« own principle work has been in "dynamics", along the same general line as Downs' An Economic Analysis (sic) of Democracy ».*

considérations philosophiques qui sont les siennes. Cette analyse va prendre la forme de différents articles ou monographies rédigés entre 1958 et 1960, qui formeront une base de travail pour le *Calculus of Consent*, que Tullock rédigera avec Buchanan à la même période, mais qui ne sera publié qu'au début de l'année 1962.

D'abord, Tullock rédige en 1959 un court tapuscrit non publié qui a pour titre *Democratic Marginalism* puis un article qui sera, lui, publié et connaîtra une postérité importante : *Problems of Majority Voting*. Ces deux analyses sont complémentaires et parfois même redondantes en ce sens que de nombreux éléments de l'article sont extraits du premier document. Tullock y fait état d'un problème concernant la règle de vote à la majorité absolue[1], mais qui peut être en partie réglé par l'échange de votes – ce que Tullock nomme *logrolling*[2]. Survient alors une situation qui ressemble à première vue à un équilibre, mais qui se révèle en réalité tout à fait instable à long terme[3].

Tullock cherche donc à comprendre les tenants de cette instabilité pour ensuite être en mesure, à l'image de Downs, de chercher des éléments porteurs de stabilité, des

---

[1] Dans ses travaux, Tullock étudie les effets de la règle de vote à la majorité absolue. Cependant, dans la version originale – en anglais – de ces travaux, il est fait état de « *simple majority voting* ». Le terme de « *simple majority* » se traduit bien en français par majorité absolue et non par majorité simple, qui a un sens différent en français. Ainsi, dans l'ensemble de cet ouvrage, nous parlerons de majorité absolue quand bien même les citations auxquelles nous ferons référence contiendront le terme « *simple majority* ».

[2] Le terme « *logrolling* » provient du temps de la Frontière aux États-Unis. Lorsqu'il s'agissait de construire une cabane, l'ensemble des individus aidaient à déplacer les rondins (« *logs* » en anglais) en sachant qu'ils seraient aidés à leur tour lorsqu'ils auraient leur propre cabane à construire. Voir D. C. W (1950).

[3] On trouve donc ici un trait commun entre l'ouvrage de Downs et les premiers travaux de Tullock en économie politique : le caractère central de la notion d'instabilité et, nous le verrons, la recherche d'une plus grande stabilité. Notons cependant que le terme d'instabilité ne sert pas à décrire le même phénomène pour les deux auteurs comme nous le montrerons.

mécanismes correcteurs. La différence ici est que Tullock ne cherche pas à inclure dans son modèle des éléments pouvant modifier les résultats de son analyse de sorte que ces derniers se rapprochent d'une réalité observée. Il cherche en fait des mécanismes capables, sans modifier sa grille de lecture du fonctionnement démocratique, d'améliorer les résultats obtenus. La mise en perspective d'un véritable cycle ainsi que des problématiques qu'il soulève pour l'auteur fera l'objet de la première partie de ce chapitre.

Ensuite, Tullock rédige un document plus long, qui restera également non publié, mais qui sera partagé avec plusieurs économistes, dont Buchanan et Downs. Ce document, intitulé *A Preliminary Investigation of the Theory of Constitutions*, propose d'analyser différents types de règles de prise de décision collective de façon à savoir si l'une ou l'autre règle peut être plus efficace que la règle de vote à la majorité absolue. En d'autres termes, Tullock porte son analyse au niveau constitutionnel, au niveau de la décision « des règles du jeu » comme il le dit lui-même à de nombreuses reprises. Downs apportera lui-même sa pierre à l'édifice en entrant dans le débat et en proposant, nous le verrons, une analyse qui diffère complètement de celle de Tullock en la matière en ce sens qu'il proposera une défense du vote à la majorité fondée sur la mise en perspective des erreurs d'appréciation commises par Tullock dans les hypothèses qui sous-tendent son cadre d'analyse. Une controverse naîtra alors, sous forme de lettres et d'articles se répondant les uns les autres.

La théorie portée par Tullock à propos des modes de votes alternatifs, capables de remplacer le vote à la majorité et la controverse qu'elle fera naître seront l'objet de la deuxième partie de ce chapitre.

Enfin, Tullock affinera son point de vue par le biais de deux autres articles publiés en 1961 dans lesquels il revient sur les conclusions de ses développements précédents. Nous verrons à l'occasion de l'étude de ces travaux que l'un d'eux – *Problems of Majority Voting : Reply to a Traditionalist* – a pour objet principal de répondre aux commentaires de Downs. Ce travail fera l'objet de la dernière partie de ce chapitre.

1. La mise en évidence d'un cycle

Avec la volonté d'enrichir les travaux de ses prédécesseurs, Tullock s'interroge sur les règles mises en place concernant la prise de décision collective et notamment sur le vote à la majorité concernant lequel il dévoile l'existence de problèmes à propos de la prise en compte des libertés individuelles. Il développe ainsi tout au long de l'année 1959 l'idée selon laquelle la règle de vote à la majorité absolue est inefficiente. Cette analyse pousse Tullock à démontrer l'existence de mauvaises allocations des ressources, mais surtout de cycles. Ce développement donne lieu à deux travaux préliminaires dont l'un sera publié.

1.1. Faiblesses du vote à la majorité et utilisation du logrolling : les premières intuitions

L'idée de la possible inefficience de la règle de choix majoritaire est venue à Tullock après la lecture de l'ouvrage de Duncan Black, *The Theory of Committees and Elections* (1958)[1]. Cette idée se retrouve alors au centre d'un article non daté et non publié qui a pour titre *Democratic Marginalism*[2] (Tullock, 1959b).

---

[1] Dans une lettre écrite en février 1959, Tullock indique que « le travail de Black démontre clairement qu'il n'est pas nécessaire qu'il n'y ait qu'une position majoritaire unique lors du vote » (« [Black's] work demonstrates clearly that there is no necessity for there being a unique majority position on a voting process » (Tullock, 1959a). En d'autres termes, Tullock comprend que le vote à la majorité ne se place pas au-dessus de toute interrogation.

[2] *Democratic Marginalism* est un tapuscrit de dix pages sur lequel se trouvent des *marginalia* de James M. Buchanan à qui Tullock a envoyé le document, rédigé à la hâte. S'il n'est pas daté, la correspondance qu'entretenait Tullock avec Buchanan et avec ses éditeurs nous pousse à

Dans ce document, Tullock rappelle que la théorie microéconomique du consommateur suggère que lorsqu'un choix doit être fait entre différentes options, un individu cherchera à égaliser le coût marginal et l'utilité marginale de chaque unité consommée. Il indique alors que le même raisonnement devrait être appliqué au comportement des électeurs. Cependant, « il n'y a pas de raison, étant donnée la méthode utilisée pour prendre des décisions en démocratie, de s'attendre à ce que le résultat se rapproche de cet idéal »[1] (*Ibid.*, p. 1). Il abonde dans ce sens plus loin en affirmant que dans une démocratie, le problème est qu'une « majorité contraint la minorité »[2] (*Ibid.*), ce qui peut résulter en une mauvaise allocation des ressources, ainsi qu'en la création de coûts externes. Ceux-ci correspondent aux coûts supportés par des individus qui ne reçoivent aucun avantage d'une décision votée par la majorité. La réalité du fonctionnement démocratique tel qu'il est décrit s'éloigne donc de l'état idéal d'allocation évoqué plus haut. Elle s'éloigne également de la philosophie politique libertarienne soutenue par le *Thomas Jefferson Center* et, on peut le penser, par Tullock. Cependant, la force de ce dernier est de parvenir à rationaliser les faiblesses qu'il pointe du doigt en les reliant à un langage connu des économistes. Ainsi, pour répondre au problème d'allocation que nous venons d'évoquer, Tullock indique l'importance de l'échange de votes – le *logrolling* – en tant que « méthode permettant d'harmoniser coût marginal et bénéfice marginal »[3] (*Ibid.*)[4]. Il explique en outre que le

---

penser que le document a été écrit entre la fin de l'année 1958 et le début de l'année 1959.

[1] *« there is no reason, given the method used to make decisions in a democracy, to expect the outcome to even approximate this ideal ».*

[2] *« majority is binding on the minority ».*

[3] *« a method of matching marginal cost with marginal benefit ».*

[4] Lorsqu'il écrit sur l'importance de permettre au *logrolling* de prospérer, Tullock adopte une position polémique par rapport à ce que l'on pense à cette période. Ainsi, lorsqu'il développe ses réflexions à ce sujet, des articles s'opposant à la pratique du *logrolling* ainsi que des accords visant à le limiter circulent. Dans le monde universitaire par exemple, les sociétés politiques universitaires – sortes de confréries d'étudiants – Lambda Pi et

principal problème du système traditionnel de vote est de ne pas prendre en compte l'intensité des préférences des individus[1]. En effet, si peu d'électeurs veulent vraiment qu'une mesure soit acceptée et que tous les autres ne sont pas intéressés par cette dernière et décident de voter contre, alors la situation est problématique. L'utilisation du *logrolling* pourrait permettre de prendre en compte l'intensité des préférences en ce sens qu'il est fondé sur le principe de réciprocité : un individu peut obtenir le vote d'une mesure ou d'une dépense qu'il désire vraiment en promettant de voter en faveur de mesures auxquelles d'autres sont attachés. Un problème persiste toutefois : lorsqu'une décision est prise, elle a un certain coût lié à son application. Celui-ci pèse sur l'ensemble des individus par le biais de taxes et donc le coût doit être supporté aussi bien par les partisans de la mesure que par ses détracteurs. En d'autres termes, nombreux individus devront payer bien plus que ne le justifient les avantages qu'ils reçoivent de la mesure approuvée (*Ibid.*, p. 3)[2].

Skull and Keys se sont accordées pour bannir le *logrolling* de leur pratique de vote, sous la forme d'un « *logrolling agreement* » (le « *logrolling agreement* » auquel nous faisons référence se trouve dans les archives Tullock (Box 42, Folder 4) de la *Hoover Institution*). Cet accord préalable – devant encore à ce moment être voté par les deux confréries – proposait une définition des actions qui pouvaient relever de la pratique du *logolling*. En effet, si le *logrolling* est entendu comme le marchandage de votes et de faveurs, encore fallait-il rappeler les formes que pouvaient prendre ce marchandage. Ainsi, « l'échange de votes, la promesse de futures faveurs ainsi que les appels téléphoniques ayant pour but de demander un support » (*« vote-traiding, promise of future favors, and phone calls asking for support »*) étaient considérés comme relevant du *logrolling* et donc prohibés. On a là l'exemple d'une véritable tentative d'encadrer fermement la pratique du *logrolling*, qui s'oppose à la volonté de Tullock de le démocratiser.

[1] Le fait de placer l'intensité des préférences des individus au centre de son raisonnement n'est pas anodin. Cela permet en effet à Tullock d'échapper au paradoxe d'Arrow, qui impose des classements ordinaux. L'intensité des préférences permet la cardinalité du classement.

[2] On retrouve ici l'influence de Buchanan, que Tullock côtoie au *Thomas Jefferson Center*. En effet, les idées développées ici sont assez proches de la

En réalité, nous dit Tullock, si la somme totale des dépenses – et la hausse des taxes correspondantes – engendrées par les différents choix mis au vote était présentée aux électeurs, ceux-ci ne l'accepteraient pas. En effet, les électeurs verraient clairement l'ensemble des bénéfices et des coûts liés à l'ensemble des décisions et se rendraient compte de l'importance des seconds. Mais, dans le modèle que propose Tullock, l'ensemble des projets de loi n'est jamais proposé en tant qu'unité. Chaque projet est discuté l'un après l'autre. Il s'agit de l'hypothèse dite « *seriatim* » du modèle. C'est là l'hypothèse centrale du modèle de Tullock qui donnera, nous le verrons plus tard, naissance à un débat houleux avec Downs.

La conjecture que l'on pourrait qualifier de vote en série fait qu'un individu qui voterait contre une mesure attirerait forcément des votes défavorables contre sa propre proposition dans le futur. De fait, chaque électeur a intérêt à voter en faveur de toutes les propositions s'il veut s'assurer que la sienne subisse le même destin. D'autant plus que cette procédure de vote ne permet pas *a priori* aux électeurs de se rendre compte de l'ensemble des coûts qui pèseront sur eux *in fine*. Un surinvestissement a donc lieu.

Pour étayer l'ensemble de sa théorie et l'ancrer dans la réalité, Tullock propose un exemple politique. Ainsi, il s'intéresse aux débats qui peuvent avoir cours au Congrès en amont de la promulgation d'une décision acceptant la mise en place d'un projet d'ordre public. Il explique notamment que les membres du Congrès sont totalement indifférents concernant les projets ayant cours en dehors de leur périmètre d'action. De ce fait, chaque projet de loi est défendu par un petit nombre d'individus alors que la majorité, non impactée par le projet, est indifférente quant à son adoption. De cette façon, n'étant pas farouchement

---

pensée « wicksellienne » chère à Buchanan comme nous l'avons évoqué dans le prologue. Voir également Johnson (2016) sur ce point.

opposés au projet, les membres du Congrès indifférents seraient facilement convaincus si une procédure de *logrolling* était mise en place. L'échange de leur support ne serait pas très coûteux. Se faisant, les membres supportant le projet s'assureraient de son approbation et les membres indifférents obtiendraient une petite compensation pour un support accordé de bon gré, maximisant la satisfaction de chaque membre du Congrès.

Si l'exemple développé par Tullock semble bien illustrer ses propos, Buchanan, à qui le document a été envoyé avant que Tullock ne cherche à l'étoffer pour le rendre publiable, reste sceptique. En effet, dans une lettre non datée[1] dans laquelle il indique que si ce programme de recherche est « excitant et stimulant », en revanche « il requiert davantage de travail »[2] (Buchanan, 1959). En particulier, il encourage Tullock à développer un exemple construit autour du financement des routes[3] de sorte à illustrer sa théorie d'un exemple pratique. Parmi d'autres remarques, l'idée d'une nécessaire règle d'unanimité – déjà développée par Buchanan dans ses articles de 1949 et 1954[4] – réapparaît : il explique qu'à un certain moment, les membres de la minorité seront conscients du fait qu'ils payent un montant important de taxes pour des projets dont ils ne bénéficient pas et que, de sorte à faire passer d'autres projets, l'unanimité sera nécessaire (*Ibid.*). Ces recommandations seront prises en compte par Tullock dans un nouveau document, publié sous

---

[1] En recoupant la correspondance entretenue entre Tullock et Buchanan, nous sommes portés à croire que cette lettre non datée a dû être envoyée par Buchanan entre les mois de février et août 1959.

[2] *« exciting and stimulating », « it require further work ».*

[3] Il faut noter que les routes et leur financement sont un sujet important de la littérature économique à ce moment alors qu'un programme majeur de financement des autoroutes américaines vient d'être mis en place. Buchanan lui-même s'est beaucoup intéressé à cette problématique. Voir Marciano (2018).

[4] Voir chapitre 1.

le titre de *Problems of Majority Voting*[1]. Cet article, qui part des bases jetées par *Democratic Marginalism* permet en outre de mettre clairement en évidence la présence d'équilibres instables dans le modèle.

1.2. D'une majorité à l'autre : la description d'un cycle politique

Avant d'en arriver à l'article que nous venons d'évoquer, Tullock rappelle, dans la dernière partie de *Democratic Marginalism*, que dans la réalité, le vote à la majorité absolue ne requiert que 50 % +1 de l'électorat pour qu'une décision soit entérinée, et non 100%. De fait, un électeur qui voudrait absolument faire passer sa proposition devrait négocier avec seulement 50 % de l'électorat et non avec l'ensemble des électeurs. En d'autres termes, une coalition de 50% des électeurs +1 devrait se mettre en place. Cette coalition pourrait alors voter en faveur des projets qu'elle présente et contre toutes les propositions n'émanant pas de ses membres. Les 50% -1 électeurs n'appartenant pas à la coalition gagnante formeraient alors la minorité oppressée. Un équilibre apparent serait formé entre une coalition gagnante prenant les décisions, et une minorité qui ne pourrait que subir les conséquences liées aux décisions prises par la première.

Or cet équilibre n'est qu'apparent en ce sens qu'il n'est valable qu'à un instant T. Il parait évident que lorsque l'on observe la situation avec une échelle temporelle plus large, alors l'instabilité de la situation devient évidente. En effet, les individus appartenant à la minorité oppressée ne vont avoir

---

[1] Notons que Downs a également proposé quelques suggestions que Tullock a pris en compte ainsi qu'il l'a noté dans une lettre adressée à Mary Jean Bowman, éditrice du *Journal of Political Economy* (Tullock, 1959c). Une fois le manuscrit envoyé au journal, un examinateur désigné par l'éditeur a suggéré de présenter et de se référer à des démonstrations mathématiques ou de ne pas les mentionner du tout (Bowman, 1959). Le second choix a été retenu par Tullock et la version finale de l'article fut publiée en décembre 1959.

de cesse que de chercher à renverser la situation étant donné qu'ils payent des taxes permettant de financer des projets dont ils ne sont pas les bénéficiaires. Ils vont alors chercher à attirer au moins deux membres de la majorité afin de former à leur tour une coalition gagnante, faisant ainsi passer les membres de la majorité actuelle dans la position minoritaire. « Il en résulterait un processus continu d'échange de soutien au cœur duquel chacun tenterait d'augmenter sa propre « prise » tout en maximisant les dépenses pour lesquelles il a dû payer, et le résultat de ce processus serait une dépense plus importante que l'optimum social »[1] (*Ibid.*, p. 6). Il n'y aurait donc pas de majorité stable et un cycle se mettrait en place[2]. C'est donc une instabilité différente de celle décrite par Downs que suggère Tullock. Il n'est plus ici question d'instabilité spatiale sur l'échiquier politique, mais d'instabilité temporelle entre les différents groupes, majoritaires et minoritaires, entre différentes coalitions.

Problems of Majority Voting est l'occasion pour Tullock d'analyser plus minutieusement encore le *logrolling* et de revenir sur cette instabilité révélée. Mais avant toute chose, Tullock évacue de son analyse les cas qui ne permettent pas l'échange de votes, à savoir les référendums standards et le vote à bulletins secrets[3]. *A contrario*, l'exercice du *logrolling*

---

[1] *« A continuous process of trading support with each member trying to increase his own 'take' while maximizing the 'outgo' that he had to pay for it would result, and the result would be an expenditure much greater than the social optimum ».*

[2] On voit bien que si Tullock utilise le terme d'instabilité, à l'instar de Downs, ce n'est pas pour évoquer les mêmes faits. Si pour Downs l'instabilité est reliée à la faculté du système démocratique ou des partis politiques à se maintenir, en revanche Tullock utilise ce terme pour évoquer le fait que ce sont les coalitions d'électeurs qui ne parviennent pas à se maintenir, et que du même coup, les décisions sont instables dans le temps.

[3] Dans le cas du referendum, il y a tellement d'électeurs que chacun d'entre eux « représente une part trop restreinte de l'électorat pour que (la négociation) justifie l'effort associé » (« *represent too small a part of the total electorate for this to be worth the effort involved* », Tullock, 1959d, p.

reste possible lorsque l'électorat est assez restreint pour permettre la négociation et lorsque les votes sont ouverts et qu'il est donc possible de savoir si les promesses faites lors de la négociation sont tenues[1]. Dans ces circonstances, deux types de *logrolling* peuvent être rencontrés : le *logrolling* implicite et le *logrolling* explicite.

Sa version implicite consiste à construire « des mélanges complexes de politiques visant à attirer du soutien »[2] (Tullock, 1959d, p. 572)[3]. Le *logrolling* explicite – qui est la seule forme retenue par Tullock, comme cela était le cas dans son travail précédent – consiste quant à lui en un échange direct de votes. On peut expliquer le fait que Tullock ne retienne qu'une forme de *logrolling* par le choix qu'il a effectué pour son cadre d'analyse. En effet, son hypothèse centrale de vote en série ou "*seriatim*" empêche l'utilisation d'un *logrolling* implicite qui pousserait les électeurs à voter pour des ensembles de mesures et non plus pour des propositions une à une.

Il s'ensuit un véritable plaidoyer en faveur de l'utilisation du *logrolling* explicite, élément essentiel selon Tullock, dans

---

571). Lorsque le vote à bulletins secrets est utilisé, il est « impossible de savoir si les électeurs ont respecté leurs promesses » (« *impossible to tell whether voting promises are carried out* », *Ibid.*).

[1] Ces circonstances se rencontrent dans de petites démocraties directes ou dans des assemblées représentatives. Notons que si ces deux cas permettent le *logrolling* et semblent donc être vus comme positifs par Tullock, en revanche, ils posent certains problèmes révélés récemment. Le caractère ouvert du vote pose notamment question. D'Angelo & al. (2018) s'inquiètent du pouvoir laissé aux lobbies d'intervenir dans les décisions politiques. En effet, la puissance des lobbies aux États-Unis notamment fait que les hommes politiques lors des votes au Congrès par exemple ou dans toute autre assemblée, sont épiés par les lobbyistes, qui ont la possibilité de menacer leur carrière politique si les votes ne les satisfont pas.

[2] *« complex mix of policies to attract support »*.

[3] Cette forme de *logrolling* bien que non retenue par Tullock est étudiée sans donner son nom dans l'ouvrage de Downs que nous avons considéré dans le précédent chapitre. Downs indique en effet que les partis politiques ou candidats forment des programmes qui sont en mesure de capter les électeurs par le biais du déploiement d'une large idéologie.

le cadre du vote à la majorité tel qu'établi, pour atteindre des résultats de vote optimaux au sens de Pareto. En effet, l'échange de votes permet d'améliorer la satisfaction de chacun en ce sens que les électeurs intensément attachés au résultat du vote peuvent imposer leur point de vue alors que les autres peuvent être récompensés pour leur aide. Ainsi, « interdire de telles transactions revient à empêcher un mouvement dirigé vers la surface optimale »[1] (*Ibid.*). Pour l'illustrer, Tullock développe l'exemple fondé sur les travaux de voirie, tel que conseillé par Buchanan. Il en profite pour y inclure les éléments que nous venons d'évoquer concernant l'instabilité de la situation. Cet exemple fait état de deux types d'agriculteurs : les agriculteurs kantiens (« *Kantians* ») qui ne prennent en compte que leurs propres seuils de détérioration de la route acceptables lors de leur prise de décision ; et les « *maximizers* », qui tentent d'adopter une stratégie visant à assurer la réparation de leurs routes – quel que soit leur degré de vétusté – tout en payant le moins de taxes possible. Les *maximizers* cherchent alors à former une majorité capable de contraindre la minorité de kantiens à supporter les coûts de réparation de routes dont elle ne bénéficiera pas. Cependant, une nouvelle fois, cet équilibre ne peut être stable en ce sens que les kantiens, prenant conscience de leur subordination, vont chercher à inverser la vapeur en attirant dans leur camp quelques membres de la coalition gagnante en leur proposant des avantages supérieurs à ceux dont ils bénéficient. En fin de compte, chaque agriculteur se comportera en *maximizer* pour ne pas avoir à subir les coûts de décisions qui ne lui seraient pas favorables et un résultat de surinvestissement apparaîtra de nouveau. En effet, chaque projet sera voté et toute la voirie sera réparée quel que soit son niveau de détérioration. Cette réflexion et l'exemple qui l'accompagne forment une démonstration pratique aux réflexions philosophiques proposées par Buchanan quelques années plus tôt.

---

[1] *« prohibiting such transactions is to prohibit a movement toward the optimum surface ».*

Face à ce « résultat insatisfaisant »[1] (*Ibid.*, p. 576), Tullock cherche à trouver des façons d'améliorer la situation[2], des mécanismes de stabilisation. L'un d'entre eux est le fait « pour les membres de la communauté d'entrer dans un accord exécutoire sous lequel ils agiraient en accord avec le modèle kantien »[3] (*Ibid.*, p. 577). Mais « dans le cas le plus général et le plus réaliste où des unités du gouvernement ont à traiter avec un courant continu de projets radicalement différents les uns des autres, un tel accord n'est pas possible »[4] (*Ibid.*). Cela nous ramène de fait à la situation de prise de décision individuelle de départ. En réalité, même si cela était possible, la future allocation serait décidée à la majorité absolue, ce qui transposerait les problématiques soulevées à un autre niveau.

De fait, il ne semble pas y avoir à première vue de mécanisme stabilisant simple à mettre en place pour améliorer la prise de décision collective dans le cadre du vote

---

[1] *« unsatisfactory result »*.

[2] Il faut noter ici que Tullock est conscient du fait que des objections peuvent lui être faites concernant son modèle. Il tient alors à les adresser par anticipation et se focalise sur deux d'entre elles. D'abord, les *maximizers* pourraient être contraints dans leur réflexion par des jugements de nature éthique qui les empêcheraient de suivre leur stratégie. Mais Tullock répond à cela que le système américain ne comprend pas de système éthique capable restreindre l'exercice du l*ogrolling*. Ensuite, il pourrait être possible que les agriculteurs réalisent qu'adopter une position de *maximizer* entraînera l'adoption de la même posture par les autres. Un équilibre de maximisation apparaîtrait alors qui serait pire que l'équilibre kantien. Les agriculteurs pourraient donc, « sur la base d'un calcul égoïste suivre le système kantien » (*« on the basis of cold selfish calculation, [would] follow the Kantian system »*, *Ibid.*, p. 576). Mais selon Tullock, les agriculteurs n'agiront pas de la sorte étant donné qu'à moins de pouvoir empêcher chacun d'entre eux d'adopter le comportement de *maximizer*, il y aura toujours au moins une personne qui déviera de la position d'équilibre kantien et qui sera suivie par d'autres.

[3] *« the members of the community [to] enter into an enforceable bargain under which they act according to the Kantian model »*.

[4] *« in the more general and realistic case where governmental units deal with a continuing stream of radically different projects, no such agreed would be possible »*.

à la majorité absolue en usage dans nombre de sociétés. Seul l'exercice du *logrolling* permettrait de rendre la situation un peu plus acceptable du point de vue de l'expression des volontés individuelles. Cette conclusion mène Tullock à déclarer que « le système du vote à la majorité n'est d'aucune façon une méthode optimale d'allocation des ressources »[1] (*Ibid.*, p. 579) et à chercher des solutions à un autre niveau, c'est-à-dire au niveau de la Constitution.

2. La recherche de mécanismes stabilisateurs

À la suite de son analyse, Tullock comprend que pour atteindre l'équilibre, il ne suffit pas de chercher des solutions dans le cadre du vote majoritaire, qui semble être impossible à améliorer véritablement et simplement, mais qu'il peut être nécessaire de changer les règles de vote elles-mêmes et donc d'agir ou tout du moins de réfléchir à l'échelle constitutionnelle.

2.1. Instabilité et compensation

Lors d'un échange avec Mary Jean Bowman en août 1959, Tullock note qu'il a décidé de faire circuler une monographie miméographiée intitulée *A Preliminary Investigation of the Theory of Constitutions* auprès de certains de ses collègues. La première partie de cette monographie fournit une théorie développée dans l'article précédent à propos du *logrolling* et de la règle de vote à la majorité. La nouveauté réside dans les parties suivantes. Elles traitent des « possibles mécanismes de compensation pour les parties lésées »[2] (Tullock, 1959e, p. 19) c'est-à-dire un système qui incite la minorité à accepter les désirs de la majorité sans pour autant être exploitée. Tullock explique que si les individus étaient libres de faire

[1] *« the system of majority voting is not by any means an optimal method of allocating resources ».*

[2] *« possible mechanisms for compensation of the damaged parties ».*

tout ce qu'ils voulaient, de nombreux dommages seraient causés à autrui[1]. La situation contraire serait celle où avant de prendre quelque décision que ce soit, chaque individu devrait obtenir la permission de tous les autres[2]. Ce dernier cas serait celui qui inflige le moins de dommages et serait donc la meilleure situation. Malheureusement, la négociation est coûteuse : cela consomme du temps et des ressources notamment « en imposant des retards sur d'autres activités »[3] (*Ibid.*, p. 20). De façon évidente, le coût de la négociation augmente avec le nombre d'individus impliqués. Tullock tire de cette réflexion la conclusion suivante : la maximisation du bénéfice social apparaît lorsque les dommages et les coûts sont modérés[4].

Justement, le rôle du gouvernement est d'offrir des règles qui permettent d'atteindre ce point et la monographie de Tullock « s'intéresse aux règles aiguillant la conduite de ce [gouvernement] »[5] (*Ibid.*, p. 23), c'est-à-dire à la Constitution. L'observation faite par Tullock dans ses deux premières analyses, à savoir le fait que « le vote majoritaire est plutôt insatisfaisant »[6] (*Ibid.*, p. 24), le pousse à se demander quelle règle fonctionnerait mieux. Il décide alors d'examiner

---

1 Par exemple, A pourrait décider de creuser dans le jardin de B sans sa permission de façon à y enfouir ses déchets. Cela infligerait alors de sérieux dommages à B.

2 Évidemment la permission serait accordée par chaque individu si la décision ne lui était pas domageable.

3 *« by imposing delays on various activities »*. En effet, Tullock explique que lorsque les individus prennent du temps pour négocier, ils n'en prennent pas pour mener d'autres activités parfois pourtant d'une grande importance.

4 Cette partie du développement n'est pas sans rappeler le théorème de Coase, qui parait l'année suivante. Rien n'indique cependant que Tullock ait eu connaissance de travaux préparatoires en lien avec cette publication, notamment l'article de Coase daté de 1959 (*The Federal Communications Commission*) dans lequel apparaît déjà la question des nuisances. De plus, aucune référence à un échange avec Coase, de quelque nature qu'il soit, n'est faite par Tullock dans son article.

5 *« concerned with the rules governing the conduct of this [government] »*.

6 *« majority voting is rather unsatisfactory »*.

différentes règles de choix en augmentant graduellement le nombre d'électeurs requis pour prendre une décision – de 25 % de l'électorat à l'unanimité en passant par 50 % ou 75 % – de façon à choisir la meilleure règle possible. La méthode de prise de décision par le vote est également mise en question : la démocratie directe et la démocratie représentative sont analysées. La conclusion que Tullock tire de sa réflexion est que les procédures de vote direct et indirect mènent aux mêmes problèmes de négociation et aux mêmes résultats[1]. Une différence doit cependant être notée : si les deux types de votes mènent à un résultat irrationnel, le vote indirect peut en plus de cela être source d'ignorance de la part des électeurs. Ceci s'explique aisément : d'abord, une fois les représentants élus, les électeurs peuvent se désengager du débat politique ; ensuite, les représentants une fois élus peuvent décider de mal informer leurs électeurs (*Ibid.*, p. 39).

Étant donné qu'un parti ou candidat peut choisir de confiner les bénéfices de ses actions à un groupe particulier d'électeurs, « des règles constitutionnelles visant à empêcher ce comportement apparaissent désirables »[2] et « la règle qui vient immédiatement à l'esprit est de requérir plus qu'une simple majorité au niveau des élections locales ou au niveau législatif »[3] (*Ibid.*, p. 41)[4]. La majorité qualifiée et par là même

---

[1] Le politicien une fois élu par, disons, 51% de l'électorat dans le cadre d'un système de vote à majorité absolue, cherchera à être réélu. De fait, il voudra conserver son électorat en agissant pour le satisfaire mais ne fera pas d'efforts pour les 49% restants car engager des dépenses pour eux signifierait augmenter les taxes de tout le monde, y compris des 51% qui l'ont élu. Une circulation d'électeurs entre les deux groupes apparaîtrait, comme dans le cas du système de vote direct et une forte instabilité s'en dégagerait.

[2] *« constitutional rules to prevent it would appear to be desirable ».*

[3] *« the rule that immediately springs to mind is requiring more than a simple majority in either the local election of in the voting in the legislature ».*

[4] Dans ce cas, les coûts de négociation se rapprocheraient des coûts liés à la campagne électorale additionné aux dépenses liées au maintien du pouvoir (Tullock 1959e, p. 42). Il faut noter que Tullock rappelle au lecteur que toutes les conclusions tirées dans cette analyse sont correctes si « la minorité sur un projet donné a une intensité des préférences plus élevée

l'unanimité peuvent donc être vues comme des solutions. En effet, même si cette règle impose des coûts importants en termes de négociation, il s'agit de la seule règle permettant d'éviter à coup sûr que les minorités soient lésées.

Tullock concède que dans le cas de politiques visant à garantir un bénéfice pour l'ensemble des individus et non seulement pour la coalition gagnante, « les désavantages liés à la règle de vote à la majorité absolue sont moins évidents »[1] (*Ibid.*, p. 43). Dans le cas contraire, une nouvelle règle doit être trouvée. Cependant, la problématique principale est de déterminer ce que le résultat correct devrait être.

2.2. À la recherche du résultat « correct »

Étant donné que « le système kantien développé dans le premier chapitre de son travail ne s'applique pas »[2] et que Tullock est « incapable de trouver une autre règle que l'on pourrait qualifier de correcte »[3] (*Ibid.*), il décide d'examiner le théorème de l'électeur médian développé par Downs. Le souci rencontré est que « chercher à trouver le centre exact de la distribution des opinions a pour désavantage le fait que cela empêcherait toute mesure à laquelle s'opposeraient 51 % des électeurs de passer, quel que soit leur degré d'opposition ou le degré de volonté des 49 % restants »[4] (*Ibid.*, pp. 43-44). En d'autres termes, le théorème de l'électeur médian ne permet pas non plus de prendre en compte l'intensité des préférences des individus, qui est

---

que celle de la majorité, qu'il y a un certain nombre de projets, et que les majorités et les minorités ne sont pas les mêmes dans chaque cas » (« *minority on a given project feel more strongly than the majority, that there are a number of such projects, and that the majorities and minorities are not identical in each case* », *Ibid.*).

[1] « *the disadvantage of simple majority rule is much less obvious* ».

[2] « *the Kantian system developed in the first chapter does not apply* ».

[3] « *unable to find any other rule which could be called correct* ».

[4] « *trying to find the exact center of the opinion distribution has the disadvantage that it would prohibit any measure which was opposed by 51% of the population, no matter how feeble their opposition or how strongly the other 49% wanted it* ».

pourtant au fondement de la réflexion de Tullock. La seule possibilité pour la prendre en compte tout en restant dans le cadre analytique proposé par Downs serait de réaliser une nouvelle distribution, celle des différentes intensités. Malheureusement, il n'est pas possible de déterminer l'intensité de la préférence de chaque individu pour une question donnée. De ce fait Tullock estime que le cadre analytique de Downs ne permet pas de résoudre son problème. L'auteur admet en revanche que le modèle de son prédécesseur peut s'appliquer dans le cas où l'ensemble des électeurs disposeraient d'intensités des préférences égales ou si ces intensités sont distribuées aléatoirement parmi les électeurs.

Cependant, Tullock note que même dans ce cas, le modèle linéaire développé par Downs[1] n'est pas parfait. En effet, il requiert un consensus concernant la position relative des différentes politiques proposées. Pourtant, il peut arriver que les préférences soient indépendantes les unes des autres. Ce qui est remis en question ici est l'hypothèse de transitivité, c'est-à-dire le fait que « si un électeur préfère A à B et B à C, alors un autre électeur qui préfère C préfèrera B à A »[2] (*Ibid.*, p. 54). Pour Tullock, le second électeur peut aimer C et pour autant préférer A à B. Or, ce cas ne peut être indiqué sur une simple ligne. Si Charles Dodgson, Duncan Black ou Kenneth Arrow ont tenté de travailler sur l'incompatibilité des préférences, leurs travaux ont mené à « des difficultés mathématiques tendant à mener à la conclusion selon laquelle le vote peut difficilement apporter une conclusion pratique dans ce cas »[3] (Ibid.). De fait, il parait extrêmement compliqué de savoir ce que le résultat « correct » doit être, de savoir aux désirs de qui celui-ci correspond.

---

[1] C'est-à-dire le fait que les préférences soient distribuées le long d'une ligne et que les électeurs préfèrent toujours une politique proche de leur propre position sur la ligne à une politique qui est plus éloignée.

[2] *« if one voter prefers A to B and B to C, then another voter who likes C best will prefer B to A ».*

[3] *« mathematical difficulties which has tended to lead to the conclusion that voting can hardly provide a sensible conclusion in this case ».*

Tullock réitère, un système de compensation permettrait de faire disparaître une partie de ces problèmes. En prenant en compte le paradoxe de Condorcet, si la compensation était permise – à moins qu'il y ait un cas d'égale intensité des préférences, ce qui a peu de chances de se produire – le paradoxe disparaîtrait grâce à la négociation qui prendrait place et qui ferait passer d'une situation paradoxale à la sélection d'une politique. Le souci est que « le logrolling peut lui-même résulter en des paradoxes si le vote est confiné à un choix entre deux candidats »[1] (*Ibid.*, p. 56) ou deux propositions ainsi qu'en une plus grande instabilité[2]. De fait, « le nombre de candidats en lice ne devrait pas légalement ou institutionnellement être limité »[3] (*Ibid.*, p. 57). Ainsi, le système de vote majoritaire qui confine les élections à deux partis s'affrontant mène à la confusion et complique les campagnes électorales. Pour généraliser ce problème, Tullock explique que toutes les règles faites pour réduire artificiellement les choix mènent à de mauvais résultats. C'est le cas pour les « *Rules of Order*[4] qui sont utilisées dans de la

---

[1] *« logrolling can itself result in paradoxes if voting is confined to a choice between two candidates »*

[2] Tullock développe ce point (*Ibid.*, p. 58) avec un exemple : admettons que l'électorat soit composé de 7 électeurs, que le vote à la majorité est en vigueur et que deux candidats, A et B, se présentent. Si A offre des avantages aux électeurs 1 à 4 et B offre des avantages aux électeurs 4 à 7, alors l'électeur 4 sera indifférent entre A et B. Le résultat de l'élection ne peut donc être déterminé à l'avance. Maintenant, si B décide de ne satisfaire que l'électeur 4, alors celui-ci votera pour lui. Mais les électeurs 5 à 7 également en ce sens qu'ils n'obtiendront rien non plus avec A et que dans ce cadre voter pour un candidat qui ne bénéficie qu'à un électeur sera moins coûteux en termes de taxes qu'un candidat cherchant à plaire à plusieurs électeurs. B remporterait alors l'élection. Mais si B est le premier à révéler sa stratégie, alors A de nombreuses possibilités pour battre B. Il peut promettre des avantages à chaque électeur en dehors de 4 ou à personne, ou aux électeurs 1 à 3 et à l'électeur 5, etc. Le résultat est donc impossible à prédire en ce sens qu'il fait état d'une grande instabilité.

[3] *« the number of candidates for office should not be legally or institutionally limited »*.

[4] Les *Rules of Order* ou *Robert's Rules of Order* sont un corps législatif encadrant les procédures de fonctionnement des assemblées

plupart des démocraties modernes et qui ont pour objectif la réduction de l'ensemble des problèmes à une série de votes oui-non »[1] (*Ibid.*).

De cette longue démonstration, Tullock extrait trois pistes de recherche visant à réduire l'impact négatif du vote à la majorité absolue tel que révélé par son modèle d'analyse concernant les libertés individuelles :

La première est que plutôt que d'être taxé pour des activités offertes par le gouvernement, mais qui ne correspondent pas aux souhaits de tous, seuls les individus souhaitant en bénéficier devraient contribuer à leur financement. Deux problèmes se posent cependant : de cette façon, le gouvernement construit un monopole qui est inefficient – permettre la concurrence serait bien mieux[2] – et les consommateurs pourraient agir comme des passagers clandestins[3] concernant les biens et services dont les profits ne sont pas divisibles entre ceux qui payent et ceux qui ne payent pas.

La deuxième remarque concerne la question de savoir qui devrait être appelé à voter sur quels sujets ou, autrement dit, de quelle façon il pourrait être possible de repenser les règles à propos du droit de vote. Concernant l'exemple des travaux de voirie, Tullock explique que les fermiers devraient constituer une petite unité gouvernementale de façon à faciliter les négociations. Mais quelle serait la taille de l'unité

---

délibératives. Elles constituent les règles nécessaires à la bonne marche de l'assemblée.

[1] *« the Rules of Order in use in most modern democracies [which] have as their objective the reduction of all issues to a series of simple yes-no votes ».*

[2] Tullock note que « les problèmes de gouvernance locale ont été fondés sur une idée erronée du gouvernement comme étant un agent producteur plutôt que comme étant un ensemble de consommateurs, ce qu'il est vraiment. Sur ce point, Tullock indique être redevable à Buchanan (p. 67). On retrouve par ailleurs l'inclination pour le système de marché dont Buchanan faisait preuve dans son article de 1954.

[3] Tullock anticipe ici le résultat développé en 1965 par Mancur Olson dans *The Logic of Collective Action*, connu depuis lors sous le terme de passager clandestin. Notons toutefois qu'il n'utilise pas cette expression et se contente de décrire le comportement.

adéquate ? Les routes locales sont certes utilisées principalement par des locaux, mais peuvent également être utilisées par des individus qui viennent de plus loin. Faudrait-il alors les inclure dans la prise de décision ? Quand bien même il serait possible de définir la taille adéquate de l'unité décisionnaire, il faudrait s'interroger sur la capacité des membres constituant cette unité à décider des actions à mener dans d'autres domaines que la voirie. Ainsi, des individus capables de prendre des décisions concernant des travaux de voirie sont-ils tout aussi capables d'arbitrer d'autres types de dépenses ? Si nous estimions que cela est le cas, il faudrait enfin s'interroger sur l'utilité de l'unité décisionnaire à travers le temps. Toutes ces questions restent donc à traiter. Cependant, elles disparaissent si l'on prend en compte le point suivant, qui concerne la règle de vote.

Suivant le raisonnement de Tullock, « si nous disposons d'une bonne règle de vote, il apparaît peu important d'avoir choisi avec minutie l'unité gouvernementale »[1] (*Ibid.*, p. 69) ou, comme nous l'avons appelée, l'unité décisionnaire. Les difficultés rencontrées rendent difficile le fait d'atteindre un tel degré de perfection. De ce fait, une bonne Constitution ne devrait pas prévoir une règle unique, mais un ensemble de règles différentes applicable à des situations différentes (*Ibid., p. 70*). Ainsi, même « si la règle majoritaire a atteint un niveau quasi-mystique dans l'esprit de nombreux politistes »[2] (*Ibid.*, p. 71), nous devrions être capables de penser son remplacement par des règles différentes en temps voulu de façon à tenir compte de l'avis de l'ensemble des électeurs. En réalité, nous explique Tullock, la règle majoritaire n'est qu'un artefact. Elle ne définit pas la démocratie et son remplacement ne menace pas le système démocratique. Il faut cependant respecter, lors du choix de la règle de décision à observer, le fait que la meilleure règle est

---

1 *« if we have a good voting rule, it is relatively unimportant whether we have chosen our governmental unit wisely ».*

2 *« majority rule has achieved practically mystical standing in the minds of many political scientists ».*

celle qui minimise les coûts tout en maximisant les avantages et cela dépend de la situation (*Ibid.*, p. 76) à laquelle on fait face. Pour Tullock, donc, il ne peut pas y avoir une seule règle régissant l'ensemble des prises de décision collectives. C'est là une étape importante dans la pensée de l'auteur : partant du simple questionnement de la règle de vote majoritaire, le cadre d'analyse qu'il a choisi le fait arriver à la conviction selon laquelle elle peut être remplacée par d'autres règles, variant selon la situation à régler. Mais cette conviction va laisser place à la certitude non pas que le vote à la majorité *peut* être remplacé, mais qu'il *doit* l'être.

La monographie de Tullock est envoyée à Buchanan et Downs. Si Tullock et Downs ont échangé à ce compte de manière privée, ce dernier a indiqué à Tullock qu'il « préparait une réponse à [...] 'Problems of Majority Voting' »[1] (Tullock, 1960a) quand bien même Tullock avait pris en considération ses critiques dans la version finale de l'article, comme nous l'avons indiqué plus haut[2].

---

[1] *« preparing a reply to [...] 'Problems of Majority Voting' »*.

[2] Notons que Ducan Black a également proposé une réponse à l'article de Tullock. Cette réponse réside dans différents documents non publiés rassemblés par Brady et Tullock (1996). La réponse de Black est simplement une objection à l'utilisation du l*ogrolling*. « Black estimait qu'un homme moralement correct n'agirait pas de la sorte » (*« Black held the view that a morally correct man would not actually act in this way »*, Brady & Tullock, 1996, p. 127). Ainsi Black cherche à ajouter une considération éthique et civique au débat. Pour appuyer son point de vue, Black se réfère à Albert Venn Dicey, un juriste et théoricien anglais qui a indiqué que le logrolling était « un mal admis » (*« an admited evil »*, *Ibid.*, p. 196) permettant à « la voix des fanatiques » (« the voice of fanatics ») d'être entendue et de « défaire le sens commun de la nation » (*« defeat the common sens of the nation »*, *Ibid.*). Pour aller plus loin, Black indiquait que « un bon démocrate voudra que sa proposition soit adoptée par une véritable majorité » (*« a good democrat will want the proposal adopted to be genuine majority choice »*, *Ibid.*, p. 150), ceci formant « l'essence de la démocratie » (*« the essence of the democracy »*, *Ibid.*). Ainsi, le *logrolling* impliquant « déception et mensonge [...] est un comportement mauvais et repoussant » (*« deception and lying [...] is an evil and repulsive behavior »*, *Ibid.*) qui « affaiblie la confiance mutuelle au sein d'une assemblée et entre

3. La naissance d'une querelle méthodologique

Downs, dont Tullock a évoqué les travaux à plusieurs reprises et notamment pour indiquer, comme nous venons de le voir que le théorème de l'électeur médian ne pouvait s'appliquer au modèle développé, décide d'apporter sa pierre à l'édifice en participant à la réflexion engagée par Tullock. Une nouvelle fois, les développements proposés par Downs se veulent tout à fait positifs et révélateurs du fonctionnement réel de la société. C'est en réalité au modèle de Tullock que Downs va s'attaquer, entrant ainsi dans une querelle de méthode. C'est finalement un véritable débat de philosophie politique qui a lieu sous couvert de cette dernière.

3.1. Entre remise en cause du modèle et défense de la règle majoritaire

La première étape de la réflexion apportée par Downs se trouve dans un article publié dans *World Politics* (1960) intitulé « *Why the Government Budget is Too Small in a Democracy* ». L'auteur cherche à comprendre la mauvaise allocation des ressources provenant de l'ignorance des électeurs[1] et notamment le fait que le budget du gouvernement soit trop restreint. Il explique que la tactique politique conduit le gouvernement à arranger « les dépenses proposées [...] dans un ordre décroissant en fonction de leur potentiel de gain de votes et la collecte des recettes [...] en ordre croissant en fonction de leur potentiel en termes de

l'assemblée et le monde extérieur » (*« weakens mutual confidence within a chamber and between the chamber and the outside world », Ibid.*).

[1] Rappelons que l'ignorance des électeurs est l'une des hypothèses de base du modèle développé par Downs dans son ouvrage de 1957.

perte de votes »[1] (*Ibid.*, p. 542). En effet, les électeurs votent pour le parti dont les politiques « pensent-ils vont les avantager le plus par rapport à celles de tout autre parti »[2] (*Ibid.*)[3]. Par suite, la thèse développée par Downs est la suivante : « l'ignorance rationnelle parmi les citoyens mène les gouvernements à omettre certains types spécifiques de dépenses du budget qui serait le leur si les citoyens n'étaient pas ignorants »[4] (*Ibid.*, p. 544). Pendant une campagne électorale, l'information est centrale : les électeurs doivent être les mieux informés qu'il est possible de l'être concernant l'ensemble des problématiques qui animent le pays et concernant toutes les propositions faites par les différents candidats. C'est ce que Downs indiquait déjà dans son ouvrage. Cependant, les individus ne s'informent pas autant qu'ils le devraient. Ainsi, d'aucuns peuvent surestimer les avantages procurés par certaines politiques ou sous-estimer les coûts liés. Ainsi, Downs explique que si les individus « voient les avantages plus clairement que les coûts, alors le budget tend à surpasser celui qui serait considéré comme correct »[5] (*Ibid.*, p. 546). La situation inverse se produit si les coûts apparaissent plus clairement que les avantages.

Downs propose alors une réponse à Tullock dans son développement[6]. Il explique que « alors que presque chaque

---

[1] *« all proposed expenditures [...] in descending order of their vote-gain potential and all proposed revenue collection [...] in ascending order to their vote-loss potential ».*

[2] *« they believe will benefit more than those of any other party ».*

[3] Il faut noter que l'article de Downs suppose un système bipartite. En effet, explique Downs, « la démonstration est trop compliquée pour être présentée dans un article de cette longueur » (*« proofs are too complicated to be presented in an article of this length »*, Downs, 1960, p. 542) concernant les systèmes multipartites.

[4] *« rational ignorance among citizenry leads governments to omit certain specific types of expenditures from their budgets which would be there if citizens were not ignorant ».*

[5] *« see benefits more clearly than costs, the actual budget may tend to exceed the 'correct' budget ».*

[6] Notons que Downs ne se réfère pas explicitement à l'article de Tullock. La seule référence qui est faite de l'auteur apparaît dans une note de bas de

individu s'accorde avec une majorité de ses concitoyens concernant certaines politiques, il peut se retrouver dans une minorité concernant d'autres politiques »[1] et que « ce sont de telles majorités tournantes qui empêchent les individus d'atteindre un équilibre »[2] (*Ibid.*, p. 549). Le cycle décrit par Tullock n'est donc pas un problème, il serait même salvateur si l'on veut éviter que certains électeurs soient toujours dans la majorité ou dans la minorité. De plus, le gouvernement n'a d'autres choix que de proposer des politiques plaisant à une majorité et d'autres politiques plaisant à d'autres majorités, et même « certaines favorisant seulement une minorité avec des sentiments intensifs les concernant »[3] (*Ibid.*). Plaire à une minorité peut sembler contradictoire avec la volonté des partis d'être réélus, mais cela est possible, explique Downs, par le fait que lors des élections, ce sont des ensembles de politiques qui sont proposés, des programmes complets[4].

---

page dans laquelle Downs note que « de nombreuses idées [...] ont été développées à la suite de discussions avec Gordon Tullock, envers qui [il est] redevable » (*« many ideas [...] were developed in discussion with Gordon Tullock, to whom [he is] much indebted »*, *Ibid.*, p. 560).

[1] *« while almost every man agrees with a majority of his fellows in regard to some policies, he also find himself in a minority regarding others ».*

[2] *« it is the presence of these revolving majorities that prevents men from attaining equilibrium ».*

[3] *« some pleasing only to a minority with intensive feelings concerning them ».*

[4] Cela n'est pas sans rappeler le paradoxe développé par Moisei Ostrogorski et qui peut se résumer comme suit : lors d'une élection qui voit s'affronter deux candidats (1 et 2), trois projets sont discutés (a, b et c). Quatre électorats distincts existent (α, β, γ et δ), les trois premiers réunissent chacun 20% des électeurs et le dernier réunit 40% des électeurs. Les promesses du candidat 1 concernant le projet a convainquent α, β et γ, soit 60% des électeurs. Les promesses du candidat 2 concernant le projet b convainquent β, ainsi que δ, soit 60% des électeurs. Enfin, les promesses du candidat 2 concernant le projet c réussissent à convaincre γ ainsi que δ, soit une nouvelle fois 60% des électeurs. Ainsi, le candidat 1 est minoritaire sur les projets b et c. Or, l'ensemble des projets est porté au vote en même temps et il s'avère que α préfère 1 sur les trois projets, β et γ préfèrent 1 sur deux projets parmi les trois et δ est le seul à préférer 2 sur les trois projets. De fait, le candidat 1 obtient 60% des voix et se trouve élu. Il pourrait donc imposer sa volonté sur chacun des projets mais il sait ne pas détenir la position majoritaire sur

Downs fait donc l'hypothèse inverse de celle tenue par Tullock, il estime que les propositions mises au vote le sont en tant qu'ensembles, en tant que programmes. Ainsi, l'intensité des préférences est prise en compte en amont, même dans le cadre du vote majoritaire. Encore une fois, cela n'est évidemment possible que parce que les différentes propositions ne sont pas votées une par une comme dans le modèle de Tullock mais en temps qu'ensembles. Concernant la possibilité d'exercer le *logrolling*, Downs indique que, de sorte à maximiser le soutien politique, le gouvernement prend en compte les désirs de la majorité et de quelques minorités lorsqu'il planifie le budget. C'est le *logrolling* implicite, écarté par Tullock de son analyse. Ainsi, ce que l'auteur explique, c'est en réalité que les minorités ne peuvent pas être exploitées, car lorsqu'un électeur se trouve parfois en situation minoritaire sur certains points du programme, il sera sur d'autres points du côté de la majorité donc il ne peut pas être de minorités que l'on pourrait qualifier de 'fixes' et qui seraient exploitées. C'est ce point de vue, qui relève plus de la philosophie politique que de la simple méthodologie pure, que Downs va chercher à développer dans une seconde publication.

Cette seconde partie du raisonnement apporté par Downs au programme de recherche de Tullock se trouve dans l'article « *Problems of Majority Voting: In Defense of Majority Voting* » (1961), publié dans le *Journal of Political Economy*. Cet article a pour objectif de répondre explicitement à Tullock. Downs indique que le but de ce dernier est « d'illustrer certains problèmes qui, pense-t-il, sont liés à l'utilisation du vote à la majorité simple dans les démocraties »[1] (Downs, 1961, p. 192) à l'aide d'un « modèle ingénieux »[2] (*Ibid.*). Le problème pour Downs provient du fait

---

deux d'entre eux. S'il ne veut pas se mettre à dos une partie de l'électorat, il va donc devoir faire des concessions en faveur de certaines minorités.

1 *« illustrate certain problems which he believes arise from the use of simple majority voting in democracies ».*

2 *« ingenious model ».*

que le modèle développé par son collègue ne permet pas correctement de rendre compte de la réalité et que les problèmes soulevés ne sont pas dus à la règle de vote à la majorité.

Pour répondre à Tullock, pour qui différentes règles doivent être adoptées en fonction des éléments mis au vote, Downs explique que dans une démocratie, chaque électeur devrait avoir le même poids face aux urnes. Mais le fait est que lorsqu'une majorité qualifiée est requise pour prendre une décision, alors le bulletin de chaque membre de la minorité de blocage est plus important que celui de chaque membre de la majorité[1]. En fait, « toutes les règles autres que la règle majoritaire ont le même défaut »[2] (*Ibid.*). Il est par conséquence inutile de chercher à remplacer la règle de vote à la majorité.

Outre cette défense de l'idéal démocratique d'égalité entre citoyens, d'autres points de désaccord sont soulevés concernant cette fois-ci le modèle employé par son collègue.

D'abord, si Tullock déclare que les individus reçoivent des avantages individuels avec lesquels ils peuvent compenser les coûts liés, Downs note que dans la réalité, « la plupart des propositions sur lesquelles les électeurs se décident avantagent très peu d'électeurs directement »[3] (*Ibid.*). En effet, les dépenses liées aux prisons, aux hôpitaux psychiatriques ou à d'autres institutions bénéficient à la communauté entière. Dans ce cas, la pratique du *logrolling*

---

[1] Downs donne un exemple : « si une majorité des deux tiers est requise, alors une opposition de 34 pourcents des électeurs peut empêcher 66 pourcents des électeurs de réaliser leurs désirs. De fait, l'opinion de chaque membre de la minorité des 34 pourcents pèse le même poids que l'opinion de 1,94 membres de la majorité des 66 pourcents » *(« if a majority of two-thirds is required for passage, then opposition by 34 per cent of the voter can prevent the other 66 per cent from carrying out their desires. In effect, the opinion of each member of the 34 per cent minority is weighted the same as the opinion of 1,94 members of the 66 per cent majority »*, Downs, 1961, p. 192).

[2] *« all rules other than the majority rule have this same defect ».*

[3] *« most of the proposals which voters pass upon benefit very few voters directly ».*

est inefficace puisque de telles dépenses sont souvent acceptées.

Ensuite, Downs remarque que les conclusions tirées par Tullock lorsqu'il explique que du fait du vote à la majorité chaque agriculteur paye plus de taxes pour la maintenance de toutes les routes que ce qu'il payerait pour la réparation de sa propre route sont erronées. Pour lui, le vote à la majorité n'est pas la cause de la mauvaise allocation des ressources. Dans la réalité, les électeurs ne votent que très rarement directement. Il est moins rare de voter pour des représentants qui, eux, vont avoir à voter pour les propositions politiques. Les représentants, en tant qu'hommes politiques, n'ont qu'une idée : être réélus. Ils chercheront alors à faire peser le moins de taxes possible sur le dos de leurs électeurs et tenteront de ce fait de limiter les dépenses. Cela s'explique par la compétition électorale prégnante. Lorsque les représentants reviennent dans leurs districts avec un mauvais résultat, leur l'image politique risque d'être entachée. Or, la défaite politique est lourde de conséquences et les représentants ne peuvent s'y résigner (*Ibid.*, pp. 196-197). La seule solution possible pour que les représentant évitent ce revers serait de « faire passer une loi empêchant les dépenses discriminatoires »[1] (*Ibid.*, p. 197) qui indiquerait que « le même niveau de réparation de la voirie serait appliqué à chaque route et tous les coûts liés à ces travaux seraient perçus chez tous les citoyens de la même façon »[2] (*Ibid.*). Les représentants pourraient alors retourner dans leurs districts sans la peur de présenter des pertes.

Ainsi, le modèle législatif peut avoir deux issues : une instabilité chronique avec des changements de représentants et des majorités tournantes ou l'adoption de lois non discriminatoires. Downs conclut que « dans aucun des cas les conclusions générales de Tullock ne s'appliquent »[3] (*Ibid.*) tout simplement parce qu'il écarte le vote indirect et par le

---

1 *« pass a law which prohibits discriminatory expenditures ».*

2 *« the same standard of road repair [to] be administered to all roads, just as the costs of these roads are levied against all citizens ».*

3 *« in neither case are Tullock's generalized conclusions valid ».*

fait que dans la réalité, des représentants sont élus et – dans une optique tout à fait égoïste – font en sorte d'éviter que leurs électeurs soient lésés ou laissés pour compte.

C'est donc bien au modèle de Tullock que Downs s'attaque en remettant en cause la plupart des hypothèses émises par ce dernier et qui ne correspondraient pas au fonctionnement réel du choix démocratique. La critique vise donc *in fine* le caractère normatif de l'étude de Tullock et l'on comprend en filigranes que Downs accuse son collègue de chercher à défendre sa propre vision de ce que devrait être le fonctionnement démocratique en choisissant arbitrairement des hypothèses qui génèrent un certain résultat. Encore une fois Downs indique que sans les hypothèses fortes et – selon lui – irréalistes utilisées par Tullock, il n'existe pas de minorité qui soit oppressée. Tullock est donc accusé, à couvert d'une discussion méthodologique, d'avoir construit son modèle et notamment d'employer l'hypothèse de vote direct en série – ou « *seriatim* » – pour démontrer l'exploitation des minorités et donc justifier son message politique de défense des libertés individuelles. La critique de Downs est en cela plus profonde qu'un simple désaccord méthodologique apparent. On comprend alors à ce moment la volonté de Tullock de s'affranchir de l'étude des unités gouvernementales telles que les partis politiques. En effet, leur prise en compte nécessiterait la prise en compte de programmes politiques et empêcherait de conclure à l'exploitation des minorités.

3.2. L'affirmation d'une conviction

Dans une note présente à la première page de son article, Downs indique au lecteur que Tullock a lu la première version de son papier et fait des commentaires « résultant en l'élimination de plusieurs erreurs dans la version finale »[1] (Downs, 1961, p. 192). Mais Tullock discute également de cet

[1] *« resulted in the elimination of several errors from the final version ».*

article avec son éditrice, Mary Jean Bowman, et lui propose de préparer une réponse[1].

Harry G. Johnson, également éditeur du journal, demande à Tullock « de ne pas reproduire de parties de [sa] monographie non publiée et désormais obsolète »[2] (Johnson, 1960a) mais plutôt « de limiter la controverse en la confinant à quelques points saillants de [son] article »[3] (*Ibid.*). Johnson justifie sa requête par le fait que Downs a déjà rappelé le modèle de Tullock dans son propre article et qu'il n'est donc nul besoin de se prêter à nouveau à cet exercice.

Dans une lettre datée du 14 octobre 1960, Tullock spécifie les arguments qu'il souhaite développer dans sa réponse. Surtout, conscient du fait que « se positionner contre le vote à la majorité dans le présent climat de l'opinion est aussi mal vu que de se positionner contre la maternité »[4] (Tullock, 1960 d), il ne voudrait pas que le lecteur comprenne mal sa pensée sur ce point.

Deux autres lettres ont été échangées entre Tullock et ses éditeurs. Dans la première, écrite en novembre 1960, Johnson demande expressément à Tullock « d'écrire [sa réponse à Downs] dans une forme relevant directement de

---

[1] Le 3 aout 1960, Tullock indique à Mary Jean Bowman du *Journal of Political Economy* que Downs lui a fait lire la première version de son papier et que celui-ci contenait une réponse à son propre article *Problems of Majority Voting* mais également à sa monographie, *Preliminary Investigation*. Étant donné que celle-ci n'est pas publiée, Tullock trouve difficile de formuler une réponse à Downs sans entrer dans un débat à propos d'un article que les lecteurs n'ont pas pu lire. Un autre problème pour Tullock est que le journal dans lequel Downs a publié – *World Politics* – a « une politique éditoriale qui s'oppose à la publication de commentaires de ses propres articles » (*« an editorial policy against publication of comments of its articles »*, Tullock, 1960c). C'est la raison pour laquelle Tullock souhaite proposer une réponse à Downs dans le *JPE*.

[2] *« not to reproduce part of [his] unpublished and now obsolescent monograph ».*

[3] *« make the controversy self-contained by confining it to points rising out of [his] article ».*

[4] *« being against majority voting in the present climate of opinion is almost as bad as being against motherhood ».*

l'intérêt du débat, sans ennuyer ou embrouiller le lecteur »[1] (Johnson, 1960 b). En d'autres termes, Johnson souhaite une réponse claire et précise. Dans la seconde lettre, rédigée le 11 du même mois, Tullock communique la dernière version de son article. C'est dans la lettre qui accompagne cette ultime version que Tullock révèle clairement son opinion concernant la règle de vote majoritaire. Il admet que « au moment où [il] a écrit [son] article, [il] n'avait pas idée que la règle majoritaire pouvait être améliorée »[2] et qu'il a depuis « fait des découvertes qui l'ont fait changer d'avis »[3] (Tullock, 1960e). Il admet alors qu'il ne peut « plus simplement dire [qu'il] ne s'oppose pas au vote à la majorité étant donné [qu'il] a changé d'avis sur ce point »[4] (*Ibid.*). C'est maintenant clair : Tullock est opposé à la règle majoritaire et c'est sûrement le travail de Downs qui le pousse à cet aveu[5]. La lettre se termine par un pied de nez envers Johnson lorsque l'auteur explique qu'il pourrait présenter sa nouvelle position sur le sujet, mais qu'il ne le ferait pas étant donné que la dernière lettre reçue lui indiquait qu'il n'aurait pas assez de place. La réponse est finalement publiée dans le *JPE* en 1961 sous le titre « *Problems of Majority Voting: Reply to a Traditionalist* »[6].

---

[1] *« write [his answer to Downs] out in a form directly relevant to the interest of the present debate, without boring or confusing the reader ».*

[2] *« at the time [he] wrote [his] article, [he] had no idea that majority rule could, in practice, be improved ».*

[3] *« had made some discoveries which resulted in [him] changing [his] mind on this point ».*

[4] *« no longer simply say that [he] does not oppose majority voting since [he] has changed [his] mind on this point ».*

[5] Notons que Tullock dévoile clairement sa position dans une lettre confidentielle adressée à son éditeur mais qu'il ne le dit jamais aussi clairement dans l'article joint à la lettre.

[6] Il faut noter que si l'article est la seule réponse directe faite à Downs, Tullock profite de chaque opportunité dont il dispose pour contrattaquer. Par exemple dans un ouvrage (Tullock, Seldon & Brady, 2002), Tullock indique être impressionné « par la défense continue du vote à la majorité simple en tant que méthode standard de prise de décisions » (*« the continued defense of simple majority voting as a standard method of making decisions »*, p. 11).

La réponse lapidaire préparée par Tullock, formulée de façon à mettre un terme rapide à la querelle, est une attaque frontale de Downs, qui est donc dépeint comme un traditionaliste. L'article propose ainsi, entre autres points, de revenir sur le discours conservateur de Downs concernant le vote à la majorité.

De fait, Tullock rappelle que Downs propose deux issues possibles à l'élection de représentants pour n'en retenir qu'une : le passage d'une loi interdisant les dépenses discriminatoires. S'il reconnaît que Downs semble être « plus enthousiaste concernant les possibilités »[1] (Tullock, 1961a, p. 201) que cela engendre, Tullock indique que leurs positions sont équivalentes concernant le modèle développé par son critique. Il élimine donc une objection de Downs qui expliquait adopter un point de vue divergeant. Pour en venir à la défense de son modèle et de ses hypothèses, Tullock argue que les institutions politiques sont si variées qu'il est nécessaire d'adopter des modèles analytiques eux aussi extrêmement variés. Pour éteindre la controverse sans vraiment avoir à se justifier sur le choix de ce modèle précis – et donc sans dévoiler son jeu politique –, l'auteur ajoute que, en plus de différents modèles développés dans ses articles publiés et ses travaux de recherche – auxquels les lecteurs n'ont par définition pas accès –, d'autres modèles seront disponibles dans un ouvrage commun avec Buchanan qui, au moment précis où Tullock écrit, est « sous presse » (Tullock, *Ibid.*, p. 202)[2].

Concernant l'argument dit « traditionaliste » de Downs en faveur du vote à la majorité, Tullock indique que le raisonnement n'est pas rigoureux et qu'il ne présente pas d'alternatives avec lesquelles comparer la règle. De plus, il rappelle que si le vote à la majorité absolue permet l'égalité du vote de chaque électeur, en revanche, « une analyse soigneuse a démontré une série de sérieuses difficultés

---

[1] *« more enthusiastic about the possibilities ».*

[2] *« in press »* (Tullock, 1961 a, p. 202).

mathématiques qui rendent le point de vue défendu par Downs intenable »[1] (*Ibid.*, pp. 202-203) au moins jusqu'à ce que les problèmes soulevés par Arrow et Black soient résolus.

C'est donc par l'attaque que Tullock décide de se défendre des critiques de Downs, tout en essayant de noyer le poisson concernant le choix arbitraire du modèle analytique utilisé dans son article précédent.

Deux mois plus tard, Tullock publie un article intitulé « *An Economic Analysis of Political Choice* » dans le journal italien *Il Politico* dans lequel il revient sur ce nouveau champ de recherche. Il tente de donner au lecteur peu habitué à l'économie du politique un aperçu des éléments qui y sont discutés.

Débutant avec son exemple du maintien de la voirie, Tullock explique directement que dans le but de limiter les coûts externes, les individus doivent s'accorder concernant les projets à mettre au vote. Une nouvelle fois, il montre que lorsque l'on augmente le nombre d'individus nécessaires à la prise de décision, alors les coûts externes sont diminués (Tullock, 1961 b, p. 235)[2]. Il reste que cela engendre des coûts de négociation qui peuvent être divisés en deux types : ceux liés à la perte d'opportunités désirables et ceux liés aux ressources consommées dans le processus de négociation. À aucun moment le système de prise de décision à la majorité absolue n'est évoqué. Tullock se contente d'indiquer qu'une telle analyse est disponible dans son article de 1959 pour les lecteurs qui souhaiteraient s'informer sur ce point. Par ailleurs, il indique avoir fait une découverte : « le vote à la

---

[1] *« careful analysis has uncovered a series of serious mathematical difficulties which make the traditional view which Downs presents untenable ».*

[2] Bien que l'article de Coase que nous avons évoqué plus tôt soit à ce moment-là publié, Tullock ne le cite pas, malgré la proximité des réflexions développées.

majorité absolue mène à l'existence de coûts externes »[1] (*Ibid.*, p. 236). L'auteur a donc bien une certitude : le vote à la majorité absolue *peut* non seulement être remplacé, mais *doit* l'être. Il note plus loin que « seule l'imposition de l'accord unanime [...] pourrait assurer le fait que le coût imputé aux 'preneurs de décision' et le coût réel coïncident et donc éliminent le surinvestissement »[2] (*Ibid.*). Ainsi, dans cet article, Tullock exclut complètement le système de vote à la majorité absolue et révèle l'importance d'agir au niveau constitutionnel, c'est-à-dire au niveau de décision des règles du jeu.

4. Conclusion

La réflexion que mène Tullock concernant la règle de décision majoritaire suit plusieurs étapes. C'est d'abord l'idée de questionner le principe bien installé et accepté de vote à la majorité absolue qui apparaît à Tullock après une lecture qui l'a marqué. Ce questionnement va le pousser à user d'un modèle analytique aboutissant à la mise en évidence de dangers visant les libertés individuelles. En effet, le développement mené conclut à l'existence de minorités opprimées par des majorités qui ont tous les droits en termes de décision et qui en profitent pour faire peser sur les premiers de coûts importants. C'est une analyse en termes de coûts qui est donc utilisée pour analyser le fonctionnement démocratique, analyse purement économique qui se libère de tout l'appareil politique employé par Downs dans son analyse. Ce travail repose par ailleurs sur un individualisme absolu en ce sens que les unités intermédiaires que sont les partis ou autres groupements politiques sont exclus. On observe donc une sorte de radicalisation dans l'analyse proposée par Tullock en ce sens qu'il cherche à tout expliquer

[1] *« simple majority voting led to external costs ».*

[2] *« only by requiring unanimous agreement [...] could we make certain that the cost to the 'decision-makers' and the real cost coincided, and hence eliminate over-investment ».*

à l'aide de la méthodologie économique pure, imposant une forme d'impérialisme économique qui sera parfois reproché au programme de recherche du *public choice*. Mais de tels choix ne sont pas innocents. C'est en tout cas ce qu'a essayé de montrer Downs en s'engageant dans une querelle méthodologique qui voile en réalité un débat de philosophie et de présupposés politiques. Si la démonstration proposée par Tullock s'efforce d'être pratique, notamment sous les recommandations de Buchanan, il faut noter qu'elle relève de ses présupposés ainsi que de la philosophie qui anime, on peut le penser, le *Thomas Jefferson Center*. Derrière l'idée selon laquelle les intensités des préférences des individus ne sont pas correctement prises en compte et donc que les libertés individuelles ne sont pas respectées, se trouve un discours politique : Tullock aimerait justement que cela soit le cas. Le modèle qu'il choisit lui sert de prétexte pour établir ses propositions de changement de cadre institutionnel concernant la prise de décision. Tullock fait alors en sorte d'étouffer rapidement les critiques de Downs en attaquant son contradicteur et c'est finalement son modèle et sa vision normative qui vont se trouver au centre du *Calculus of Consent*, qu'il rédige justement à la même époque avec Buchanan. En mélangeant habillement philosophie politique et analyse économique, Tullock a su dessiner un pont avec les travaux précurseurs de Buchanan, qui va alors servir de fondement à leur analyse commune.

La pire des démocraties est de loin préférable à la meilleure des dictatures.
Ruy Barbosa de Oliveira (*Oração aos moços*, 1920)

Chapitre 4. Le *Calculus of Consent* : l'analyse économique au service de présupposés politiques

De l'année universitaire que Tullock passe au *Thomas Jefferson Center* naît « une collaboration fructueuse avec James Buchanan » (Tullock, 2012) qui a marqué les articles de Tullock, mais dont le premier véritable fruit est un ouvrage commun, le *Calculus of Consent*, publié en 1962. En réalité, Tullock et Buchanan « débutent leur collaboration en développant le manuscrit de Tullock, 'A preliminary investigation of the Theory of Constitutions', pour en faire *The Calculus of Consent* »[1] (Tideman, 2015, p. 236) « durant l'année académique 1959-1960 »[2] (Houser & Rowley, *op. Cit.*, p. 15).

Comme l'indique Denis C. Mueller, « le *Calculus of Consent* est l'une des rares contributions au *public choice* que l'on peut réellement appeler un classique »[3] (Mueller, 2012b, p. 329). Il s'agit en effet de l'une des pierres angulaires de ce programme de recherche qui voit le jour au début des années 1960. Mueller voit en lui quatre principales contributions à la théorie du *public choice* et plus largement à l'économie du politique. La première contribution majeure est une analyse

---

1 *« began their collaboration, expanding Tullock's manuscript, 'A preliminary investigation of the Theory of Constitutions', into The Calculus of Consent ».*

2 *« during the course of the academic year 1959-1960 ».*

3 *« The Calculus of Consent is one among a handful of contributions to public choice that can truly be called a classic ».*

des systèmes de votes en termes de coûts. Deux types de coûts sont introduits dans l'ouvrage : les coûts liés à la prise de décision (*decision-making costs*) et les coûts externes liées à la prise de décision collective (*external costs of collective decision-making*)[1]. Bien sûr, ces deux types de coûts sont déjà présents dans l'analyse du vote à la majorité proposée par Tullock dans ses travaux précédents. D'ailleurs, et c'est là la deuxième contribution majeure pour Mueller, le thème de la règle de vote à la majorité qui a tant occupé Tullock entre les années 1958 et 1960 est central dans l'ouvrage. *A Primary Investigation of the Theory of Constitutions* est repris en partie pour former le chapitre 6 de l'ouvrage quand *Problems of Majority Voting* est repris dans son intégralité pour former le chapitre 10. Par ce biais notamment, l'ouvrage renferme « l'une des premières analyses rigoureuses du *logrolling* »[2] (*Ibid.*) notamment dans les chapitres 10 et 11, ce qui constitue la troisième contribution fondamentale de l'ouvrage. Enfin, Mueller note que le quatrième et dernier point d'importance apporté par l'ouvrage est « l'introduction d'un processus en deux phases pour la prise de décision collective »[3] (*Ibid.*) : la phase constitutionnelle et la phase post-constitutionnelle[4]. L'étude de la phase constitutionnelle est d'une grande importance[5]. En effet, l'un des

---

[1] Dans son compte-rendu de l'ouvrage, William H. Riker indique que l'introduction de ces deux types de coûts est à la base du raisonnement que proposent les auteurs dans le but de répondre à leur question principale : « sur quel fondement un individu rationnel, qui se situe dans une société créée par consentement unanime, consent-il au transfert d'une activité particulière de la prise de décision privée à la prise de décision collective ? » (*« On what basis does a rational man, situated in a society created by unanimous agreement, consent to the transfer of a particular activity from private to collective decision-making? »*, Riker, 1962, p. 409).

[2] *« one of the first rigorous analyses of logrolling ».*

[3] *« the introduction of a two-stages process for collective decision-making ».*

[4] Notons que l'analyse de la prise de décision au niveau constitutionnel occupera Buchanan dans d'autres articles postérieurs au *Calculus of Consent* sur lesquels nous reviendrons dans le chapitre 5.

[5] Cette contribution semble par ailleurs être vue comme la plus importante si l'on se réfère aux comptes rendus qui ont été proposés de l'ouvrage après sa publication. Ainsi, le sociologue Robert McGinnis résume

enseignements centraux de l'ouvrage de Buchanan et Tullock est que « si les individus ont l'opportunité de s'engager dans un échange mutuellement avantageux, ils le feront, tant que les coûts de transaction ne sont pas trop élevés »[1] (Holcombe, 2013, p. 18) or il peut arriver que des coûts de transaction trop élevés apparaissent. Cependant, « si un groupe de personnes peut changer les contraintes institutionnelles de telle façon que des échanges qui ne sont pas mutuellement avantageux à cause des coûts de transaction le deviennent, alors les règles peuvent être changées et une amélioration au sens de Pareto peut être réalisée »[2] (*Ibid.*)[3].

Si les avancées résumées par Mueller semblent partagées, des commentateurs de l'ouvrage de Buchanan et Tullock y ont également décelé une proximité avec celui de Downs. Ainsi, Kenneth Vines indique-t-il que si le *Calculus* est parfois comparé par les politistes à ceux de Dahl et de Lindblom, il

---

l'ouvrage uniquement comme s'agissant « d'une analyse de règles constitutionnelles allant de la dictature à l'unanimité caractéristique des Quakers, de corps législatifs simples à complexes (bicaméralisme), et de la représentation directe à indirecte » (*« It is an analysis of constitutional rules, ranging from disctatorship to Quaker-like unanimity, from simple to relatively complex (bicameral) legislative body, and from direct to indirect representation »*, McGinnis, 1963, p. 188). Un compte-rendu anonyme publié en 2001 dans une revue mexicaine de sciences politiques indique quant à lui que « parmi les contributions les plus importantes de l'œuvre figure un modèle de prise de décisions constitutionnelles, c'est-à-dire le choix de règles qui régissent en grande partie les activités politiques pendant une période déterminée » *(« Entre las más importantes contribuciones de esta obra es un modelo de toma de decisiones constitucionales ; es decir, la elección de reglas que rigen gran parte de las actividades políticas durante un periodo determinado »*, Anonyme, 2001, p. 397).

[1] *« If people have the opportunity to engage in mutually advantageous exchange, they will, as long as transaction costs are not too high ».*

[2] *« If a group of people can change the institutional constraints so that exchanges that are not mutually advantageous because of transaction costs become so, then the rules can be changed and a Pareto improvement can be made ».*

[3] Notons que ces conclusions renvoient également à Buchanan (1962a) dans lequel celui-ci revient sur des idées développées dans le *Calculus of Consent.*

est toutefois bien plus proche de celui de Downs en ce sens qu'il « analyse des propositions générales de sciences politiques à l'aide de méthodes économiques »[1] (Vines, 1963, p. 161) sans qu'il y ait autant d'informations de nature politique que dans les ouvrages de Dahl (*Ibid.*).

Pour confirmer cette proximité entre le *Calculus* et l'ouvrage de Downs, R. J. May indique – de façon partiellement erronée selon nous[2] – de son côté que « le *Calculus of Consent* doit être considéré comme un camarade méthodologique de l'ouvrage d'Anthony Downs, *An Economic Theory of Democracy* »[3] (May, 1963, p. 112) en ce sens que si Downs applique la théorie microéconomique du marché pour expliquer le fonctionnement des partis politiques, « Buchanan et Tulloch (*sic.*) appliquent la même théorie pour expliquer le comportement des individus dans le processus de prise de décision collective »[4] (*Ibid.*).

Si l'idée générale d'appliquer à des problématiques politiques des outils tirés de la science économique est en effet un trait méthodologique commun entre les auteurs, Downs notamment ne s'associe pas au point de vue selon lequel son travail et celui de Buchanan et Tullock partagent des considérations méthodologiques identiques. Il précise qu'il existe des disparités entre les deux ouvrages. Ainsi, si Buchanan et Tullock « ont une approche de la politique fondée sur un point de vue strictement individualiste »[5]

---

[1] *« analyzes some general propositions of political theory using economic methods ».*

[2] Nous estimons en effet que les disparités méthodologiques sont en fait assez importantes entre les deux ouvrages. Par exemple, le premier relève d'une théorie positive et use d'éléments empruntés à la science politique quand le second est explicitement normatif et fait preuve d'un impérialisme économique.

[3] *« The Calculus of Consent must be regarded as a methodological comrade of Anthony Downs' An American Theory of Democracy ».*

[4] *« Buchanan and Tulloch apply the same theory to explain the behavior of individuals in the process of collective decision-making ».*

[5] *« The authors approach politics from a strictly individualistic point of view ».*

(Downs, 1964, p. 87) et que, par conséquent, il leur est impossible dans leur modèle d'imputer une fonction d'utilité à la société ou à d'autres types de groupes y appartenant, Downs « aurait préféré assigner des fonctions d'utilité aux coalitions ou aux équipes aussi bien qu'aux individus »[1] (*Ibid.*), comme il l'avait expliqué dès 1957 dans son ouvrage. Poursuivant ce point, Downs note plus loin dans son compte-rendu du *Calculus* (*Ibid.*, p. 88) que contrairement à son propre travail, l'une des faiblesses est de ne pas traiter de la question du comportement des partis politiques. Jérôme Rothenberg quant à lui note que l'ouvrage de Buchanan et Tullock diffère de celui de Downs du fait de « l'attention particulière qu'il porte à la question du choix constitutionnel et du fait de son approfondissement de l'approche individualiste de l'analyse positive et normative »[2] (Rothenberg, 1964, p. 457) alors que la théorie downsienne est par essence positive. Mancur Olson, enfin, indique une différence de taille à noter entre l'ouvrage de Buchanan et Tullock et les ouvrages les ayant précédé – parmi lesquels figure celui de Downs – en ce sens que pour lui, le *Calculus* est marqué « par une idéologie implicite »[3] (Olson, 1962, p. 1217) qu'il qualifie quelques lignes plus loin de « perception de droite »[4] (*Ibid.*).

Ainsi, si l'on peut observer une certaine proximité au premier regard entre les ouvrages de Downs et de Buchanan et Tullock, une analyse plus fine, notamment proposée par le premier révèle des disparités dans leurs approches respectives aussi bien sur le plan méthodologique que sur les questions abordées. Il nous apparaît que ce point mérite d'être à nouveau soulevé ici et qu'une autre forme de

---

[1] *« I would prefer to assign utility functions to coalitions or teams as well as to individuals ».*

[2] *« in its elaborate attention to the question of constitutional choice, and in its thoroughgoing individualistic approach to both positive and normative analysis ».*

[3] *« implicit ideological emphasis ».*

[4] *« right-wing view ».*

rapprochement entre les deux analyses peut également être évoquée : la place centrale qu'occupe la thématique de l'instabilité. En effet, nous avons souligné dans notre deuxième chapitre que la théorie développée par Downs en 1957 était fondée en partie sur l'analyse d'une instabilité qui peut exister dans le fonctionnement démocratique et nous allons désormais montrer que, dans la lignée des travaux précurseurs de Tullock, et même si des disparités méthodologiques importantes existent entre les auteurs, le thème de l'instabilité est également au cœur de l'ouvrage fondateur du *public choice*.

Dans un article traitant de la genèse du *Calculus of Consent*, Buchanan (2012) apporte quelques éléments factuels, confirmés par la correspondance qu'entretenaient les deux auteurs à l'époque, permettant de retracer son processus de rédaction. Les deux auteurs auraient décidé de travailler à la rédaction de l'ouvrage au cours de l'année 1959 et les premières pages de ce qui formerait plus tard le centre de l'ouvrage ont été rédigées entre septembre 1959 et avril 1960[1] (Buchanan, 1960, p. 253). Le manuscrit fut terminé à la fin de l'année 1960, envoyé à l'imprimerie en 1961 avant que Buchanan ne puisse tenir entre ses mains une version imprimée en février 1962 (Buchanan, 2012, *op. cit.*).

Dans cet article, Buchanan met l'accent sur les différences et complémentarités présentes entre les deux auteurs lors de la rédaction de l'ouvrage. L'éloignement géographique[2] a obligé les auteurs à rédiger certaines parties de l'ouvrage chacun de leur côté, avec parfois des motivations sous-jacentes différentes, bien qu'ils n'en n'aient pas été conscients au moment de la rédaction de l'ouvrage (*Ibid.*). Le constat de départ ayant entrainé la rédaction de l'ouvrage est clair. Il s'agit du fait que le vote à la majorité d'une part

[1] La rédaction du *Calculus of Consent* est donc concomitante à l'élaboration par Tullock de se réponse à Downs. Voir chapitre 3 *supra*.

[2] Au terme de son contrat postdoctoral au *Thomas Jefferson Center*, Tullock accepte un poste à l'Université de Caroline du Sud (Buchanan, 2012, p. 253).

produise des résultats problématiques et que la stabilité politique d'autre part entraîne la discrimination des minorités (Buchanan, 2004, p. 19). Les auteurs se sont par ailleurs donné un objectif commun, rappelé par Buchanan dans une lettre datée du mois de juin 1960 à l'attention de Tullock, à savoir chercher les solutions de certains jeux politiques ainsi que « l'ensemble optimal de règles du jeu politique »[1] (Buchanan, 1960, *op. cit.*) – c'est-à-dire un ensemble de règles respectant les libertés individuelles. Cependant, la lecture attentive de l'ouvrage révèle quelques disparités de traitements et d'objectifs.

Buchanan avait lui-même indiqué ne pas estimer avoir le même rôle que son collègue dans la rédaction de l'ouvrage. Il dit ainsi assumer un rôle de philosophe tandis que Tullock endosse le rôle du scientifique (Buchanan, 2012, p. 254). En effet, Buchanan explique voir en sa contribution comme une continuation de son article de 1954 dans lequel il revient sur l'ouvrage d'Arrow et propose une discussion des modes de prises de décision en regard du positionnement épistémologique qui est choisi en amont (*Ibid.*). Il estime par ailleurs que les motivations de Tullock étaient peut-être plus exploratoires en ce sens que ce dernier cherchait plus particulièrement à appliquer des outils venus de l'économie à des problématiques de nature politique et non pas à proposer une justification parfois philosophique des concepts déjà en place (*Ibid.*). De ce point de vue, les lettres échangées[2] entre les deux auteurs concernant leurs annexes respectives du *Calculus of Consent* sont particulièrement révélatrices.

Dans les faits, Buchanan est l'auteur des chapitres 5, 7, 11, 12, 13 ainsi que de la première annexe. Tullock a quant à lui contribué à l'ouvrage en rédigeant les chapitres 6, 8, 10, 16 ainsi que la seconde annexe. Le chapitre 6 notamment est repris de l'article de Tullock (1959e) et le chapitre 10 est

---

[1] *« the optimal set of political rules of the game »*.

[2] Voir Buchanan (1960) par exemple.

quant à lui repris de sa monographie (Tullock, 1959b) comme indiqué par les auteurs dans la préface de l'ouvrage (Buchanan & Tullock, [1962] 1999, p. xix). On retrouve par ailleurs des éléments de ces deux premiers travaux dans le chapitre 8. Les autres chapitres ont été écrits conjointement par les deux auteurs. Malgré cela, l'ensemble de l'ouvrage est relativement homogène et cohérent. Il s'articule notamment, dans la continuité de Downs (1957a) et des travaux précédents de Tullock, autour de l'instabilité et des différents problèmes qui ont trait à l'exercice démocratique.

Notons qu'avant de débuter leur analyse de la prise de décision, Buchanan et Tullock posent les bases de leur réflexion et indiquent qu'il parait « futile de parler sérieusement d'une « théorie » des constitutions dans une société autre que celle où les membres sont libres »[1] (Buchanan & Tullock, [1962] 1999, p. 13). En effet, les individus doivent être épargnés de toute exploitation politique si l'on souhaite étudier leurs volontés en termes de Constitution et de règles[2]. Ainsi, les auteurs jouent cartes sur table en dévoilant d'entrée de jeu les fondements philosophiques qui sous-tendent leur pensée et leur analyse, à savoir l'idée fondamentale selon laquelle les libertés individuelles doivent être respectées et se retrouver au centre de toute interrogation à propos du caractère efficient d'une règle. Alors que Tullock avançait jusque-là à couvert,

---

[1] « *It seems futile to talk seriously of a « theory » of constitutions in a society other than that which is composed of free individuals* ».

[2] On peut noter ici que les auteurs fondent leur étude sur l'individu afin de formuler des théories qui s'appliquent de façon générale. Ils notent eux-mêmes s'éloigner de Downs, qui « adopte également une approche « économique » du processus démocratique mais qui, au lieu de partir du niveau individuel, débute avec une démocratie représentative bipartite et analyse le processus politique en termes de tentatives de la part du gouvernement de maximiser le soutien des électeurs » (« *He also adopts an « economic » approach to democratic process, but, instead of starting at the individual level, he starts with two-party representative democracy and analyzes the political process in terms of the attemps of governments to maximize voter support* », Buchanan & Tullock, [1962] 1999, p. 120).

l'analyse proposée sera ici ouvertement normative. Il faut ajouter le caractère individualiste de la théorie tel que Tullock l'avait lui-même construite : la réflexion constitutionnelle doit être menée par les individus et non par des groupes d'individus quels qu'ils soient.

Dès le début de l'ouvrage, il est indiqué que même lorsque les individus sont libérés de toute contrainte et qu'ils évoluent dans un cadre démocratique, des règles existent qui peuvent permettre l'obtention d'avantages particuliers pour certains individus[1]. C'est justement la mise en lumière de telles possibilités qui pousse « les individus rationnels à placer des restrictions constitutionnelles à l'exercice du processus politique »[2] (*Ibid.*). L'État étant un artefact, il est possible de le modeler de telle sorte que les individus soient effectivement traités de façon égale, sans possibilité pour certains d'obtenir plus d'avantages que d'autres. La conception individualiste (*Ibid.*) de la collectivité embrassée par les deux auteurs les pousse à voir le gouvernement comme un mécanisme ayant pour seul objectif de permettre l'action collective[3], c'est-à-dire « l'action d'individus qui choisissent d'atteindre des objectifs collectivement plutôt qu'individuellement »[4] (*Ibid.*). Suivant cela, Buchanan et Tullock expliquent qu'un changement dans la Constitution d'une société n'est considéré comme une amélioration que s'il est réalisé dans l'intérêt de tous, et pas seulement de certains groupes (*Ibid.*, p. 14). L'on comprend alors que le

---

[1] De tels avantages ont été mis en lumière dans l'ouvrage de Downs notamment lorsque celui-ci évoque la distribution inégale du pouvoir politique entre différentes classes sociales. Par ailleurs, cette réflexion se retrouve plus loin dans l'ouvrage de Buchanan et Tullock.

[2] « *rational individual to place constitutional restrictions on the use of the political process* ».

[3] On retrouve ici des éléments de la dichotomie proposée par Buchanan (1949 & 1954a). Le choix opéré ici semble être celui de l'État individualiste, ce qui correspond au caractère individualiste exposé par les auteurs concernant leur vision des libertés individuelles.

[4] « *action of individuals when they choose to accomplish purposes collectively rather than individually* ».

critère de Pareto optimalité aura toute sa place dans l'analyse qui suit.

Les auteurs indiquent par ailleurs, un peu à l'image des recommandations de Friedrich Hayek[1] à propos de son modèle de Constitution, qu'une société qui ne dispose pas de cadre légal devrait se doter d'un ensemble rationnel de règles. En revanche, si des règles existent déjà, il ne s'agit pas de les remplacer complètement, mais de les améliorer.

Afin de décider d'un nouveau cadre légal ou de l'amélioration des règles existantes, il apparaît important pour les auteurs d'adopter le critère de l'unanimité (*Ibid.*, p. 15). Celui-ci renvoie aux règles de prise de décision collective, déjà étudiées par Tullock à partir de 1959. Ce critère est au centre du *Calculus of Consent* et va faire l'objet d'une analyse minutieuse tout au long de l'ouvrage.

Son étude, ainsi que celle d'autres types de règles va poursuivre la mise en lumière des difficultés rencontrées lors de l'exercice démocratique et notamment lors des choix collectifs.

1. Une analyse coupant court à la querelle opposant Downs à Tullock

L'ouvrage de Buchanan et Tullock repose comme nous l'avons indiqué sur les travaux précédents entrepris par ce dernier. Ainsi, les résultats dont nous avons discuté au chapitre précédent se retrouvent au centre de l'ouvrage et sont même solidifiés par une nouvelle démonstration proposée par Buchanan qui emprunte à la théorie des jeux. Cette démonstration vient en fait former le panneau théorique d'un triptyque qui compte déjà un panneau philosophique proposé par Buchanan et un panneau plus pratique ou démonstratif proposé par Tullock. Le *Calculus of Consent* enferme par ailleurs une nouvelle réponse aux critiques de Downs.

[1] Hayek, F. ([1979] 2007).

1.1. Retrouver un résultat d'instabilité à l'aide de la théorie des jeux

Dans le chapitre 11 du *Calculus of Consent,* Buchanan propose de traiter des problématiques retenues par Tullock dans son article de 1959 en les analysant à l'aune de la théorie des jeux élémentaire[1]. Après la réflexion philosophique proposée par Buchanan et la démonstration pratique de Tullock, il s'agit de proposer une approche théorique du problème. Se faisant, l'auteur avance progressivement en étudiant le vote à la majorité à partir d'un jeu à somme constante à trois personnes puis à cinq personnes pour retrouver *in fine* le résultat d'instabilité soulevé par son co-auteur.

Le jeu décrit une façon d'allouer une somme de $1 entre différents individus qui doivent réparer leur route. Au cours d'une première phase de jeu, les individus, ou joueurs – au nombre de trois – peuvent mettre en place des coalitions de deux ou trois joueurs afin de prendre une décision collégiale et de se partager le gain total. Cependant, deux joueurs suffisent pour prendre une décision, celle-ci étant prise par le biais d'un vote à la majorité. Or, plus la coalition est large, moins le partage du gain total est intéressant pour chaque joueur. En effet, dans une coalition de trois joueurs, chaque joueur obtient un tiers (1/3) du gain total alors que dans une coalition de deux joueurs, chaque joueur obtient la moitié (1/2) du gain total, soit 50¢. De fait, et étant donné que les joueurs cherchent à maximiser leurs gains et à minimiser les coûts de négociation qui, nous l'avons vu précédemment, peuvent être élevés, Buchanan propose un ensemble F de

[1] Cette analyse est retranscrite à partir d'un article de Buchanan (1961) dans lequel on retrouve la même démonstration analytique que celle proposée dans ce chapitre du *Calculus of Consent.* Dans cet article, Buchanan indique explicitement chercher à proposer une analyse correspondant au modèle développé par Gordon Tullock et à son exemple de réparation de routes locales (Buchanan, 1961, p. 338).

solutions sous forme de trois allocations possibles des gains qui correspondent à trois coalitions possibles de deux joueurs[1]. Dans chacune de ces allocations, deux joueurs obtiennent chacun la moitié des gains, l'autre joueur n'obtient rien.

À la suite de cette distribution primaire du gain total, Buchanan indique qu'une stratégie peut se mettre en place. Par exemple, si la coalition gagnante est celle composée des joueurs 2 et 3 (v(2,3)), que l'allocation est donc (0, 1/2, 1/2) ou (0, 50¢, 50¢), l'individu 1 peut faire en sorte de proposer au joueur 2 de le rejoindre et de partager le gain total de la façon suivante : (1/4, 3/4, 0) soit 25¢ pour le joueur 1, 75¢ pour le joueur 2 et rien pour le joueur 3. De fait, la situation du joueur 1 est améliorée en ce sens que son gain devient positif et la situation du joueur 2 est également améliorée étant donné que son gain augmente. La situation semble donc être instable dans le sens ou toute coalition peut être renversée par la création d'une autre coalition. En effet, le joueur 3 peut à son tour décider de proposer au joueur 1 de s'entendre sur les bases des gains obtenus en début de jeu, c'est-à-dire (1/2, 0, 1/2), ce qui écarterait le joueur 2 de toute coalition gagnante. Ainsi, sachant qu'un tel renversement de situation peut être opéré, les joueurs appartenant à la première coalition gagnante (ici 2 et 3) n'ont pas intérêt à modifier leur comportement et à s'allier avec un autre joueur. Les individus acceptent donc la symétrie des gains, car ils savent que s'ils demandent plus, ils peuvent être sortis de la coalition gagnante au profit d'un autre individu, moins gourmand. De fait, la situation, dans le cadre d'un jeu à trois joueurs est relativement stable[2]. Cependant, cette stabilité ne

---

[1] Les trois allocations possibles dans F sont v(1,2) = 1 ; v(1,3) = 1 ; v(2,3) = 1.

[2] Notons ici que le développement présenté est celui de Buchanan. En réalité, rien n'indique que la situation va atteindre un point d'équilibre. Il se peut très bien que les joueurs acceptent chacun à leur tour les propositions alléchantes des autres joueurs et qu'un cycle de formation et de déformation des différentes coalitions se mette en place.

tient plus lorsque le nombre de joueurs augmente et la deuxième partie de l'analyse va le montrer.

Au cours d'une seconde phase de jeu, les joueurs sont au nombre de cinq et différents types de coalitions peuvent être mises en place. Si des coalitions entre deux joueurs ne sont pas envisageables en ce sens qu'il est nécessaire d'avoir trois personnes pour prendre une décision (puisque la règle n'a pas changé), en revanche, des coalitions de trois, quatre ou cinq joueurs sont possibles. Une nouvelle fois, le raisonnement établi précédemment pousse Buchanan à proposer un ensemble F de solutions sous forme de dix allocations possibles des gains entre trois joueurs seulement[1]. Dans chacune de ces allocations, trois joueurs obtiennent chacun 1/3 des gains, les deux autres joueurs n'obtiennent rien. Une fois encore, chaque allocation possible contenue dans l'ensemble des solutions peut dominer une autre allocation[2]. Par exemple, l'allocation (1/3, 1/3, 1/3, 0, 0) peut dominer l'allocation (0, 1/3, 0, 1/3, 1/3) et *vice-versa*. « Cependant, avec l'augmentation de la taille du groupe, les propriétés de stabilité des différentes allocations de l'ensemble F deviennent moins fortes »[3] (*Ibid.*, p. 153). Buchanan retrouve les conclusions tirées par Tullock – et que nous avons rappelé dans le chapitre précédent –, à savoir le fait que dans un groupe étendu, « des coalitions seront

---

[1] Les dix allocations possibles sont les suivantes : v(1,2,3) = 1 ; v(1,2,4) = 1 ; v(1,2,5) = 1 ; v(1,3,4) = 1 ; v(1,3,5) = 1 ; v(1,4,5) = 1 ; v(2,3,4) = 1 ; v(2,3,5) = 1 ; v(2,4,5) = 1 ; v(3,4,5) = 1.

[2] Comme indiqué par Donad B. Gillies dans une thèse datée de 1953 et consacrée aux jeux de coalition, on parle alors de cœur vide. C'est-à-dire qu'il n'existe pas d'imputations qui ne soient pas dominées. Buchanan ne cite pas Gillies, pas plus qu'il n'use du terme de cœur vide ou de vacuité du cœur. Notons que cette théorie sera affinée par Olga Bondareva peu de temps après la publication du *Calculus*, en 1963, puis par Lloyd Shapley en 1971.

[3] « *As the size of the group is increased, however, the stability properties of the imputations in the set F seem to become less strong* ».

formées, mais toute coalition gagnante sera relativement instable et transitoire »[1] (*Ibid.*, p. 154).

On peut donc se demander si l'introduction d'échanges de votes, comparable au *logrolling*, peut régler au moins en partie ce problème d'instabilité. Buchanan, tout comme Tullock, en est persuadé et poursuit son analyse en proposant l'utilisation de jeux à sommes non constantes pour le démontrer. Il débute ainsi en reprenant le cadre du jeu à trois joueurs mais dans le cas présent, il est supposé que la somme partagée soit investie dans un projet de réparation de la voirie. Cependant, en fonction des projets de chaque joueur, la dépense est plus ou moins productive. Ainsi, il faut supposer que le premier projet est très productif (un *input* de 50¢ produit un *output* dont la valeur est évaluée à $1), que le deuxième ne l'est que moyennement (un *input* de 50¢ produit un *output* dont la valeur est évaluée à 50¢) et que le troisième ne l'est pas (un *input* de 50¢ produit un *output* dont la valeur est évaluée à 25¢).

Sans échanges de votes, rien n'indique que la solution socialement désirable sera choisie, c'est-à-dire celle qui consiste à privilégier la première allocation (v(1,2)), qui offrirait un output de $1,5 pour $1 investi. En effet, le choix peut aussi bien se porter sur cette allocation que sur la dernière (v(2,3)), qui ne produirait que 75¢ d'output pour $1 investi (*Ibid.*, pp. 155-156).

Buchanan indique ainsi que « grâce à ces éléments rudimentaires de théorie des jeux »[2] (*Ibid.*, p. 156), démonstration est faite des effets du vote à la majorité déjà vus avec Tullock : « si aucun échange de vote n'est introduit, toute variation dans les intensités des préférences individuelles ne peut être prise en compte »[3] (*Ibid.*).

---

[1] « *Coalitions will be formed, but any single winning coalition will be relatively unstable and impermanent* ».

[2] « *these rudimentary elements of game theory* ».

[3] « *If some vote-trading is not introduced, no allowance can be made for possible variations in individual intensities of preference* ». Buchanan fait ici implicitement l'hypothèse selon laquelle les individus investissant la

Seulement, l'exercice du *logrolling*, s'il permet de solutionner une des défaillances du vote à la majorité, est au fondement de la présence d'instabilité. Il ne s'agit donc pas d'une solution miracle.

Ainsi, Buchanan note que les *side payments*, c'est-à-dire l'achat et vente transparents de votes, « peuvent « améliorer » les résultats »[1] (*Ibid.*, p. 157). Pour le montrer, il propose d'étudier le même jeu, mais en faisant l'hypothèse selon laquelle un seul projet pourrait être financé. Il indique ainsi à titre d'exemple que si la somme investie ($1) revient entièrement à un projet sur les trois[2], alors on évaluerait l'output du projet 1 à $10, celui du deuxième à $5 et celui du troisième à $1. Les *outputs* possibles seraient alors (10 ; 0 ; 0), (0 ; 5 ; 0) et (0 ; 0 ; 1). Le fait de laisser les individus libres de procéder à des échanges monétaires sans les contraindre sur la forme de ces derniers, si donc on laissait la possibilité aux individus de réaliser des *side payments*, alors le premier joueur – celui qui dispose du projet le plus productif – pourrait décider d'offrir la moitié de son *output* à l'un ou l'autre des deux autres joueurs de sorte que seul le premier projet serait financé. On retrouverait alors deux allocations possibles : (5 ; 5 ; 0) ou (5 ; 0 ; 5) (*Ibid.*). Dans les deux cas, la solution serait optimale du point de vue de la société puisque l'on s'assurerait que le premier projet serait choisi, éliminant ainsi le risque de se trouver à devoir financer un projet moins productif.

En d'autres termes, la seule façon d'atteindre des points positionnés sur la frontière Pareto-optimale, serait le recours à l'introduction de *side payments*. Il s'agirait de laisser libre cours au marché[3]. Cette conclusion ne s'applique pas qu'à la

---

somme obtenue dans des projets très productifs font preuve d'une intensité des préférences plus élevée concernant l'allocation de la somme.

[1] « *Side payments may « improve » the results* ».

[2] Les allocations possibles seraient alors v(1) = 1 ; v(2) = 1 ; v(3) = 1.

[3] Rappelons que dès 1954, Buchanan indiquait que l'utilisation du marché permettait d'obtenir des échanges rationnels et respectant les libertés individuelles.

règle de décision majoritaire. En effet, Buchanan ajoute plus loin que « toute règle de décision autorisant les *side payments* ne produira que des situations Pareto-optimales »[1] (*Ibid.*, p. 188). De fait, l'on atteint « la conclusion paradoxale selon laquelle l'achat et la vente de votes politiques pourraient mener à une « amélioration » pour le groupe, mesurée au sens [...] où tout membre du groupe est dans une meilleure situation »[2] (*Ibid.*, p. 189).

Cependant, les *side payments* ne sont pas caractéristiques du fonctionnement moderne de la démocratie en ce sens que l'achat et la vente de voix est réprimée. Le *logrolling* restant une activité possible, il convient de le penser autrement, en le considérant comme un moyen indirect de procéder à des *side payments*. En effet, si « les individus ne peuvent « acheter » le support d'électeurs avec de l'argent, ils peuvent échanger leurs votes »[3] (*Ibid.*, p. 158).

Cette partie du *Calculus* est donc bien une démonstration théorique de ce qui avait été avancé par Tullock de façon pratique quelque temps plus tôt. Mais si les conclusions – à l'exception de l'idée de traiter le *logrolling* comme une façon de procéder à des *side payments* – de l'analyse théorique sont les mêmes que précédemment, d'aucuns estimeraient que les remarques émises par Downs en 1960 et 1961 concernant le modèle (*i.e.* le fait que le *logrolling* est déjà présent de façon

---

[1] « *any decision-making rule, with full side payments, will produce only Pareto-optimal situations* ».

[2] « *paradoxical conclusion that open buying and selling of political votes may actually lead to an « improvement » for the group, measured in the [...] sense of making everyone in the group better off as a result* ». Encore une fois, la proximité d'avec le théorème de Coase semble évidente, sans pourtant qu'il n'y soit explicitement fait référence dans l'ouvrage. Pourtant, contrairement à notre incertitude sur le fait que Tullock ait eu vent des travaux de Coase sur la question au moment de la rédaction de son article de 1959, nous pouvons cette fois affirmer que les auteurs ont lu le travail de Coase publié en 1960 (*The Problem of Social Cost*) en ce sens que ce dernier est cité plus tôt dans l'ouvrage.

[3] « *Individuals are unable to « purchase » voter support directly with money, but they are able to exchange votes* ».

indirecte ou le fait que les électeurs sont appelés à voter pour des ensembles de projets) restent de mise, bien que Tullock ait cherché à s'en défaire. Celles-ci sont donc de nouveau prises en compte dans l'ouvrage.

1.2. La réfutation des remarques de Downs

L'analyse débutée par Buchanan à partir d'éléments de théorie des jeux est poursuivie pour analyser plus finement le *logrolling*. Un jeu politique avec plusieurs séquences est donc décrit. À chaque séquence, un vote a lieu. Une partie des électeurs souhaite conclure un accord avec d'autres électeurs pour qu'ils votent favorablement aux premiers. En contrepartie, les premiers assurent aux seconds leur soutien à la période suivante. Et ainsi de suite.

De cette façon, à chaque période, les électeurs disposant d'une forte intensité des préférences sur une question donnée peuvent faire valoir leur préférence. Mais bien sûr, cela ne fonctionne plus dès lors que les problématiques mises au vote sont multiples, comme l'explique Downs en 1961, c'est-à-dire lorsque les électeurs votent non plus pour des projets uniques, mais pour des ensembles de projets divers en ce sens qu'une forme de *logrolling* intervient déjà.

Cependant, pour Buchanan, cette façon de faire fait apparaître plus de confusion encore et donc une plus grande instabilité. En effet, lorsque des ensembles de propositions sont mises au vote, de multiples coalitions différentes peuvent se former et en aucun cas il n'est assuré qu'une coalition de taille suffisante pour prendre des décisions ne se mettra en place. Dans ce cas précis, et reprenant l'exemple de la réparation des routes de campagne, l'auteur indique que lorsque chaque réparation est proposée au vote une à une, le système du *logrolling* entraînera comme résultat final la réparation de l'ensemble des routes, alors que si l'ensemble des réparations sont à voter en une seule fois, alors aucune route ne sera réparée (*Ibid.*, p. 160)[1]. Dans les deux cas, des coûts externes importants sont à prévoir pour les électeurs : dans le premier cas, le surinvestissement induit par la réparation de l'ensemble des routes pèsera sur tous les électeurs. Dans le second cas, ces mêmes électeurs devront faire avec des routes qui ne seront pas entretenues, ce qui peut être facteur de coûts additionnels pour eux. La volonté de Downs d'étudier les propositions en tant qu'ensembles ne ferait donc que complexifier le modèle.

Cependant une solution pour répondre à cette problématique reste possible selon Buchanan dans le cas où les décisions mises au vote seraient des ensembles. Dans ce cas, explique l'auteur, un électeur qui a une très forte intensité des préférences pour une décision particulière pourra accepter de céder son vote sur un nombre suffisant d'autres problématiques de sorte que cela lui assure le soutien suffisant d'autres électeurs quant à la décision qui lui importe le plus. Ainsi, chaque électeur dispose d'une sorte de « pouvoir d'achat [...] déterminé par la valeur de son support concernant l'ensemble des décisions examinées par les autres électeurs »[2] (*Ibid.*, p. 161). Buchanan explique en fait, et de façon étonnante lorsque l'on sait qu'il avait cherché à séparer prise de décision politique et marché économique[3], qu'à l'instar du marché, chaque électeur ne dépensera pas tous ses moyens pour l'adoption d'une seule proposition tout comme le consommateur ne dépensera pas tout son pouvoir d'achat pour acquérir un seul bien ou service. En revanche, il sera prêt à le faire pour un ensemble de décisions qui lui conviennent à peu près et surtout qui contient celle qu'il soutient particulièrement. Ce système d'échange de vote dans le cadre de la mise au vote d'ensemble de propositions est appelé par Buchanan *logrolling* complexe. Le *logrolling* implicite évoqué par Tullock (1959d et 1959e) ainsi que par

---

[1] Une nouvelle fois, c'est une situation paradoxale au sens d'Ostrogorski qui est décrite sans qu'il ne soit fait appel au politiste russe.

[2] « *purchasing power [...] is determined by the value of his support on all issues considered by other voters* ».

[3] Voir chapitre 1.

Downs (1961) est ainsi en réalité une forme de *logrolling* complexe. De fait, les remarques de Downs concernant l'hypothèse des votes en série peuvent être intégrées à la réflexion. Après la simple réfutation des critiques de Downs menée par Tullock en 1961, c'est donc une nouvelle façon de s'en défaire qui est adoptée ici : les auteurs cherchent à montrer qu'elles ne remettent pas en question le raisonnement, mais le complexifient.

Une autre remarque faite par Downs est adressée dans l'ouvrage. Celle-ci concerne la taille du budget du gouvernement et par là même la taille du secteur public.

Rappelons que pour Downs, et comme l'indique le titre de son article, le budget du gouvernement est trop restreint. Autrement dit, la part du secteur public est trop restreinte par rapport à la part du secteur privé. L'argumentaire développé par Downs reprend notamment le fait que « l'ignorance rationnelle des citoyens pousse les gouvernements à écarter certains types de dépenses spécifiques de leurs budgets qui seraient pourtant bénéfiques si les citoyens n'étaient pas ignorants »[1] (Downs, 1960, p. 544). En effet, étant donné que pour Downs les projets mis au vote ne le sont pas de façon isolée, mais en groupes, avant de passer audit vote, le gouvernement fabrique de toute pièce des ensembles de propositions de sorte qu'ils correspondent le mieux possible aux attentes des différents groupes d'électeurs. Cependant, les individus peuvent surestimer certains coûts ou bénéfices et ainsi le budget voté différerait de celui qui devrait être adopté s'il n'y avait pas d'asymétrie d'information au moment de la prise de décision.

Buchanan et Tullock de leur côté s'opposent à cette conclusion en indiquant que « l'organisation de l'action collective par le moyen du vote à la majorité absolue tend à

---

[1] « *rational ignorance among citizenry leads governments to omit certain specific types of expenditures from their budgets which would be there if citizens were not ignorant* ».

causer un surinvestissement relatif dans le secteur public »[1] (Buchanan & Tullock, *op. Cit.*, p. 200). Ceci provient selon eux du fait que le vote à la majorité permet à la coalition gagnante de bénéficier de profits importants sans avoir à payer les coûts liés aux projets leur bénéficiant, comme nous l'avons déjà vu. Une nouvelle fois, les auteurs du *Calculus* rappellent que « toute forme d'échange de votes, allant du simple *logrolling* aux *side payments* monétaires, permet l'expression pleine et entière des intensités individuelles des préférences politiques »[2] (*Ibid.*, p. 208).

Pour aller plus loin, les auteurs proposent une analyse complémentaire de la taille du secteur public en l'expliquant par les choix effectués au niveau constitutionnel. Ils indiquent que lors des choix constitutionnels, plus le « marché » du vote est parfait, plus l'éventail d'activités régies par décision collective sera étendu. En d'autres termes, plus le choix collectif sera efficace, plus le nombre de problématiques qui lui seront dévoyées sera important. Inversement, moins efficace sera ce « marché », moins l'on confiera d'éléments à la prise de décision collective. C'est là la taille du secteur public qui est discutée et qui doit être choisie par les individus au niveau constitutionnel. De fait, les individus placeront plus de contraintes concernant la prise de décision politique à la majorité lorsque le *logrolling* sera imparfait voire interdit. Une conclusion importante tirée ici est le fait que la taille du secteur public n'est pas choisie directement par les individus au niveau constitutionnel, mais de façon indirecte. Les individus choisissent les règles de prise de décision collective dans un premier temps puis ce sont ces dernières qui dicteront la taille du secteur public (*Ibid.*, p. 209). C'est une nouvelle raison qui pousse les auteurs à s'intéresser aux règles de choix qu'il est possible

---

1 « *the organization of collective action through simple majority voting tends to cause a relative overinvestment in the public sector* ».

2 « *any form of vote-trading, extending from simple logrolling to full monetary side payments (open buying and selling of votes), tends to allow individual intensities of preference on political issues to be more fully expressed* ».

d'adopter. Si la taille du secteur public est trop restreinte, comme semble l'expliquer Downs, c'est que les règles de choix collectif en place sont problématiques. En l'occurrence, il s'agit du vote à la majorité absolue. Ainsi, Downs ne peut pas à la fois regretter que le budget du gouvernement soit trop faible et ne pas vouloir remettre en cause les règles de choix utilisées. Ainsi, c'est en jouant le jeu de Downs, qui estime que le budget est trop restreint avec les règles en vigueur, alors même que les auteurs pensent tout le contraire, que ces derniers tournent le premier en dérision et renforcent leur plaidoyer pour un changement de règles.

Ainsi, si l'on souhaite que le budget soit conséquent, encore faut-il que la règle de choix collectif mise en place soit efficace. Or, en revenant sur les développements de Tullock, enrichis notamment à l'aide de la théorie des jeux, et sur la conclusion selon laquelle le vote à la majorité produirait des résultats instables et insatisfaisants, les auteurs ont montré que le vote à la majorité n'entrait pas dans ce cadre. Profitant par ailleurs de l'occasion pour écarter une nouvelle fois les remarques faites par Downs de sorte qu'elles ne puissent ensuite leur être retournées, il reste alors à Buchanan et Tullock à poursuivre leur étude commune en revenant notamment sur l'importance de la règle de vote à l'unanimité, déjà évoquée par les auteurs dans leurs travaux exploratoires.

2. De l'importance de la règle unanime

La règle de l'unanimité a occupé les travaux exploratoires de Buchanan et Tullock comme nous l'avons montré précédemment. Ainsi, Buchanan fait déjà état de son importance dans ses travaux de 1954 se référant à Wicksell quand Tullock convoque cette règle dans ses derniers travaux pré-*Calculus* et notamment dans son article italien de 1961. Il parait alors évident que les deux auteurs souhaitent revenir sur cette règle en étoffant leur éloge en sa faveur. Cette défense de l'unanimité est présente tout au long de l'ouvrage et nous nous proposons d'en faire une reconstruction en évoquant les bienfaits soulignés vis-à-vis des problématiques rappelées plus haut puis vis-à-vis d'autres faiblesses du modèle.

2.1. L'unanimité comme réponse aux problèmes de la règle majoritaire

Même si pour les deux auteurs, dans le sillage de la conclusion proposée par Tullock (1959 e), le fait qu'une règle de décision unique n'est pas forcément souhaitable – « il n'y a pas de raison de penser qu'une règle constitutionnelle développée dans le but de voter des lois générales offre un cadre approprié à la promulgation de lois qui ont un impact différentiel ou discriminatoire sur différents groupes de citoyens »[1] (Buchanan & Tullock, *op. Cit.*, p. 22) – une lecture attentive de l'ouvrage révèle leur inclination envers la règle unanime. Celle-ci s'explique par le fait que l'unanimité permet de régler une partie des problèmes soulignés plus haut concernant l'utilisation de la règle majoritaire.

2.1.1. Un moyen d'éliminer les coûts externes

Tout d'abord, l'un des défauts principaux de la règle du vote à la majorité est qu'elle entraîne inévitablement l'apparition de coûts externes pour l'ensemble des membres de la minorité, même si, en réalité, la plupart des règles de décision les entraînent. Ainsi certains individus peuvent prendre des décisions qui les avantagent largement et qui font peser en grande partie les coûts sur d'autres individus, que la coalition gagnante soit formée de 25 % des individus ou qu'elle soit formée de 90 % d'entre eux. Dans ce cadre, des prises de décision irrationnelles apparaissent et des

[1] « *There should be little reason to expect that constitutional rules developed in application to the passage of general legislation would provide an appropriate framework for the enactment of legislation that has differential or discriminatory impact on separate groups of citizens* ».

surinvestissements (sur les routes par exemple) peuvent avoir lieu (*Ibid.*, p. 67). Les auteurs indiquent alors que seule la règle de décision à l'unanimité permet d'éliminer ces coûts externes. Cette conclusion est d'autant plus importante qu'une analyse plus fine de la présence de coûts externes révèle l'existence d'autres problématiques d'envergure.

Dans le cadre de la présence de coûts externes, il peut être décidé que l'État intervienne afin de contraindre les bénéficiaires à redistribuer une partie de leurs avantages aux membres les moins bien lotis. Cependant, la règle de décision majoritaire va entraîner un renversement de situation et l'on va finalement observer l'existence de transferts depuis les membres de la minorité perdante vers les membres de la majorité gagnante, ce qui contredit l'idée que l'on peut se faire de la justice sociale, qui voudrait que les bénéficiaires de transferts soient les individus les plus vulnérables, qui appartiennent bien souvent à la minorité en ce sens que leur capacité à supporter des coûts de négociation élevés pour appartenir à la majorité est très limitée. Buchanan développe cette idée contre-intuitive comme suit : si des transferts sociaux directs existent et sont fortement encadrés par la Constitution, alors la majorité, qui ne reçoit pas de transferts directs, fera en sorte de profiter de son pouvoir pour pousser la minorité à payer plus encore pour des biens et services qui ne bénéficieront finalement qu'à une partie de la société – c'est-à-dire aux membres de ladite majorité. La majorité utilise ainsi l'argent qu'elle transfert vers la minorité pour son propre bien. Les transferts sociaux sont donc remis en question par l'existence même des coûts externes et par le biais du vote à la majorité[1]. De cette façon, on « lève des taxes

[1] En effet, les membres de la majorité doivent procéder à des transferts sociaux en direction des membres lésés de la minorité. Cependant, ces transferts sont utilisés par ces derniers pour payer les coûts externes qui leur sont imposés par les premiers. L'effet des transferts sociaux est donc annulé et finalement ce sont les membres de la majorité qui sont bénéficiaires d'une sorte de transferts de la part de la minorité.

générales pour participer à des bénéfices particuliers »[1] (*Ibid.*, p. 163).

Ainsi, « le vote à la majorité absolue peut produire un gâchis « social » des ressources »[2] (*Ibid.*). C'est donc là une raison de plus pour chercher à faire disparaître les coûts externes et pour prendre en considération l'unanimité comme moyen le permettant.

En outre, l'unanimité permet également dans ce cadre de répondre à un problème nouveau qui relève de la vision que les auteurs ont de la société et donc de leur philosophie politique telle qu'exposée en début d'ouvrage, à savoir la sanctification des libertés individuelles.

En étudiant les taxes qui pèsent sur l'ensemble des individus, y compris sur les membres de la minorité – et qui englobent alors chez eux les coûts externes[3] – les auteurs montrent que les conditions de vie des individus ne sont pas améliorées et même, pire, qu'elles sont dégradées.

Dans le cadre d'un jeu, lorsqu'un joueur estime que son état peut être dégradé du fait de sa participation, il peut décider de s'éloigner du jeu, d'en sortir. Or, dans la réalité du monde politique, il est impossible de se soustraire au jeu politique et les individus qui refusent d'entrer dans une coalition non seulement ne seront pas en mesure de faire porter leur voix, mais, en plus, seront contraints de subir des pertes en termes de bien-être. L'État dispose de la fameuse contrainte légale sur ses administrés, c'est-à-dire qu'il peut imposer des taxes à tous les individus, même à ceux qui souhaiteraient s'extraire des négociations (*Ibid.*, p. 163). C'est là l'expression du contrat social tel que théorisé par Hobbes ou Rousseau et qui repose sur le consentement

---

1 « *levying general taxes to provide special benefits* ».

2 « *simple majority voting rules can produce « social » wastage of resources* ».

3 L'ensemble des taxes qui pèsent sur les membres de la minorité est composé de taxes visant à fournir des biens et services bénéficiant à l'ensemble des individus (eux compris) mais aussi les taxes induites par les décisions de la majorité et dont ils ne tirent pas avantage.

unanime des individus formant société. La règle de vote unanime ici, en faisant disparaître les coûts externes, fait du même coup s'envoler la contrainte légale de l'État sur ce point en ce sens que l'État n'a plus à imposer de décision – et de taxes – à qui que ce soit puisque tout le monde est en accord avec la décision prise.

La prise en considération de la règle unanime doit également provenir du fait que celle-ci permet de la même façon de répondre à un autre problème qui est celui du surinvestissement.

2.1.2. Une barrière au surinvestissement

Une autre problématique récurrente du vote à la majorité est le résultat irrationnel qui s'en dégage, à savoir le surinvestissement. C'est une nouvelle fois Buchanan qui choisit de revenir sur ce point.

Évidemment, comme nous venons de le voir, « l'hypothèse selon laquelle une taxe générale est levée pour financer des bénéfices spéciaux est clairement plus descriptive du monde fiscal réel que le cas inverse »[1] (*Ibid.*, p. 167). Cependant, dans un souci d'exhaustivité, Buchanan décide d'étudier ce second cas, c'est-à-dire le cas où des biens collectifs bénéficiant à tous de la même façon sont financés par des taxes discriminantes. Ici, l'analyse révèle que des jeux à sommes négatives peuvent être joués, qui entraînent un gaspillage des ressources. Ceci illustre pour l'auteur le fait que certains investissements publics devraient être laissés à la sphère privée de l'économie (*Ibid.*, p. 168). Il ressort que tout projet apportant des bénéfices pour l'ensemble des individus ne sera entrepris que si la majorité des décideurs peut faire porter ses coûts sur une minorité. De cette façon, il n'y a

[1] « *The assumption that general taxation is levied to finance special benefits is clearly more descriptive of real-world fiscal institutions than the converse case* ».

aucune limite à l'adoption de projets entraînant un surinvestissement public.

Cela s'explique de la façon suivante : « si la majorité dominante a la possibilité d'imposer l'intégralité des coûts de projets bénéficiant à l'ensemble des individus à une minorité, il suit que tout projet accordant le moindre bénéfice aux membres de la coalition majoritaire, et dont le coût n'excède pas la capacité maximale à payer de la minorité, sera adopté sans sourciller »[1] (*Ibid.*, p. 169). À partir du moment où les coûts du projet dépassent la capacité maximale de la minorité à payer, alors les membres de la majorité doivent mettre en balance les bénéfices reçus en cas d'adoption du projet et les coûts résiduels qu'ils devront supporter. Dans le cas où les bénéfices seraient plus importants, alors les projets seraient également adoptés. Le nombre de projets adoptés dans ce cadre sera d'autant plus grand que les bénéfices marginaux seront mieux estimés que les coûts attenants[2] (*Ibid.*, p. 169).

Une nouvelle fois, Buchanan avance l'idée selon laquelle l'autorisation de procéder à des *side payments* permettrait « qu'aucun jeu à somme négative ne soit jamais joué : c'est-à-dire que les investissements publics « improductifs » ne pourraient pas être entrepris »[3] (*Ibid.*, p. 169).

Il n'y aurait finalement qu'avec une règle de décision très inclusive, autrement dit avec la règle unanime, que ce type de coût et de gaspillage des ressources, pour utiliser les termes de Buchanan, pourraient être évités. De fait, l'unanimité requiert que l'ensemble des individus s'accordent sur la décision à prendre et il parait évident qu'un individu qui

---

[1] « *If the dominant majority is able to impose the full costs of general-benefit projects on the minority, it follows that all projects yielding any benefits at all to the majority coalition members, and costing no more than the maximum taxable capacity of the minority, will be adopted without question* ».

[2] On retrouve ici l'idée développée par Downs en 1960.

[3] « *no negative-sum games will ever be played: that is to say, « unproductive » public investments could never be undertaken* ».

observerait des investissements non-productifs n'accepterait pas de les voter. L'unanimité ne pourrait donc pas être atteinte et les investissements ne seraient pas entrepris.

On voit donc bien ici le rôle que peut jouer la règle de décision à l'unanimité pour régler deux des problèmes principaux soulevés par l'analyse du vote à la majorité. D'une part, elle permet d'éliminer les coûts externes et d'autre part elle limite les surinvestissements. Mais mieux encore, la règle unanime est la solution idéale à d'autres types de problèmes qui n'ont pas encore été soulevés comme la définition de l'intérêt public ou la présence de lobbies, mais que les auteurs vont tout de même indiquer.

2.2. Une solution désignée pour d'autres problèmes d'envergure

La règle unanime aurait de nombreux points positifs et permettrait de régler nombre de problèmes soulevés par l'étude du vote à la majorité. Mais elle permet également de régler un autre souci qui n'a pas encore été évoqué, ni par Tullock dans ses travaux exploratoires, ni par Buchanan : l'existence de groupes de pression sur la scène politique, que Downs avait pourtant bien identifiés dans son ouvrage de 1957.

L'introduction du vote à l'unanimité au niveau constitutionnel a pour avantage de permettre d'éloigner les groupes de pression si influents au moment des décisions opérationnelles. Ces groupes qui, durant la deuxième moitié du XXe siècle « ont été l'un des développements les plus marquants sur la scène politique américaine »[1] (p. 282) ont considérablement « affaibli la prédominance du modèle

[1] « *one of the most significant developments in the American political scene* ».

traditionnel du choix démocratique »[1] (*Ibid.*). En effet, par leur pouvoir politique important, ces groupes occupent un rôle prépondérant dans la prise de décision collective en ce sens qu'ils sont capables de faire infléchir l'opinion de certains électeurs et d'influencer le gouvernement quant à son programme[2].

La règle unanime a le pouvoir d'éloigner ces groupes de la décision finale en ce sens qu'il y a toujours au moins un individu qui ne sera pas sensible aux groupes de pression ou qui aura des convictions si fortes que, si elles s'opposent à celles des lobbies, ceux-ci ne pourront l'en faire changer. Les groupes de pression sont donc découragés dans leur action en ce sens qu'il n'est pas rationnel pour eux de mener des actions très coûteuses de sensibilisation à leur point de vue si un seul individu peut rendre leur action totalement caduque et leur faire perdre tous leurs investissements en temps et en argent. Il apparaît donc sain d'un point de vue démocratique de tenir ces groupes à l'écart en adoptant la règle unanime.

Mais pour asseoir plus encore le rôle important de cette règle de décision, les auteurs vont montrer qu'elle permet également de résoudre des problèmes de nature plus méthodologique comme la présence d'incertitude et permet également d'affiner le critère de Pareto.

D'abord, tout comme Downs, Buchanan et Tullock déploient leur théorie dans un monde frappé d'incertitude dans lequel les individus sont censés être rationnels[3]. Les auteurs indiquent que l'hypothèse de certitude peut être tenue lorsqu'il s'agit d'étudier les choix effectués par un

---

[1] « *has understandably weakened the predominance of the traditional model of democratic choice-making institutions* ».

[2] Voir Downs (1957a) sur ce point.

[3] Le comportement d'un individu peut être qualifié de rationnel quand « l'individu choisit « plus » plutôt que « moins » et quand il est cohérent dans ses choix » (« *when the individual chooses « more » rather than « less » and when he is consistent in his choices* », *Ibid.*, p. 33). Cette cohérence provient de la comparaison entre les choix de l'individu et sa fonction d'utilité.

agent sur le marché économique, mais que le comportement de l'individu au cœur du jeu politique ne peut être étudié que sous l'hypothèse d'incertitude (*Ibid.*, p. 37)[1]. Celle-ci s'entend ici comme le fait, pour un individu qui participe à une prise de décision collective et quelle que soit la règle de choix adoptée, de ne pas connaître le résultat final du choix collectif au moment où il participe à ce choix.

Cependant, Buchanan et Tullock indiquent que bien souvent l'incertitude est surestimée, c'est-à-dire qu'il est possible de la limiter par le biais d'accords passés entre différentes parties qui participent au choix collectif. Certains échanges peuvent alors se mettre en place. Pour aller plus loin, les auteurs indiquent que la mise en place d'accords dans le temps – échanger un vote concernant un choix à faire au moment de l'échange contre une promesse de vote concernant un choix qui sera fait plus tard, c'est-à-dire le *logrolling* dans les études de Tullock – fait que « l'incertitude est éliminée »[2] (*Ibid.*, p. 38). Cependant, l'élimination totale de l'incertitude n'est possible que si l'ensemble des participants s'entend, à défaut de quoi subsiste une certaine dose d'incertitude. Il se trouve que seule la règle unanime permet une telle entente entre tous les individus[3] et est de fait à la base de la disparition de l'incertitude[4].

---

[1] Voir également Buchanan (1954a) sur ce point.

[2] « *uncertainty is elmininated* ».

[3] Notons que deux autres éléments sont soulevés par les auteurs qui sont touchés par la présence d'incertitude mais qui peut dans ce cas difficilement être effacée par des ententes. Il s'agit des coûts et bénéfices que les individus peuvent s'attendre à recevoir ou à se voir infliger. En effet, l'ignorance qui touche l'individu ne lui permet pas de saisir au mieux possible l'ensemble coûts-bénéfices qui pèse sur lui lorsqu'une action publique est proposée. L'incertitude entraîne alors un calcul rationnel de la part de l'individu, qui serait différent de celui qui serait établi en monde certain (*Ibid.*, p. 38). En d'autres termes, l'existence d'incertitude peut entraîner de choix différents de ceux qui seraient faits autrement. C'est précisément le discours tenu par Downs à la fois dans son ouvrage de 1957 et dans son article de 1960.

[4] L'unanimité chez Buchanan et Tullock joue donc l'un des rôles de l'idéologie chez Downs, à savoir un mécanisme visant à réduire l'incertitude.

Ensuite, la discussion du critère de Pareto est rendue nécessaire du fait d'un problème auquel font face Buchanan et Tullock et qui avait déjà été indiqué par Walter Lippmann ([1922] 1965), à savoir la difficulté voire l'impossibilité de définir ce qu'est l'opinion publique et de la cerner.

Alors que Lippmann expliquait dans son ouvrage que l'opinion publique n'existe pas[1], les auteurs du *Calculus* sont moins catégoriques. Si pour eux, il est effectivement compliqué de donner une définition précise au terme d'opinion publique, cette difficulté peut être contournée à l'aide du vote à l'unanimité. En effet, les auteurs indiquent qu'ils estiment que « seuls les changements admis à l'unanimité par tous les membres du groupe »[2] (*Ibid.*, p. 284) sont considérés comme « meilleurs » et que « tout changement qui assure un support unanime est clairement « désirable », et fait dans « l'intérêt public » »[3] (*Ibid.*). Si ce critère peut paraître difficile à atteindre, les auteurs expliquent qu'en réalité, « pour tout changement dans l'intérêt public, un support unanime peut être atteint »[4] (*Ibid.*).

Dans la vie de tous les jours, ajoutent-ils, les décisions sont prises à l'aide de règles qui s'éloignent de l'unanimité. On peut donc s'interroger sur le bienfait de ces décisions pour l'opinion publique. En réalité, dans ces conditions, « on ne peut espérer satisfaire que des intérêts particuliers ou de groupes »[5] (*Ibid.*, p. 285).

Cette discussion renvoie de fait au critère utilisé pour définir la désirabilité ou, en tout cas, la capacité d'une décision à être meilleure qu'une autre. Il s'agit donc de

---

[1] Nous avons discuté de ce point dans le chapitre 1.

[2] « *only those changes that are observed to be approved unanimously by all members of the group* ».

[3] « *Any change that secures unanimous support is clearly « desirable », and we can say that such a change is « in the public interest »* ».

[4] « *for any change in the public interest, unanimous support can be achieved* ».

[5] « *Here we should expect only particular or group interests* ».

s'intéresser au principe de Pareto optimalité. Nous l'avons déjà vu, pour les auteurs, celle-ci ne peut être atteinte sans l'existence de *side payments* ou à minima de *logrolling*.

Mais Buchanan et Tullock vont chercher à dépasser la règle qu'ils s'étaient fixés d'utiliser le critère d'optimalité de Pareto dans leur analyse et c'est le principe même de ce critère qu'ils vont remettre en question. En effet, il est possible de penser que le critère établi par Pareto ne permet aucunement de commenter la désirabilité d'une décision du point de vue de ceux qui la votent et de ceux qui la subissent. Ainsi, une position non optimale au sens de Pareto peut très bien être désirée par les individus, bien qu'elle soit jugée moins efficace d'un point de vue purement économique par la théorie. Dans ce cadre, le critère utilisé jusqu'ici par les auteurs n'est plus adéquat. Buchanan et Tullock vont donc expliquer que même si on leur reprochait l'utilisation de ce critère, la solution qu'ils proposent – à savoir l'adoption de la règle unanime – permettrait de couper court à toute discussion en ce sens qu'elle permet de dépasser le critère.

Les auteurs indiquent ainsi qu'il n'y a que dans le cadre de la règle unanime que l'on peut réellement dire quelque chose à propos de la désirabilité d'une décision, tout en gardant le critère de Pareto comme base de l'analyse. En effet, une décision prise à l'unanimité est forcément désirable et désirée par les individus, sans quoi elle ne serait pas votée.

Les auteurs rappellent que s'il n'est plus possible de changer de position sans dégrader le bien-être d'au moins un individu alors la position présente est par ailleurs Pareto-optimale. « Cela suggère que, lorsqu'une position est atteinte, aucun coût externe n'est imposé à des individus par d'autres individus »[1] (*Ibid.*, p. 190). Ainsi, il est indispensable pour parler d'optimalité au sens de Pareto, qu'aucun coût externe n'existe (*Ibid.*). Une nouvelle fois, la seule règle qui le permet est l'unanimité. Il est alors rappelé que plus la règle de choix est inclusive, c'est-à-dire plus l'on s'approche de l'unanimité,

[1] « *This suggests that, when a position is attained, no external costs are being imposed on the individual by other individuals* ».

moins les coûts externes sont élevés. Par contraposée, l'on peut dire que toute règle de choix ne requérant pas l'unanimité des voix est par définition porteuse de coûts externes.

La règle de l'unanimité semble donc être d'une utilité absolue. Elle permet de régler les soucis liés à la présence de coûts externes et au surinvestissement tout en palliant la présence d'incertitude et en garantissant le respect des libertés individuelles et l'adoption de choix désirés par tous – donc optimaux. En ce sens, cette règle semble elle-même optimale. Cependant, elle n'est pas exempte de défauts. Elle engendre en réalité, à l'image du vote à la majorité, l'apparition de coûts. Si ceux-ci n'ont pas à supporter les mêmes défauts que les coûts externes, ils semblent cependant insurmontables.

3. Les limites de la règle unanime

Si la règle de choix à l'unanimité semble être une réponse idéale à nombre de problématiques soulevées tout au long de l'ouvrage, Buchanan et Tullock sont toutefois obligés de reconnaître qu'elle n'est pas exempte de défauts. Le premier d'entre eux concerne les coûts internes que la règle fait peser sur l'ensemble des individus, comme Tullock l'avait déjà annoncé notamment dans son article italien de 1961. Le second défaut que l'on doit reconnaître à cette règle est qu'elle ne permet pas de s'assurer de la stabilité du choix collectif dans le temps. Ces différentes faiblesses révélées, les auteurs s'interrogent alors sur l'opportunité de réfléchir en dehors du cadre démocratique.

3.1. Une règle à la base de coûts internes insupportables

Buchanan et Tullock indiquent que si la règle unanime semble si désirable, elle n'est malheureusement pas si aisée à mettre en place. En effet, il faut réussir à faire en sorte que chaque individu prenant part à la décision soit en accord sur cette dernière et, comme nous l'avons déjà indiqué en évoquant les groupes de pression, il suffit d'un seul individu en désaccord avec les autres pour que la décision ne puisse être prise. Les individus qui souhaitent absolument voir passer une mesure doivent donc convaincre les électeurs indécis ou opposés de voter en faveur de ladite mesure. Il ne s'agit pas de les convaincre du bien-fondé de la décision, mais simplement les pousser à voter en sa faveur. Il faut pour cela consacrer du temps et des efforts afin d'établir un accord. Apparaissent alors des coûts internes ou coûts de négociation (*decision-making costs*)[1].

Ainsi, si la règle de l'unanimité permet d'éliminer complètement la présence de coûts externes, en revanche elle est au fondement de la présence d'un autre type de coûts que sont les coûts internes, entraînés par la nécessité de mettre en place des négociations d'envergure puisqu'elles doivent englober l'intégralité des individus appelés à prendre une décision[2].

Dans ce cadre, chaque individu dispose d'un pouvoir de monopole sur une ressource essentielle à la prise de décision, c'est-à-dire sur son consentement. Ce pouvoir complique considérablement les choses et provoque des coûts de négociation bien trop importants pour être supportés par les individus. Pour le montrer, Buchanan et Tullock proposent d'illustrer graphiquement la relation entre coût interne et nombre d'individus requis pour prendre une décision. Le graphique qu'ils obtiennent est le suivant :

---

[1] Par ailleurs, en passant ces accords, certains individus doivent accepter de faire des choix contraires à leur intérêt individuel, ce qui peut entraîner un coût psychologique supplémentaire.

[2] Les auteurs notent que plus le nombre d'individus entrant dans la négociation est important, plus les coûts « pourraient s'approcher de l'infini » (« *might approach infinity* », *Ibid.*, p. 69).

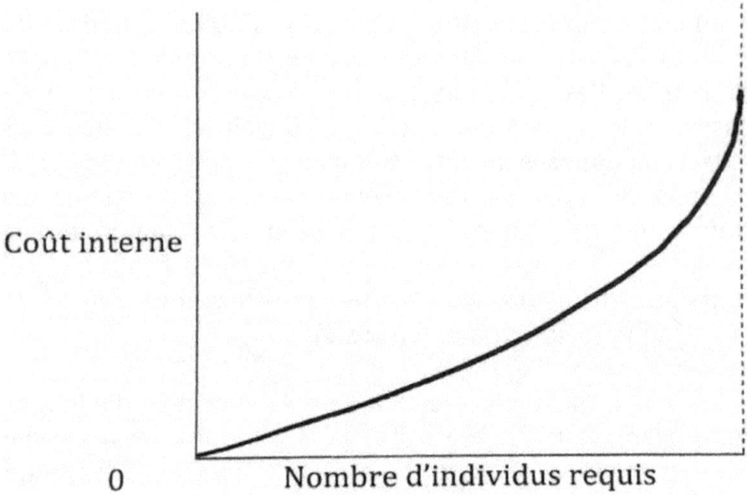

La ligne en pointillés représente l'unanimité et l'on voit bien que c'est à son niveau que les coûts internes sont les plus importants et qu'ils tendent vers l'infini.

Ainsi, bien que la règle de l'unanimité soit la seule permettant d'atteindre des décisions Pareto-optimales à coup sûr, il faut reconnaître que les coûts qu'elle engendre font que « même la Constitution la plus rationnellement construite acceptera que certaines décisions à prendre soient « non optimales » au sens de Pareto »[1] (*Ibid.*, p. 95). En d'autres termes, bien que la meilleure règle au sens de Pareto soit l'unanimité, il est rationnel, pour certains types de décision, de mettre en place des règles qui ne nécessitent pas la décision unanime. L'homme rationnel internalisera l'ensemble des coûts inhérents aux différentes règles de choix au moment du processus de choix des règles

[1] *« even the most rationally constructed constitution will allow some decisions to be made that are « nonoptimal » in the Pareto sense ».*

constitutionnelles qui régiront les prises de décision collectives.

Buchanan et Tullock expliquent alors que les individus tendront à prendre des décisions collectives en s'organisant de façon que les coalitions nécessaires à la prise de décision soient les plus restreintes possibles (*Ibid.*, p. 210).

Un *trade-off* apparaît donc, et qui remet en cause la nécessité absolue de requérir à la règle de vote à l'unanimité : dans le cas où l'on adopterait une règle requérant moins que la majorité absolue des individus, les coûts externes seraient très élevés alors que les coûts de négociation seraient très bas ; inversement, dans le cas où l'on adopterait une règle nécessitant une majorité qualifiée des voix, alors les coûts externes seraient bas, mais les coûts de négociation seraient élevés (*Ibid.*, p. 210). C'est là une première difficulté de taille rencontrée par les auteurs à propos de la règle de choix unanime.

Mais cette difficulté n'est pas la seule que Buchanan et Tullock sont obligés de reconnaître à l'exercice de la règle unanime. En effet, bien que leur but soit de proposer des règles permettant la stabilité des choix collectifs, les auteurs reconnaissent que la règle unanime n'est pas forcément des plus stables.

3.2. Une règle uniquement viable à court terme ?

Nous l'avons indiqué plus haut, la règle unanime est une bonne façon d'éliminer la présence d'incertitude. Cependant, il faut noter que cet avantage n'est recevable qu'à court terme. Les auteurs rencontrent une difficulté d'envergure dans leur analyse lorsqu'il s'agit d'établir des projections à plus long terme. Quand bien même la règle de vote à l'unanimité semblerait régler la majeure partie des problèmes liés à l'utilisation du vote à la majorité absolue tout en permettant d'atteindre des points Pareto-améliorants sur lesquels il est compliqué de revenir, il s'avère qu'elle ne permet pas de réduire l'incertitude à long terme.

Dans ses travaux préparatoires, Tullock avait souligné la présence de cycles. Il expliquait en effet que des coalitions pouvaient être stables sur le court terme, mais que, au fil du temps, et donc sur les moyen et long termes, ces coalitions pouvaient se défaire et se reformer autour d'autres membres. On observait alors des changements cycliques de majorité. Ceux-ci entraînant à leur tour des changements dans les décisions politiques. Si l'on peut penser que la règle unanime, ou de façon plus générale toute forme de majorité qualifiée assure l'atteinte de points Pareto-améliorant, formant ainsi un effet de cliquet, en réalité ce raisonnement n'est tenable qu'à court terme.

Il semble évident que « les règles de vote les plus inclusives tendront à produire des « solutions » qui sont un peu plus stables que les règles les moins inclusives »[1] (*Ibid.*, p. 211). Assurément, une décision prise par, disons, 75 % de l'électorat semble être plus stable que si elle était prise par 25 % de ce même groupe. Or, cela n'est pas certain.

En effet, Buchanan et Tullock expliquent que lorsque les individus sont en présence de coalitions de taille importante, les coûts de négociation sont très élevés d'une part, comme nous venons de le voir, et les bénéfices une fois partagés sont relativement faibles d'autre part. Ainsi, « le « prix » pour lequel les individus peuvent être amenés à abandonner la coalition sera d'autant plus bas que la coalition sera large »[2] (*Ibid.*). Il y a donc deux effets contraires qui entrent en jeu : d'un côté, les coalitions importantes tendent à produire des solutions stables sur une plus longue durée, mais d'un autre côté les coalitions de taille importante sont elles-mêmes instables sur la longue durée.

---

[1] « *more inclusive voting rules will tend to produce « solutions » that are somewhat more stable than less inclusive rules* ».

[2] « *The « price » at which individuals can be induced to abandon the coalition will tend to be lower in the larger coalition* ».

Pour renforcer ce point critique, Buchanan et Tullock indiquent dans leur étude que les théoriciens des jeux estiment que « les propriétés de stabilité des solutions de jeux à n-personnes sont moins prononcées à mesure que le groupe s'agrandit »[1] (*Ibid.*). Un problème pointe alors : si la stabilité des décisions n'est pas clairement assurée à mesure que le nombre de joueurs augmente, le cas de la règle unanime pose question.

Ainsi, les auteurs estiment que dans la réalité, quelle que soit la taille du groupe total, une progression dans le caractère inclusif de la règle de vote « ne semble pas exercer d'effet clairement prévisible sur la stabilité de la solution obtenue »[2] (*Ibid.*). De fait, « toute conclusion reliant des propriétés de stabilité aux règles elles-mêmes serait ainsi probablement prématurée »[3] (*Ibid.*). Par cet aveu, Buchanan et Tullock fragilisent leur argumentaire en faveur de la règle unanime qui, certes, permet de régler le problème des coûts externes, mais n'autorise pas à se projeter sur des décisions de long terme qui pourraient limiter l'incertitude.

3.3. Démocratie et autocratie

La conclusion pessimiste quant aux propriétés de stabilité intrinsèques des règles applicables au choix collectif dans le cadre d'une démocratie directe ainsi que l'étude des coûts internes et externes qui sont liés pousse les auteurs à s'interroger sur le statut de ces règles dans le cadre d'un gouvernement représentatif[4]. Ce choix est exprimé par

---

[1] « *game theorists argue that the stability properties of solutions to n-person games become less pronounced as the total group is enlarged in size* ».

[2] « *would not seem, a priori, to exert any clearly predictable effect on the stability of solutions obtained* »

[3] « *any general conclusions relating the stability properties to the rules themselves would probably be premature* ».

[4] L'on peut rappeler ici que ce cadre du gouvernement représentatif a en quelques sortes été dressé par Downs dans son modèle de 1957. En effet, rappelons que dans son ouvrage, Downs indique que le gouvernement, et les partis politiques de façon générale, à l'orée de la période électorale,

Buchanan et Tullock lorsqu'ils indiquent que dans le cadre de la démocratie directe, et quelle que soit la règle de choix employée, bien souvent les coûts liés à la prise de décision – coûts internes ou externes – sont trop élevés en dehors des unités politiques de faible taille qui doivent gérer quelques problématiques bien précises. Dans le cadre général, « un individu déciderait probablement de confier un maximum d'activités qui reviennent traditionnellement à l'État au secteur privé »[1] (*Ibid.*, p. 212). Concernant les activités qui ne peuvent être retirées à la gestion de l'État, l'individu amené à choisir au niveau constitutionnel des règles pour la prise de décision collective privilégierait les règles les moins inclusives. Cela s'explique par le fait que le groupe d'électeurs est si large que des règles inclusives feraient supporter des coûts internes bien trop importants à chaque individu souhaitant faire coalition. Il existe cependant une autre façon pour les individus de réduire les coûts tout en laissant à l'État et donc à la décision collective la mise en place de certaines activités : l'introduction d'un gouvernement représentatif.

Bien sûr, la représentativité présente également des défauts. Ainsi, Tullock a déjà indiqué que les problématiques liées au vote majoritaire direct se retrouvaient dans les assemblées et que d'autres problèmes pouvaient même émerger concernant le degré d'information des électeurs. Cependant, dans le cas présent, elle peut être une solution à étudier.

---

envoient des intermédiaires prendre le pouls des électeurs en ce sens qu'ils ont comme mission de faire remonter leurs souhaits et leurs attentes. Le gouvernement construisant ses propositions et son programme électoral sur ces volontés exprimées par les électeurs, Downs se place face à une sorte de gouvernement représentatif des volontés des électeurs bien qu'il confine son analyse à la démocratie directe. Il y a donc chez Downs une sorte de chevauchement entre ces deux types de gouvernance.

[1] *« the individual [...] would leave many traditional activities of the State to be organized in the private sector ».*

Il reste alors à déterminer le degré de représentation optimal. Deux extrêmes existent : d'un côté la démocratie directe qui veut que chaque électeur ait un poids égal dans la prise de décision et soit représenté par lui-même[1] ; d'un autre côté, la dictature où un seul individu « représente » l'ensemble du groupe et prend seul toutes les décisions. Si l'on ne s'intéresse qu'au souci des coûts internes que provoque la règle unanime, alors la dictature semble être « la règle la plus efficiente de prise de décision collective »[2] (*Ibid.*, p. 99) en ce sens qu'elle élimine complètement ces coûts. Cependant, une nouvelle fois le *trade-off* entre coûts internes et coûts externes apparaît en ce sens que la dictature entraîne des coûts externes importants à bien plus d'individus que ne l'imposent des règles de vote démocratiques. Ainsi, si un individu estime qu'à un moment ou à un autre une décision prise par un dictateur, aussi bienveillant qu'il puisse l'être, lui causera des dommages, alors « il n'acceptera rationnellement jamais que la délégation d'un important pouvoir décisionnel ne revienne qu'à une seule unité »[3] (*Ibid.*). De plus, la mise en place d'un système dictatorial est contraire aux valeurs philosophiques développées par les deux auteurs. En effet, rappelons que ceux-ci ont débuté leur analyse en indiquant placer les libertés individuelles comme fondement de la société qu'ils étudient et qu'ils veulent doter de règles efficientes.

Il reste à placer le curseur entre ces deux extrêmes. Ainsi, dans tous les cas intermédiaires, quatre décisions sont à prendre. D'abord, il faut choisir un cadre légal pour désigner les représentants. Ensuite, il faut choisir les règles que suivront ces représentants pour prendre des décisions, puis le degré de représentation des représentants – c'est-à-dire la

---

[1] Il s'agit de la solution privilégiée et défendue par Downs dans son article de 1960.

[2] « *the most efficient rule for collective decision-making* ».

[3] *« he will never rationally support the delegation of important decision-making authority to a single unit »*

proportion du groupe que chaque représentant représente[1] – et enfin la base de la représentation – base géographique ou sociale par exemple. Les auteurs nomment ces quatre étapes « les quatre variables constitutionnelles essentielles »[2] (*Ibid.*, p. 213). Dans le meilleur des cas, ces quatre éléments étant liés – par exemple, les deux derniers points dépendent des deux premiers –, il faudrait les choisir en même temps. Ici, Buchanan et Tullock ne s'avancent pas dans le choix d'une règle et se contentent de fournir cet élément de réflexion permettant aux individus de choisir eux-mêmes la règle qu'ils souhaitent voir appliquée à leur société.

4. Conclusion

L'analyse proposée par Buchanan et Tullock dans leur ouvrage repose en grande partie sur les travaux exploratoires des deux hommes. Les articles de Tullock, notamment, en forment le noyau. Ainsi le but des auteurs est d'étudier les diverses règles permettant une prise de décision collective efficiente. Par efficiente, il s'agit de trouver une règle limitant au maximum les différents coûts et produisant des solutions stables tout en garantissant les libertés individuelles. Cette étude vient former le dernier pan d'un triptyque qui s'est établi sur près de deux décennies. Le premier pan consiste en une réflexion philosophique et politique portée par Buchanan. Le deuxième volet est formé des travaux plus pratiques développés par Tullock. La troisième et dernière face du triptyque est la démonstration théorique contenue dans le *Calculus of Consent*.

Ces travaux nous ont permis de voir que, suivant le cadre analytique établi en tenant notamment compte des desiderata philosophico-politiques des auteurs, la règle de

[1] Notons que ce troisième point n'apparaît pas dans les deux cas extrêmes pour lesquels la question ne se pose même pas.
[2] *« the four essential constitutional variables »*.

vote à la majorité entraîne l'apparition de nombre de problématiques qui peuvent être réglées par l'imposition au niveau constitutionnel de la règle de décision à l'unanimité. Cependant, si celle-ci peut être vue comme une solution radicale à certains soucis liés notamment à la présence de coûts externes, elle est au fondement de l'apparition d'autres problèmes liés notamment cette fois-ci à la présence de coûts internes qu'il est difficile de surmonter autrement que par un changement de cadre politique, c'est-à-dire en passant d'une démocratie à une autocratie. Mais là encore, la solution proposée laisse perplexe en ce sens qu'elle s'oppose aux présupposés des auteurs tout en ne réglant pas l'ensemble des problèmes pour autant.

Buchanan et Tullock vont alors, chacun à leur façon, poursuivre leur réflexion à propos des solutions qu'il conviendrait de proposer.

Une saine et forte Constitution est la première chose qu'il faut rechercher.
Jean-Jacques Rousseau (*Du contrat social*, 1762)

Chapitre 5. La Constitution comme piste de réflexion privilégiée

Le *Calculus of Consent* a permis au *Thomas Jefferson Center* de gagner en notoriété, qui a bénéficié au développement du champ de recherche du *public choice* et au développement de l'école de Virginie dans le monde académique. Le centre a ensuite pris le nom de *Center for the Study of Public Choice* lors de sa mise en place par Buchanan et Tullock à la Virginia Tech puis à l'université George Mason. Mais le programme de recherche du *public choice* doit également son expansion à la création d'une société savante. Les encouragements reçus par les auteurs de la part de John Rawls ou William Riker, ainsi que quelques comptes-rendus favorables de l'ouvrage (Buchanan, 2012, p. 254) ont poussé à la formation, dès 1963, d'un groupe informel de chercheurs[1], le *Committee for the Analysis of Non-Market Decision-Making* à Charlottesville (Medema, 2011, p. 230) avant de prendre le nom de *Public Choice Society*. Downs fait partie, aux côtés de Tullock et Buchanan, des économistes présents à la première réunion de la société. Le programme de recherche du *public choice* s'est ensuite élargi avec la participation de nouveaux universitaires, mais toujours dans l'optique « d'appliquer l'économie à la science politique »[2] (Boettke & Marciano, 2015, p. 57). Ainsi, « le postulat de rationalité, l'analyse de la concurrence et l'équilibre en résultant »[3] (*Ibid.*) sont devenus

---

1 Les premiers membres du groupe sont Buchanan, Tullock et Paul David (Medema, *op. Cit.*, p. 230).

2 *« the application of economics to political science ».*

3 *« The rationality postulate, the examination of competition, and the resulting equilibrium ».*

les fondements de l'approche des économistes affiliés au *public choice*. Ce dernier point attire particulièrement notre attention lorsque l'on sait combien la thématique de l'instabilité – et donc du déséquilibre – a été importante dans les travaux de Buchanan, Tullock et Downs que nous avons vus jusqu'ici. Cet engouement qu'obtient le *public choice* a poussé à la création en 1966 d'une revue scientifique dédiée à ce nouveau programme de recherche, et qui existe encore aujourd'hui, *Public Choice*[1]. Ces divers éléments ne pouvaient qu'encourager les auteurs à poursuivre leurs analyses tant celles-ci semblaient pertinentes et bien que le *Calculus* n'ait pas permis de trouver de solution parfaite aux problèmes soulevés.

Comme nous l'avons vu dans les chapitres précédents, depuis le milieu des années 1940 et de façon plus importante entre la fin des années 1950 et le début des années 1960, Buchanan, Downs et Tullock ont proposé des analyses inquiètes du fonctionnement de la démocratie, indiquant des failles, des dysfonctionnements de natures différentes qu'ils ont alors cherché à régler soit en enrichissant le cadre analytique de leur étude afin de mieux coller à la réalité, soit en se servant des conclusions dictées par leur modèle pour réfléchir aux changements possibles qui pourraient intervenir dans cette réalité. Les diverses pistes évoquées étaient tantôt le recours à d'autres disciplines, tantôt le constitutionnalisme, et même l'autocratie.

La première piste nous renvoie aux travaux de Downs, qui cherchent à comprendre la démocratie telle qu'elle fonctionne. La piste constitutionnelle correspond à la vision que Buchanan a apportée dans le débat, soit directement à travers ses travaux, soit en conseillant à Tullock d'y penser dans ses travaux exploratoires[2]. L'autocratie enfin a été évoquée par Buchanan et Tullock dans leur ouvrage avant

---

[1] À sa création, la revue prend le nom de *Papers on Non-market Decision Making* avant de prendre son nom actuel en 1968 (Medema, 2011, p. 231).
[2] Voir le deuxième point du chapitre 3 du présent ouvrage.

d'être, comme nous l'avons vu, balayée notamment pour des motifs philosophiques et politiques.

Cependant, il faut noter que seule la piste constitutionnelle a donné naissance à une véritable littérature, nommée aujourd'hui *constitutional economics* alors que les deux autres n'ont pas été particulièrement suivies. Il convient alors d'essayer de comprendre les raisons de cette suprématie et de cette longévité de la piste constitutionnelle par rapport à la démocratie absolue ou à l'autocratie. Une nouvelle fois, l'étude des apports réalisés dans ces trois directions par ceux qui les ont initiées, à savoir Downs, Buchanan et Tullock, peut permettre de comprendre la plus grande importance de la voie constitutionnelle.

En réalité, les différentes pistes n'ont pas été poursuivies de la même façon par les trois auteurs.

Les travaux de Buchanan après 1962 « ont régulièrement été traités par le biais d'une approche constitutionnelle du *public choice* »[1] (Holcombe, 2013, p. 25). Cette approche, adoptée par Buchanan peut être relevée dans différentes publications. D'abord, elle est développée dans des articles publiées dans les années 1960 et 1970 qui s'intéressent chacun à un point précis de la théorie constitutionnelle de l'auteur. Ensuite, elle constitue un élément de réflexion de différents ouvrages comme *The Limits of Liberty : Between Anarchy and Leviathan* (1975) ou *The Power to Tax : Analytical Foundations of a Fiscal Constitution* (1980) coécrit avec Geoffrey Brennan. Enfin, l'ouvrage qui nous parait le plus essentiel pour comprendre la pensée constitutionnelle de Buchanan est *The Reason of Rules : Constitutional Political Economy* (1985), une nouvelle fois coécrit avec Brennan.

De leur côté, « les travaux de Tullock se sont étendus à des applications plus larges »[2] (Ostrom, 2012, p. 427) englobant des travaux divers – mais non moins importants – sur la recherche de la rente ou encore la bureaucratie. Seuls deux

---

[1] *« has taken a consistently constitutional approach to public choice ».*

[2] *« Tullock's work extends to a wider range of applications ».*

articles, publiés en 1967 et 1981, nous semblent succéder à l'analyse de la démocratie telle qu'effectuée entre 1958 et 1962. Deux autres articles, publiés dans les années 1970 ainsi qu'un ouvrage – *Autocracy* – publié en 1987 sont quant à eux dédiés à l'analyse de l'autocratie, évoquée et pourtant écartée des années plus tôt.

Après avoir étudié le fonctionnement démocratique puis le fonctionnement de la bureaucratie[1], Downs a quant à lui peu à peu abandonné l'économie du politique pour n'y revenir que très ponctuellement. Il se tourne dès le milieu des années 1960 vers d'autres champs de recherche comme l'économie du crime ou l'économie urbaine[2]. Bien que l'auteur poursuive sa correspondance avec Tullock, la teneur des échanges n'est plus la même. Ainsi, une série de lettres datant de 1965 à 1970 fait par exemple état de problématiques liées au fonctionnement des prisons (Downs, 1970a et 1970b, Tullock, 1965, 1969, 1970a, 1970b et 1970c). En réalité, il nous apparaît que, en dehors d'articles revenant sur sa contribution de 1957, seul un travail publié en 1987 apporte un complément d'analyse nouveau du fonctionnement démocratique, et qui répond en quelques sortes et sans l'expliciter, aux questionnements soulevés par Tullock dans les années 1970.

C'est par l'étude de cette littérature que nous allons montrer que la division entre impérialisme économique d'un côté et ouverture disciplinaire d'un autre côté s'est poursuivie. Des disparités de traitement au cœur de ces cadres de réflexion expliquent à notre avis la victoire des *constitutional economics* d'autant plus que, comme nous allons le voir, aussi bien Tullock que Downs donnent

[1] Downs publie notamment en 1964, sous l'égide de la RAND Corporation, *Inside Bureaucracy*, ouvrage considéré comme un classique de l'analyse de la bureaucratie.

[2] À ce titre, Downs publie de nombreux ouvrages ayant comme objet l'immobilier, le trafic routier, les aires métropolitaines ou tout autre objet en lien avec l'urbanisme.

implicitement raison à Buchanan de traiter de la Constitution dans leurs travaux respectifs.

1. S'échapper des règles démocratiques pour les repenser

Le politiste William C. Mitchell note que l'ouvrage de Buchanan et Tullock n'a pas été favorablement reçu par tous ses collègues. « Le raisonnement économique appliqué à des problématiques politiques n'était pas inconnu des politistes, étant donné que nombre d'entre eux avaient lu, et même accepté plusieurs éléments de l'ouvrage de Downs »[1] (Mitchell, 1989, p. 201) mais le *Calculus of Consent* était plus abstrait, normatif et abordait des sujets moins familiers comme le choix rationnel des règles constitutionnelles[2] (*Ibid.*, p. 202)[3]. C'est Buchanan qui est en réalité l'instigateur de la volonté de porter la réflexion au niveau constitutionnel dans le *Calculus* et il n'est pas étonnant que « les recherches de Buchanan [aient] continué à s'intéresser à l'économie politique constitutionnelle »[4] (Ostrom, 2012, p. 427) si bien qu'il est reconnu comme étant « l'un des fondateurs de l'économie constitutionnelle »[5] (Voigt, 1999, p. 1). L'on peut

---

[1] *« political scientists were not unfamiliar with economic reasoning about politics for many had read and even accepted various elements of Down's An Economic Theory of Democracy »*.

[2] Cette importance de la Constitution apparaît en réalité sur la couverture-même de l'ouvrage dont le sous-titre est « *Logical Foundations of Constitutional Democracy* ». Buchanan note par ailleurs que « dans les années 1960, l'état de la science politique américaine était dans un piteux état du fait de sa négligence de l'analyse constitutionnelle » *(« in the 1960s, the state of American political science was indeed woeful in its neglect of basic constitutional inquiry »*, Buchanan, 1999, p. 152).

[3] Notons par ailleurs que, comme nous l'avons indiqué dans l'introduction du précédent chapitre, Mueller fait de la réflexion constitutionnelle l'une des quatre principales contributions du *Calculus*.

[4] *« Buchanan's work has continued to focus on constitutional political economy »*.

[5] *« one of the founders of constitutional economics »*. Notons que d'autres auteurs comme Hayek peuvent également être considérés comme ayant participé à la formation de l'économie constitutionnelle.

reconstituer la pensée de Buchanan à propos de la Constitution par le biais de l'étude de plusieurs articles qui sont chacun consacrés à un point précis de l'analyse constitutionnelle. Mais un ouvrage rédigé avec Geoffrey Brennan offre une synthèse de tous ces points et donc un survol de l'ensemble de la pensée constitutionnelle de Buchanan. C'est donc en deux temps que nous allons procéder à cette reconstitution.

1.1. L'analyse progressive de la Constitution

Dans ses travaux, Buchanan propose d'ajouter à l'analyse post-constitutionnelle – l'étude des stratégies des individus à l'intérieur d'un cadre défini – une réflexion pré-constitutionnelle ou métaconstitutionnelle visant à examiner le choix des règles elles-mêmes. Par ce nouveau niveau d'analyse, Buchanan a « étendu le paradigme néoclassique à un niveau qui n'était jusqu'alors pas à sa portée »[1] (*Ibid.*).

Si Buchanan s'intéresse à la Constitution, c'est bien sûr pour élargir la réflexion des économistes et pour tenter de trouver une façon d'allier défense de sa propre philosophie politique et réponses aux faiblesses du fonctionnement démocratique telles que soulevées dans les divers travaux que nous avons vus au long de notre développement. Mieux encore, l'économiste sait que mieux l'on connaît les règles qui structurent les interactions sociales, plus il est aisé de prédire le comportement des individus au cœur de ces interactions (*Ibid.*, p. 8). Ainsi l'étude de la Constitution permet notamment de voir plus clairement les limites de la taxation, celles de l'intervention de l'État ou encore le poids des différentes instances décisionnaires. De ce fait, Buchanan fait de l'économie constitutionnelle un programme de recherche à la fois normatif et positif.

---

1 *« He thus extended the neoclassical paradigm to a level that had previously not been within its reach ».*

L'auteur, cité par Voigt, définit la Constitution comme étant « un ensemble de règles qui contraignent l'activité des individus et des agents dans la poursuite de leurs objectifs ou de leurs fins »[1] (*Ibid.*, p. 9). Voigt ajoute que la norme centrale de Buchanan, qui est en fait tirée de sa volonté de défendre les libertés individuelles comme nous l'avons déjà vu, est qu'aucun objectif individuel ne doit être considéré comme plus important qu'un autre. En d'autres termes, personne ne doit être capable d'imposer quoi que ce soit aux autres. C'est la philosophie politique libertarienne de Buchanan qui s'exprime par cette volonté de défendre coûte que coûte les libertés individuelles. Par voie de conséquence, « aucun objectif social ne peut exister »[2] (*Ibid.*). Étant donné que personne n'a le pouvoir d'imposer ses volontés, il est nécessaire que des accords soient passés et que chaque personne impliquée donne son aval dans le processus. Il n'y a que de cette façon que l'on peut s'assurer qu'une décision prise pour un ensemble d'individu est Pareto-améliorante.

Cet élément de réflexion est repris par Buchanan dès l'année de publication du *Calculus* dans un article qui revient sur des éléments contenus dans l'ouvrage faisant le lien entre vote à l'unanimité et critère de Pareto. Buchanan y rappelle que « les règles du jeu »[3] (Buchanan, 1962b, p. 341) peuvent être choisies de sorte qu'elles permettent l'application du critère de Pareto à toute décision sans qu'il ne soit plus indispensable d'y penser. Ainsi, rappelle-t-il, la règle de l'unanimité fait que chaque individu n'accepte de voter pour une proposition que s'il estime que celle-ci lui est favorable. Toute décision prise à l'unanimité est donc forcément favorable à chaque individu prenant part à la décision, elle est par définition Pareto-améliorante.

---

[1] *« a set of rules which constrain the activities of persons and agents in the pursuits of their own ends and objectives ».*

[2] *« societal goals cannot exist ».*

[3] *« The rules of the game ».*

Cependant, la règle de l'unanimité n'est pas considérée par Buchanan comme une solution miracle. Celui-ci revient, avec Alberto Di Pierro sur cette règle à l'occasion d'un article rédigé en 1969. Les auteurs y indiquent que dans une société dans laquelle les individus n'ont pas forcément tous les mêmes préférences, il peut être compliqué de s'entendre. Pour illustrer cela, Buchanan et Di Pierro expliquent que certains individus peuvent être en faveur de la collectivisation de certaines tâches alors que d'autres pourraient préférer laisser l'activité en question entre des mains privées (Buchanan & Di Pierro, 1969, pp. 101-102). Dans ce cas de figure, l'imposition d'une règle unanime pourrait se révéler inefficace en ce sens qu'elle imposerait des délais trop importants à la prise de décision. Une règle moins inclusive pourrait donc être retenue, mais qui, du même coup, entraînerait l'apparition d'externalités, qui prendraient la forme de coûts externes imposés par les membres de la coalition gagnante aux perdants[1]. Les règles du jeu ne sont donc pas si simples à choisir. Cette difficulté est d'autant plus marquée pour les auteurs que les règles édictées ont vocation à durer. C'est là une différence notable d'avec ce qu'il peut se produire dans la sphère économique et un élément nouveau apporté à la réflexion développée dans le *Calculus*. La théorie économique explique en effet que les consommateurs, aussi bien que les producteurs, font face à des décisions d'achat et de consommation qui doivent être renouvelées très fréquemment (parce que les biens achetés sont consommés ou parce que le capital doit régulièrement être renouvelé), ce qui fait qu'un « processus continu de réajustement »[2] (*Ibid.*, p. 99) est en place : entre deux décisions d'achat, le consommateur par exemple peut ajuster ses choix. Au contraire, dans la sphère politique, le choix des règles ne laisse pas la possibilité de réajustement en ce sens que les règles et l'organisation de la société sont appelées à perdurer. Buchanan confirme ainsi une nouvelle fois sa

---

1 C'est là l'une des problématiques principales du *Calculus* et des travaux précurseurs de Tullock.

2 *« a continuing process of readjustment »*.

volonté de détacher fonctionnement du marché et rouages de la vie politique. « La Constitution ne s'use pas »[1] (*Ibid.*), elle est permanente. C'est ce qui peut expliquer, pour les deux auteurs, que dans un cadre où les décisions ne sont pas prises à l'unanimité, les coalitions majoritaires vont préférer négocier la modification, l'ajout ou le retrait de règles au coup par coup plutôt que de procéder à un changement radical d'organisation constitutionnelle (*Ibid.*, p. 102). Cette explication justifie par ailleurs l'utilisation d'un cadre analytique construit autour de l'hypothèse de vote en série comme cela avait été le cas dans le *Calculus*, mais aussi dans les travaux de Tullock et confirme la différence méthodologique qui existe avec Downs.

Cette façon de procéder à des changements dans la Constitution découle en fait de la vision contractualiste de Buchanan. Celui-ci voit en effet la Constitution comme un contrat passé entre les individus qui forment société. Cela avait déjà été indiqué dans le *Calculus* : en fonction de leurs désirs et de leur vision de ce qui doit être mis en commun ou laissé entre les mains privées, les individus doivent se saisir de l'opportunité qui leur est donnée d'établir leur Constitution. C'est en cela que la vision développée par Buchanan est contractualiste[2]. Il l'indique d'ailleurs très explicitement dans un article publié en 1975, dans lequel il signale que « la légitimité de l'action collective est dérivée de l'accord volontaire, du contrat établi entre des individus qui ont des droits définis »[3] (Buchanan, 1975, p. 123). De fait, « un accord contractuel peut être conclu concernant des

---

[1] *« constitution does not « wear out » ».*

[2] Cette vision provient de la posture épistémologique tenue par Buchanan, à savoir l'individualisme méthodologique. Appliquant cette posture au choix constitutionnel, Buchanan présume que ce sont les individus qui s'engagent dans la prise de décision au niveau constitutionnel. C'est là un point divergent d'avec les politistes, qui estiment alors que ce sont des les individus déjà aux affaires qui doivent dessiner la perspective de la société qu'ils estiment être la meilleure (Ostrom, 1999, p. 127).

[3] *« the legitimacy of collective action is derived from voluntary agreement, from contract among individuals with defined rights ».*

règles qui s'appliquent de façon ultérieure »[1] (*Ibid.*). Ainsi, pour Buchanan, les hommes doivent s'entendre sur les droits qu'ils souhaitent s'accorder dans la société, de sorte à être en mesure de prendre des décisions sur la base de droits convenus plutôt que sur des droits qui seraient naturels ou non établis[2] (*Ibid.*, p. 125).

Il reste à comprendre comment penser ces droits convenus. Comment faire en sorte de proposer des règles de fonctionnement démocratique plus saines que celles mises en place et surtout qui permettent l'expression des volontés individuelles ? Justement, l'étude de la Constitution a pour but, comme Buchanan le rappelle en 1975 dans son ouvrage *The Limits of Liberty*, d'expliquer comment les institutions garantes de la Constitution doivent être formées, d'évaluer les Constitutions déjà en place et de trouver des explications et donc des solutions aux failles de la démocratie. C'est ce troisième point qui était au centre du *Calculus* et qui se voit donc enrichi des deux premiers dans les travaux postérieurs de Buchanan.

1.2. The Reason of Rules, synthèse de la pensée constitutionnelle de Buchanan

Comme nous l'avons indiqué en introduction, les travaux de Buchanan à propos de la Constitution ont donné naissance à plusieurs ouvrages, dont *The Limits of Liberty* que nous venons d'évoquer et qui est peut-être le plus fameux. Mais *The Reason of Rules*, coécrit avec Geoffrey Brennan est sûrement l'ouvrage le plus complet en ce sens qu'il synthétise de façon claire toute la pensée de Buchanan à propos de l'analyse de la Constitution. Les auteurs y offrent un véritable

---

[1] *« Contractual agreement may be reached on rules that operate in subsequent periods ».*

[2] Ainsi Buchanan explique qu'il est plus satisfaisant et intéressant de pouvoir se demander (p. 125) si un accord peut être trouvé (« *can we reach agreement ?* ») plutôt que de savoir si un tel accord violerait de quelconques droits naturels (« *did this violate someone's natural rights ?* »).

plaidoyer en faveur de l'analyse des décisions pré-constitutionnelles.

Les auteurs indiquent d'abord, en se référant à Hobbes, que sans règles – et donc sans Constitution –, les hommes ne pourraient vivre intelligemment ensemble. La Constitution participe donc à la mise en place d'une véritable société et non seulement d'un groupement d'individus autonomes, évitant de ce fait la guerre de tous contre tous évoquée par Hobbes. Il convient alors de bien faire la distinction entre la façon dont les règles sont décidées – la phase pré-constitutionnelle – et la façon dont les décisions sont prises à l'intérieur même des règles – la phase post-constitutionnelle. Parfois, cette distinction est ténue lorsque, par exemple, le législateur agit dans les règles dans le but de changer les règles (Brennan & Buchanan, [1985] 2008, p. 6). Si le comportement des individus à l'intérieur du cadre légal est un objet d'étude usuel, en revanche l'étude du choix des règles elles-mêmes est peu répandue en économie. Pourtant, dans un monde où les individus agissent de façon égoïste à partir de désirs qui leurs sont propres, ce sont ces règles qui facilitent leurs interactions (*Ibid.*, p. 7).

Pour l'illustrer, les auteurs choisissent un exemple parlant à tous, et qui avait déjà été soufflé par Buchanan à Tullock : celui des routes. Il n'est cependant plus ici question de leur financement, mais de leur utilisation. Ainsi, les auteurs indiquent que les usagers du réseau routier ont divers objectifs (déplacement professionnel ou personnel, plaisir de la conduite, *etc.*) et qu'il leur est possible d'utiliser les routes de différentes façons (conduite à gauche ou à droite, vitesse réduite ou élevée, *etc.*). Il faut donc que les règles qui régissent l'utilisation du réseau routier permette à chacun de poursuivre son objectif de façon efficace, c'est-à-dire sans risquer d'accident par exemple. L'on imposera alors aux usagers tout un code à respecter. À l'image de ce code, des règles doivent contraindre les interactions sociales des individus tout en les autorisant à poursuivre leurs objectifs.

À cette réflexion, les auteurs ajoutent une justification économique à l'existence de règles. Si elles permettent aux individus de former et de maintenir une véritable société, cela vient également du fait que les règles produisent de l'information. Dans un monde marqué par l'incertitude et les asymétries d'information, les règles « permettent aux joueurs de prédire les actions de chacun »[1] (*Ibid.*, p. 10). En effet, lorsque des règles sont édictées, l'on peut par exemple s'attendre à voir tout le monde rouler du même côté et à peu près à la même vitesse lorsque l'on prend la route. Il est donc possible d'adapter son comportement à celui des autres individus et de prendre part à du calcul rationnel permettant les anticipations. Seulement, pour que cela puisse fonctionner, il faut d'une part que les règles soient respectées, mais également qu'elles soient durables. On en revient à ce que Buchanan et Di Pierro expliquaient dans leur article de 1969 : la Constitution a vocation à être stable. « Tout changement dans les règles *détruit* l'information »[2] (*Ibid.*). Il faut cependant procéder à une nouvelle distinction cette fois entre conception de la Constitution (*constitutional design*) et réforme constitutionnelle (*constitutional reform*). Lors de la conception de la Constitution, c'est-à-dire en l'absence de règles préétablies, tout ce qui importe est de faire un choix entre différentes règles. Toutes les alternatives doivent être étudiées afin de mettre en place le meilleur cadre légal possible. Il n'y a alors aucun risque de destruction de l'information. Lors de la réforme constitutionnelle en revanche, c'est-à-dire lorsqu'il s'agit de modifier ou supprimer des règles préétablies, il peut y avoir destruction d'information et cela doit être pris en compte. Ainsi, une règle qui s'avérerait meilleure que celle en place pourrait ne pas être adoptée si elle bouleversait complètement les habitudes et l'information que possèdent les individus, car cela pourrait être contre-productif.

Un autre point qui mérite d'être soulevé concernant les règles est le fait qu'elles permettent d'isoler un équilibre en ce sens qu'elles contraignent les possibilités d'action des

---

[1] *« to enable the players to predict each other's actions ».*

[2] *« any change in the rules destroys information ».*

individus. Dans le cadre du vote par exemple, les règles limitent le nombre des électeurs, limitent également les questions qui peuvent ou doivent être mises au vote, la taille du quorum ou encore la taille de la fraction des suffrages permettant d'entériner la décision.

Lorsque les individus ont bien compris l'importance des règles, il leur reste à décider de celles qu'ils veulent appliquer à leur société. Les auteurs reprennent alors le principe de l'unanimité cher à Buchanan et Wicksell. Bien que conscients de la difficulté d'atteindre un accord unanime[1], ils notent qu'il faut bien faire la distinction entre avoir recours à la règle unanime lorsqu'il s'agit de prendre des décisions concernant les règles elles-mêmes et lorsqu'il s'agit de prendre des décisions dans le cadre de ces règles. Dans le second cas, indiquent les auteurs, « les éléments de conflit semblent supplanter les éléments de coopération »[2] (*Ibid.*, p. 29) en ce sens que, lorsque les règles sont définies, les intérêts des individus sont clairement identifiés. Il est donc plus compliqué de s'entendre et de faire des concessions. C'est à ce moment que la règle unanime entraîne l'apparition de coûts élevés. Au contraire, sans règles préétablies, les intérêts individuels ne sont pas encore totalement stables et demandent à être précisés. De ce fait, « la portée d'un éventuel accord sur les règles est forcément plus large que celle d'un accord sur les résultats dans le cadre de règles précises »[3] (*Ibid.*). En d'autres termes, décider des règles qui vont régir le jeu laisse une certaine latitude dans les comportements individuels pour le futur alors que toute décision concernant par exemple une action précise à mener dans le cadre législatif déjà en place interdit l'adoption de tout autre comportement. Il est donc moins improbable

---

[1] Buchanan et Di Pierro étaient revenu sur ce point en 1969, comme nous l'avons indiqué plus tôt.

[2] *« elements of conflict seem to overwhelm elements of potential cooperation ».*

[3] *« The scope for potential agreement on rules is necessarily wider than that for agreement on outcomes within specified rules ».*

d'obtenir un accord unanime lorsqu'il s'agit de décider du cadre que lorsqu'il s'agit d'agir dans ce cadre.

Parmi les règles qui doivent être décidées au niveau constitutionnel figure celle du vote, ce que les auteurs appellent « mécanisme électoral de la démocratie » (« *electoral machinery of democracy* »). Ce mécanisme est devenu une véritable institution démocratique et l'on considère qu'il permet de découvrir la volonté du peuple, le bien commun (*Ibid.*, p. 43). Bien sûr, tous ne le trouvent pas parfait, mais en tout cas, beaucoup s'accordent à dire qu'il est le moins imparfait des mécanismes (*Ibid.*). Bien souvent, ajoutent les auteurs, les défenseurs du mécanisme électoral ajoutent que la règle de choix à la majorité est elle aussi la moins imparfaite des règles de décision collective. Elle permettrait en effet de déterminer la volonté de la majorité des électeurs et qu'il est difficile de connaître les volontés des électeurs d'une autre façon. Mais cette façon de penser est contraire à celle des auteurs et, plus généralement, à la façon de penser des contractualistes. En effet, ces derniers - dont font partie Buchanan et Brennan - mettent l'accent sur le besoin de trouver une façon démocratique de permettre l'expression des désirs individuels, et non d'un quelconque désir commun. Ainsi, les auteurs expliquent que tant qu'elles permettent de découvrir le bien commun et la volonté du peuple, un non-contractualiste ne fera par exemple aucune différence entre une démocratie participative et une monarchie héréditaire (*Ibid.*, p. 44). Il préférera la première forme uniquement si elle est plus efficace que la seconde. Un contractualiste quant à lui fera une distinction claire entre les deux en ce sens que la seconde est une menace pour les libertés individuelles[1]. C'est ce qui explique que Buchanan notamment, mais également Brennan ou Tullock soient prêts à questionner le principe du vote à la majorité, et même à

[1] On voit bien ici encore ce qui fait l'originalité des travaux de Buchanan : ajouter à l'analyse économique pure et à la recherche de l'efficience une dimension philosophique ou politique sous-jacente guidant la réflexion économique.

estimer qu'il ne soit pas le meilleur : s'il permet de déterminer la volonté d'une majorité d'électeurs – il est donc un outil efficace en ce sens – en revanche, il ne s'agit pas de la meilleure façon de permettre aux libertés individuelles de s'exprimer.

Pour convaincre une nouvelle fois de l'importance de repenser la règle majoritaire, Buchanan propose, avec Brennan, de recourir à un nouveau développement théorique, semblable à celui qui avait été proposé dans le *Calculus of Consent*, mais qui a cette fois-ci trait aux transferts sociaux. Cette démonstration repose sur trois individus ou groupes d'individus (A, B et C). Les différents résultats possibles du jeu sont notés [a, b, c] (a correspondant au revenu de A, *etc.*). Sans aucun transfert, la solution du jeu reflète celle du libre marché. On la note M = [ma, mb, mc]. Cette solution est inégalitaire puisqu'il n'y a pas de raison pour que les trois individus ou groupes aient le même revenu exactement. Le gouvernement peut alors décider de procéder à la mise en place de transferts sociaux. La nature de ces transferts, qui peuvent être totalement confiscatoires, doit être déterminée à la majorité. Les individus ou groupes A, B et C sont supposés voter de façon égoïste dans le but de maximiser leurs propres utilités. B et C peuvent alors décider de former une coalition pour accaparer le revenu de A en le transférant entièrement vers eux. La solution du jeu sera alors L = [0, lb, lc]. Mais A peut décider de proposer à C de le rallier pour former une coalition plus intéressante pour lui et dont le résultat sera K = [ka, 0, kc], avec kc > lc. Mais B peut procéder au même calcul et proposer à A de le rejoindre en lui promettant de gagner plus. Un cycle se met alors en place, comme nous l'avions vu dans la démonstration du *Calculus* et le cœur du jeu est vide, toute solution pouvant être battue par une proposition différente. Une stabilité sera donc recherchée de la part des membres de la coalition gagnante afin de ne jamais passer à la minorité. Cependant, une telle stabilité entraîne de fait l'exploitation d'une minorité sur une longue période (*Ibid.*, p. 119). Étant donné que chacun des individus, avant de participer au jeu, ne peut savoir s'il fera partie de la coalition gagnante ou de la minorité, il peut être nécessaire de limiter les prérogatives de la majorité en limitant par exemple les transferts sociaux réalisables, en prévoyant des taux de prélèvement différents en fonction des revenus de départ (*Ibid.*, pp. 121-126) ou tout simplement en proposant une règle différente de la règle majoritaire. Ces décisions doivent justement être prises au niveau constitutionnel car, et c'est « le message central »[1] (*Ibid.*, p. 127) que les auteurs veulent faire passer à travers cet exemple, la règle de choix à la majorité « est un mécanisme hautement imparfait pour assurer la justice redistributive »[2] (*Ibid.*, pp. 127-128).

L'ouvrage de Buchanan et Brennan tente ainsi de convaincre de l'importance de penser la Constitution afin de limiter le fait que l'action de certains individus dans une société ait un impact sur la liberté des autres. Cette contrainte, imposée par la Constitution, a pour but de permettre aux libertés individuelles de perdurer dans une société où chaque individu agit de façon égoïste dans le but de voir triompher ses idées ou ses intérêts. Bien sûr, les auteurs concluent leur développement en indiquant qu'une révolution constitutionnelle, c'est-à-dire un changement total de Constitution, serait idéale mais peu probable. Il est cependant nécessaire que les individus procèdent à des modifications d'envergure dans les règles du jeu sans quoi « les sociétés démocratiques [...] vont s'autodétruire »[3] (*Ibid.*, p. 150).

C'est bien ce constat pessimiste qui a guidé la réflexion de Buchanan tout au long de son œuvre et les différents travaux qu'il a établis ont été au fondement de développements majeurs en ce qui concerne la théorie des Constitutions, qui disposera même de sa propre revue académique dès 1990 :

---

[1] « *The central message* ».

[2] « *is a highly imperfect mechanism for securing distributive justice* ».

[3] « *democratic societies [...] will self-destruct* ».

Constitutional Political Economy. C'est notamment pour ses travaux sur la Constitution et donc pour la réponse qu'il a essayé de donner aux faiblesses démocratiques que Buchanan a obtenu en 1986 le Prix Nobel d'économie.

L'approche constitutionnelle de Buchanan a par ailleurs gagné en importance de façon indirecte, grâce aux travaux que Tullock a menés à propos de l'autocratie. Ce régime politique avait, en effet, été évoqué dans le *Calculus of Consent* comme étant une réponse possible au court-termisme des équilibres au cœur du fonctionnement démocratique et touchant aussi bien les coalitions que les accords passés. Bien que balayée d'un revers de main pour son antagonisme avec la philosophie politique qui sous-tendait l'ouvrage, Tullock a tout de même décidé d'analyser cette possibilité. Or, nous allons voir que, d'après ses propres travaux, l'autocratie serait elle-même oscillante. Il ne s'agirait certes plus ici d'instabilité de quelconques coalitions ou décisions politiques, mais de l'instabilité du régime lui-même.

2. L'autocratie : une possibilité à proscrire

Si l'autocratie est loin d'être une forme nouvelle de gouvernement et que quelques références en sont faites ici et là, Tullock peut être considéré comme « le premier économiste à écrire à propos de l'autocratie et des coups d'État »[1] (Wintrobe, 2012, p. 116). En tout cas, il est le premier à dédier un ouvrage complet à la question en 1987. « L'importance historique des régimes autoritaires, ainsi que l'absence de telles recherches de la part d'autres universitaires affiliés au *public choice*, ont poussés Tullock à consacrer du temps et de l'énergie à l'analyse de cette forme

[1] *« Tullock was the first economist to write about autocracy and the coup d'etat »*.

commune de gouvernement »[1] (Congleton, 2012, p. 140), d'autant plus que le sujet avait été évoqué dans le *Calculus* en tant que solution possible, mais non retenue. Dans ses travaux sur le sujet, Tullock développe une théorie sur l'origine et les changements des gouvernements, qui est « fondée sur la conquête et la domination, plutôt que sur le contrat social, malgré sa contribution au *Calculus of Consent* »[2] (*Ibid.*, p. 141). C'est donc un changement total de paradigme par rapport aux précédents travaux de Tullock et par rapport au programme de recherche poursuivi par Buchanan comme nous venons de le voir. Les travaux de Tullock s'articulent cependant également autour du thème de l'instabilité et cherchent à savoir si le régime politique autocratique peut se révéler stable et donc viable, malgré l'antagonisme qui peut exister avec la philosophie politique prônée par Tullock à travers ses articles et ouvrages centrés sur la démocratie.

En réalité, Tullock a en quelques sortes débuté son travail sur le sujet dès le début des années 1970, notamment avec un article consacré à l'étude de la révolution (Tullock, 1971)[3]. Il est alors question d'étudier l'instabilité d'un gouvernement face à l'action du peuple. C'est donc, par rapport à ce que nous

---

[1] *« The historical importance of authoritarian regimes, together with the absence of research by other public choice scholars, induced Tullock to devote substantial time and energy to analyzing that very common form of government ».*

[2] *« based on conquest and domination, rather than social contract, in spite of his contributions to the calculus of consent ».*

[3] À propos des révolutions, Tullock montre à l'aide d'un modèle que contrairement à ce que l'on peut penser, le bien commun n'est pas le moteur principal de l'action pour les individus qui prennent part à la révolution. Selon lui, les bénéfices ou préjudices individuels attendus de l'action seraient les principales explications au comportement des individus lorsqu'ils hésitent entre prendre part à la révolution ou rester à l'écart. Ce sont donc des motivations individualistes qui sont à la base d'un mouvement pourtant social (Tullock, 1971, pp. 92-93). Ainsi « les révolutions sont levées par des individus qui espèrent en tirer un gain personnel » (*« revolutions are carried out by people who hope for private gain »*, *Ibid.*, p. 99).

avons vu jusqu'ici, une forme nouvelle d'instabilité qui est étudiée.

Bien sûr, l'ouvrage de 1987 reste le travail le plus complet de l'auteur sur la question. Tullock explique dans l'introduction de son ouvrage (Tullock, 1987, p. 1) que si le titre est *Autocracy* et non *Dictatorship*, le choix opéré est tout à fait conscient. Ainsi, il est possible d'analyser les dictatures aussi bien que les royaumes et empires, qui diffèrent pour lui des premières en ce sens qu'ils englobent un caractère héréditaire qui, nous le verrons, a son importance dans la stabilité du régime. De façon plus générale, Tullock souhaite englober l'ensemble des régimes politiques qui ne sont pas des démocraties. Il entend donner une définition stricte au terme de démocratie – et par contraposée une définition large de ce qui n'entre pas dans le giron d'un système démocratique. Ainsi, si pour nombre de chercheurs une démocratie est en place lorsque de nombreux individus prennent des décisions par le biais du vote, la définition ne convient pas à Tullock. Il préfère fonder son analyse sur la définition donnée par Downs et qu'il reprend en la formulant de la manière suivante : « le suffrage universel des adultes doit nécessairement être mis en place pour pouvoir parler de démocratie »[1] (*Ibid.*, p. 5). Tullock ajoute à cette définition que pour parler de démocratie, seule l'existence d'un système électoral ne suffit pas. Encore faut-il que le gouvernement ne soit pas despotique[2]. Ainsi, il montre l'intérêt de son objet d'étude en ce sens que les démocraties définies telles qu'il le fait n'existaient probablement pas avant la Première Guerre mondiale et certainement pas avant 1850 (*Ibid.*).

---

1 *« universal adult suffrage is necessary for the usage of the word 'Democracy' ».*

2 À titre d'exemple, Tullock indique qu'à l'époque d'Athènes, si un système électoral était bien en place, il ne s'appliquait qu'à une certaine catégorie d'individus – les citoyens – d'une part, et d'autre part il existait en parallèle d'un système fondé sur l'esclavagisme et donc sur l'absence de libertés individuelles pour les non-citoyens. L'exemple s'étend au cas de l'Afrique du Sud ou d'Israël au moment où Tullock rédige son ouvrage, c'est-à-dire dans la deuxième moitié des années 1980 (Tullock, 1987, p. 5).

Si les gouvernements autocratiques couvrent une large gamme de régimes politiques, certains menacent cependant plus les libertés individuelles que d'autres, et l'on sait l'importance de ces questions pour Tullock. Ainsi, l'on a d'un côté les régimes autoritaires qui, bien qu'apparentés aux dictatures, laissent une part de liberté aux individus et, d'un autre côté, les gouvernements totalitaires, que l'on observe lorsque « le gouvernement fait en sorte de contrôler tous les aspects de la vie de ses sujets »[1] (*Ibid.*, p. 6)[2]. Tullock cherche donc un moyen de faire correspondre cette analyse avec ses principes afin, sans doute, de pouvoir véritablement considérer l'autocratie comme une solution viable si toutefois son analyse résultait en la disparition des problématiques inhérente à l'exercice démocratique. On pense ici à la présence de coûts de négociation ou aux questions de représentativité du choix effectué.

Concernant la posture et les objectifs des dictateurs en général, Tullock se raccroche une nouvelle fois à une définition proposée par Downs. Si pour ce dernier « les partis politiques ne cherchent pas à atteindre le pouvoir pour être en mesure de choisir des politiques : ils choisissent des politiques pour atteindre le pouvoir »[3] (*Ibid.*, p. 11), il en est de même pour les dictateurs. La seule différence est que dans une démocratie, l'homme politique ou le parti doit proposer des politiques qui conviennent à une majorité d'individus alors que dans une dictature, le nombre d'individus à qui il faut plaire est bien plus restreint (*Ibid.*, p. 12)[4], ce qui limite

---

[1] *« the government actually makes a strong effort to control all aspects of the lives of its subjects ».*

[2] Tullock note par exemple que si le régime franquiste en Espagne était clairement une dictature, en revanche les libertés individuelles étaient moins contraintes que dans le régime staliniste en URSS (*Ibid.*, p. 6).

[3] *« Political parties do not seek power in order to select policies: they select policies in order to seek power ».*

[4] Il peut sembler étrange de dire que le dictateur doit plaire à un certain nombre d'individus si l'on pense que le dictateur est tout puisant mais il faut rappeler qu'il peut être renversé à tout moment et qu'il n'a donc pas forcément toute latitude pour mettre en place les décisions qu'il souhaite. Après tout, comme le note Tullock, « le dictateur [...] n'est qu'un homme

quand même l'adéquation possible entre ce type de régime et la défense des libertés individuelles.

Les bases de sa réflexion étant jetées, c'est par la mise en lumière d'une instabilité chronique que Tullock débute son analyse : il explique en effet que les dictatures sont historiquement transitoires, le dictateur vivant « sous une épée de Damoclès »[1] (*Ibid.*, p. 17) en ce sens que son maintien au pouvoir est très incertain et instable. En effet, il y a beaucoup plus de dictateurs renversés que de dictateurs morts au pouvoir et le principal problème auquel ils font face est justement le maintien au pouvoir (*Ibid.*, p. 19). Le renversement d'un dictateur entraîne la mise en place d'un autre dirigeant, qui va avoir le soutien des instigateurs du Coup, mais qui peut ensuite être à son tour renversé. Un cycle est donc en place qui relève d'une instabilité chronique. Pour Hume, cité par Tullock, « le dirigeant peut contrôler le peuple par le pouvoir de sa police et de son armée, mais il ne peut pas contrôler la police ou l'armée de la même façon »[2] (*Ibid.*, p. 21). Or, l'armée a une importance capitale pour le dictateur d'abord pour encadrer le peuple, mais également pour faire face à toute menace étrangère[3]. Une solution possible est

---

seul » (*« the dictator [...] is only one man »*, *Ibid.*, p. 12) et il est entouré par un nombre important d'individus, qu'il ne doit pas agacer. De fait, toutes ses décisions sont contraintes par les menaces qui peuvent peser sur lui. Tout comme dans tout autre type de régime politique, les actions du dictateur sont donc contraintes (*Ibid.*, p. 116), même si les contraintes du dictateur sont inhérentes à la dictature et différentes des contraintes présentes dans d'autres types de régimes. Il est vrai cependant qu'il est plus facile pour le dictateur de prendre avantage de sa situation de dirigeant pour satisfaire ses proches et ses partisans.

[1] *« under the Sword of Damocles »*. Voir note précédente.

[2] *« a ruler could rule the people by the power of his police and army, he could not rule the police and army by that power »*.

[3] Un dictateur dépend de ses propres forces et de ses alliés pour se défendre contre un ennemi étranger, même si souvent les alliés apportent leur aide dans leur propre intérêt : ils ne veulent pas voir les autres gagner ou par peur de représailles de ceux qui ont demandé l'aide. Une force militaire importante est donc cruciale pour la protection du dictateur face à l'étranger et face aux ennemis domestiques. Le problème reste que cette

pour les dictateurs de s'entendre pour ne pas s'attaquer dans le but de conserver des armées de petite taille. Mais le problème d'une telle entente est qu'elle peut être brisée. De fait, pour maintenir son contrôle sur la police et l'armée, le dictateur doit leur faire comprendre qu'en cas de tentative de Coup, il sera le gagnant et qu'il serait donc vain de se rebeller. Pour ce faire, des lois contre la trahison doivent exister et surtout être dissuasives (*Ibid.*, p. 24). Une autre parade peut être utilisée selon Tullock, inspiré par ses lectures de Machiavel : le dictateur a tout intérêt à récompenser les délateurs, c'est-à-dire les personnes qui auraient vent de tout projet de Coup et qui viendraient le rapporter assez tôt pour tuer le projet dans l'œuf (*Ibid.*, p. 26)[1].

Même si les possibilités sont multiples et peuvent sembler simples à mettre en place, Tullock en revanche indique avoir énoncé les solutions les plus évidentes, mais que toutes les solutions ne sont pas si simples et que sa liste est par conséquent incomplète (*Ibid.*, p. 30). Il ajoute que la littérature est peu dense à ce sujet et sujette à des considérations morales qui empêchent toute étude sérieuse de la dictature en ce sens qu'elle ne fait que l'objet de critiques (*Ibid.*, p. 31). Ainsi, Tullock explique que « la dictature, aussi immorale et mauvaise qu'elle puisse l'être, doit être comprise »[2] (*Ibid.*), et donc étudiée de façon sérieuse sans *a priori* de nature morale.

---

armée peut le renverser. Le dictateur doit donc arbitrer entre préférence pour une menace domestique ou extérieure.

[1] Tullock évoque nombre d'autres subterfuges visant à prévenir les Coups : tuer, exiler, empêcher les groupes suspects d'agir, limiter la taille des groupes dans l'armée, se séparer des individus dont l'influence augmente, rejeter toutes les fautes sur d'autres personnes, solliciter beaucoup d'avis, etc. (*Ibid., passim*). Il est également possible, à l'image de ce que faisait Mussolini, de faire « tourner » les officiers de sorte qu'aucun individu ne puisse personnifier le commandement de l'armé ou d'un groupe de militaires (*Ibid.*, p. 28).

[2] *« Dictatorship may indeed be immoral and wicked, but we should try to understand it ».*

Le principal problème, quand on veut devenir dictateur, est le dictateur déjà en place. Celui qui veut renverser le dictateur fait un investissement en mettant sa vie en jeu dans l'espoir d'avoir un meilleur avenir. C'est donc bien souvent un Coup qui mène au changement de dictateur. Il est organisé par des membres importants du régime. L'homme ambitieux doit convaincre les autres officiels de haut rang qu'il est un homme compétent et qu'il peut gagner, tout en faisant en sorte que le dictateur actuel ne le considère pas comme une menace (*Ibid.*, pp. 139-141). Si le Coup permet de prendre sous contrôle une grande partie de l'armée du pays, mais pas assez pour faire chuter le régime, une guerre civile, vectrice elle aussi d'instabilité, peut apparaître.

La révolution est un autre moyen de déposer le dictateur, mais celle-ci est plus compliquée à mettre en place. En effet, comme Tullock l'avait déjà indiqué dans son article de 1971, la révolution vue comme un soulèvement populaire contre l'oppression est un mythe[1]. En effet, pendant un soulèvement populaire, les individus ont la possibilité d'agir comme des passagers clandestins et, même s'ils souhaitent y prendre part, il faut comparer les coûts (nombreux) et bénéfices (faibles) qui sont attachés à cette action. De plus, un individu rationnel a plus à gagner à dénoncer la trahison qui se prépare plutôt qu'à y prendre part. Seuls les individus avec de forts intérêts publics sont prêts à prendre des risques ou à sacrifier leur vie, mais ceux-ci sont rares. En réalité, note Tullock, les soulèvements populaires sont plus à craindre dans les démocraties, qui ne s'en méfient pas et n'ont donc pas de mécanismes de défense adéquats (*Ibid.*, p. 69).

Face à toutes ces sources d'instabilité, des solutions peuvent tout de même exister, même si elles ne sont pas parfaites.

---

[1] Tullock indique par exemple que la Révolution française n'est pas un soulèvement populaire mais une partie du gouvernement qui en rejette une autre, tout comme la Révolution russe, qui a été fomentée par le Parlement (*Ibid.*, pp. 59-60).

L'une d'elles, sûrement la plus efficace, est pour le dictateur d'instaurer un régime de succession. En effet, le meurtre du dictateur serait ainsi vain en ce sens que le meurtrier ne pourrait prendre sa place. En revanche, en nommant un successeur qui n'est pas de sa descendance pour le remplacer, un dictateur pourrait aussi bien se mettre en danger en ce sens que le successeur, impatient de prendre le pouvoir, pourrait décider de tuer ou de commanditer le meurtre du dictateur en place (*Ibid.*, p. 151). Par ailleurs, le successeur désigné deviendrait lui aussi la cible possible d'un attentat : si le successeur meurt avant le dictateur, il faut que celui-ci choisisse un autre successeur, ce qui motive l'assassinat du premier (*Ibid.*, p. 152). L'ensemble de ces éléments fait que la nomination d'un successeur officiel est rare dans une dictature (*Ibid.*, p. 155).

Une solution possible reste alors la succession héréditaire. Avec ce type de procédure, il n'y a pas besoin de trouver un successeur qui est prêt à devenir une cible – celui-ci est ici désigné dès la naissance – et il est moins probable qu'il veuille s'en prendre à son père. Cependant, là encore la stabilité qu'une telle solution apporterait serait toute relative. En effet, il est arrivé dans l'Histoire qu'un fils se retourne contre son père et il n'est pas à exclure que dans le cas où le dictateur ait plusieurs enfants, ceux-ci soient amenés à se battre – voir à s'entretuer – pour prendre la succession (*Ibid.*, p. 157). Un autre souci pourrait être pour le dictateur de ne pas réussir à avoir d'enfant ou tout simplement de fils. La solution à adopter par ce dernier pourrait alors être d'adopter un fils[1].

---

[1] Pour illustrer son propos, Tullock indique que cette situation s'applique à l'empereur romain Marc-Aurèle (*Ibid.*, p. 157). Cet exemple proposé par Tullock est en fait une erreur. Marc-Aurèle n'a pas eu recours à l'adoption. Il a bien eu deux fils, dont Commode, qui lui succèdera. Cependant, l'on peut noter que Marc-Aurèle lui-même fut adopté par Antonin le Pieux, à qui il succéda. Ajoutons que lorsqu'Antonin le Pieux adopta Marc-Aurèle, il avait eu deux fils, morts prématurément. C'est l'empereur Hadrien qui demanda à Antonin d'adopter Marc-Aurèle ainsi que celui qui deviendra le coempereur de Marc Aurèle, Lucius Aurelius Verus.

Une troisième solution permettant au dictateur de perdurer serait de former un corps électoral – dont les membres peuvent varier à la guise du dirigeant – conseillant le dictateur et, à sa mort, votant pour son successeur. Il s'agit tout simplement du système utilisé par l'Église catholique (*Ibid.*, p. 159) lorsque les cardinaux se réunissent en conclave pour décider de l'identité du prochain pape.

Dans une note terminant son développement, Tullock indique que l'ensemble des questions soulevées dans son analyse restent toutefois sans réelles réponses. Tullock ne parvient donc pas à solutionner de façon satisfaisante l'instabilité chronique des régimes autocratiques. En cela, son analyse révèle les faiblesses de l'autocratie et donc sa faible utilité pour répondre aux problématiques rencontrées par la démocratie et révélées dans ses travaux aussi bien que dans ceux de Buchanan. L'action au niveau constitutionnel semble donc rester la meilleure option à considérer. Cela renforce alors le programme de recherche développé par Buchanan.

Bien sûr, le travail de Tullock à propos de l'autocratie va faire des émules. Des politistes[1], mais également d'autres économistes vont s'emparer des problématiques soulevées pour les approfondir et proposer des analyses différentes, mais pour le moins complémentaires, qui vont cependant garder intact le rôle central de l'instabilité politique.

C'est le cas notamment de Ronald Wintrobe qui, en 1990, prolonge les théories développées par Tullock trois années auparavant à propos des régimes non démocratiques. Étudiant la position instable du dictateur telle qu'indiquée par Tullock, Wintrobe explique que, selon lui, deux outils peuvent être utiles pour se maintenir au pouvoir : la répression d'un côté, qui apparaît déjà chez Tullock, et la provision de services tels que la construction de routes,

---

[1] Voir *e.g.* Petracca 1991, Eckhardt 1991, Zakaria 1997, Przeworski et al. (Eds) 1999, Kugler & Feng 1999, Przeworski et al. [2000] 2009 ou Bueno de Mesquita & Smith 2011.

d'écoles ou d'hôpitaux d'un autre côté (Wintrobe, 1990, p. 852). Le problème, souligne l'auteur, est que le maintien de la répression, qui passe par le financement d'une police et d'une armée est coûteux, tout comme l'est la production de services ou, autrement dit, la distribution de rentes. Un *trade-off* apparaît donc cette fois-ci entre répression et recherche de loyauté (*Ibid.*, p. 854). Ces deux alternatives utilisant des ressources communes, leur niveau n'est pas indépendant. Il faut donc trouver un équilibre entre ces deux outils de façon à assurer la stabilité de la position du dictateur. Cette réflexion de Wintrobe est étoffée et fait l'objet d'un ouvrage publié en 1998 dans lequel l'auteur revient sur les deux leviers d'action que le dictateur peut actionner pour conclure que du *trade-off* que nous venons d'évoquer découle un sentiment d'insécurité de la part du dictateur, qui se traduit par une utilisation excessive du premier levier (Wintrobe, 1998, p. 39), et finalement par une réaction du peuple qui peut être fatale pour le régime.

Daron Acemoglu et James A. Robinson participent aussi à cette volonté de prendre en compte le cas des régimes non démocratiques pour mieux faire le pont avec les régimes démocratiques. Ainsi, en 2006, ils proposent de s'intéresser aux origines économiques du régime démocratique. Mais pour expliquer cela, les auteurs indiquent que les sociétés qui les intéressent et dont ils observent le phénomène de démocratisation sont à la base des régimes non démocratiques et que c'est l'instabilité de ces régimes qui peut mener à leur démocratisation. L'ouvrage d'Acemoglu et Robinson semble être une extension des théories développées par Tullock en 1987 à ceci près que, à leur différence, « Tullock indique que […] l'autocrate ou le conseil suprême, peut assez facilement éviter la révolte populaire »[1] (Congleton, *op. Cit.*, p. 141) alors que cela est plus compliqué pour Acemoglu et Robinson. De plus, comme nous venons de l'indiquer, les auteurs expliquent que l'instabilité du régime

---

[1] *« Tullock argues that […] the autocrat or supreme council can fairly easily avoid a popular revolt ».*

autocratique est ce qui le mène à se démocratiser. Cette instabilité est donc la bienvenue et il n'est pas ici question de trouver des façons de la limiter.

Ainsi, le programme de recherche qu'a souhaité développer Tullock a donné naissance à une certaine littérature. Cependant, celle-ci arrive aux mêmes conclusions : l'autocratie est un régime politique instable et qui, nouveauté par rapport à Tullock, tend même à se démocratiser avec le temps. Ainsi, même les travaux plus modernes renvoient à l'incapacité de l'autocratie à remplacer la démocratie en tant que régime empreint de stabilité. Car si de l'instabilité peut être révélée au cœur du fonctionnement démocratique, en revanche, le régime au moins reste stable, ce qui n'est pas le cas de l'autocratie. Ainsi, dans le cadre d'un régime stable, une action constitutionnelle peut peut-être régler les problèmes liés à son fonctionnement et, une nouvelle fois, la vision de Buchanan est renforcée.

Il reste que les *constitutional economics* sont construits sur un impérialisme économique hérité des travaux de Tullock et Buchanan. La seule alternative qui semble finalement s'offrir est celle développée par Downs en 1957 et qui consiste à penser la stabilité à l'aide des disciplines connexes et notamment de la science politique.

3. Penser la stabilité à l'aide des autres disciplines

Bien que Downs semble avoir peu à peu abandonné la thématique de l'économie du politique comme nous l'avons rappelé plus haut, une nouvelle analyse est proposée par l'auteur en 1987, l'année même de la publication d'*Autocracy* par Tullock. Justement, pour bien comprendre l'origine de cette nouvelle analyse de Downs, il faut s'intéresser à une analyse proposée par Tullock et que nous n'avons pas encore évoquée. Ainsi, bien que Tullock n'ait pas poursuivi son étude de l'instabilité démocratique immédiatement après la publication du *Calculus of Consent*, cette thématique va toutefois l'occuper à travers une analyse qui place le thème de l'instabilité – ou de la stabilité – en son centre. Ainsi, en 1981, Tullock publie un article qui cherche à comprendre pourquoi, si l'instabilité est si prégnante en théorie, la stabilité semble cependant être de mise dans la réalité.

3.1. Instabilité théorique et stabilité empirique

Dans son article *Why So Much Stability*, Tullock (1981) rappelle que l'un des principaux apports de Duncan Black est le fait d'avoir montré que « des problèmes complexes associés à une règle de vote à la majorité font qu'un résultat stable est peu probable »[1] (Tullock, 1981, p. 189). Aucune motion ne peut recueillir la majorité des suffrages contre toutes les autres, toute issue possible du vote peut être dominée par une autre issue. Autrement dit, si l'on considère le vote comme un jeu, son cœur est vide. Cet état des choses est notamment entendu quand bien même la pratique du *logrolling* soit permise, comme nous l'avons vu précédemment.

Cependant, Tullock note que si l'on s'intéresse à ce qu'il se passe dans la réalité, les motions sont généralement votées non sans débat, mais en tout cas sans problème majeur. Il y a donc une tension importante entre les résultats théoriques[2] et les résultats obtenus par le biais d'observations. Dans son article, Tullock cherche donc à comprendre les raisons de cette stabilité réelle observée au moment du résultat des votes. Plusieurs points sont évoqués pour expliquer cette tension entre modèle et monde réel.

D'abord, Tullock développe un argument à propos de l'impact du nombre élevé des électeurs sur le résultat. Il commence par indiquer trois résultats possibles et la façon dont ils peuvent être atteints.

---

1 *« with complex issues and majority voting a stable outcome is unlikely ».*
2 Voir *supra*.

Le premier résultat possible est décidé par un individu seul qui joue avec l'agenda politique pour parvenir à ses fins : « si quelqu'un a le contrôle absolu sur l'agenda politique et une connaissance parfaite des préférences de tous les autres individus, et si tous les électeurs votent en fonction de leurs préférences, c'est-à-dire que l'individu qui contrôle l'agenda est le seul stratège dans le groupe, alors ce dernier peut faire en sorte d'atteindre son optimum »[1] (*Ibid.*).

Le deuxième résultat possible apparaît lorsque personne n'est en mesure de modifier l'agenda politique. Dans ce cas, le résultat du vote se trouvera mécaniquement quelque part autour du centre de la distribution des électeurs.

Le troisième résultat possible est en fait le même que le précédent, c'est-à-dire le fait d'atteindre une solution médiane. Cette fois-ci, ce point peut être atteint en cas de bipartisme. Dans ce cadre, les deux partis « choisiront des politiques proches du centre de la distribution »[2] (*Ibid.*) et donc, quel que soit le vainqueur de l'élection, le programme qui l'emportera sera situé au centre de la distribution[3].

Dans les trois cas, le résultat obtenu est stable ou en tout cas ne provoque pas de tensions particulières. Les explications données sont assez simples dans l'ensemble, car ne prennent pas en compte le *logrolling*. Elles apparaissent cependant plus compliquées en sa présence.

Tullock indique que de nombreuses décisions prises par le gouvernement ont pour but de satisfaire des petits groupes[4] tout en reposant sur l'ensemble des électeurs. Un vote à la majorité devrait normalement empêcher ce type de

---

[1] *« if there is someone with strict control of the agenda and perfect knowledge of everyone else's preferences, and all people always vote their preferences, i.e., the agenda controller is the only strategist among the group, then the agenda controller can achieve his optimum ».*

[2] *« both will choose policies near the center of distribution ».*

[3] Sans le citer, Tullock retrouve ici un résultat développé par Downs (1957a).

[4] C'est en outre ce qu'avait expliqué Downs dès 1960 et que Tullock avait choisi de ne pas prendre en compte du fait du caractère purement individualiste de son cadre d'analyse.

décision à moins que différents groupes de petite taille s'entendent. Il devient alors, pour l'ensemble des membres de ces petits groupes, plus intéressant de participer à une forme de *logrolling* organisé plutôt que de s'en écarter.

À ce titre, les individus peuvent décider de participer à un *logrolling* de façon individuelle ou par le biais de la formation de coalitions. Le premier type de *logrolling* implique que l'ensemble des électeurs doit être inclus à la négociation, ce qui rendrait l'équilibre plus compliqué à atteindre, mais également plus stable (*Ibid.*, p. 192). On peut donc ici expliquer par la théorie la stabilité observée dans le cadre d'un *logrolling* individuel – et ponctuel. Le deuxième type de *logrolling* cependant rend cette compréhension plus compliquée à saisir. En effet, si des coalitions permanentes sont formées, les membres qui n'en font pas partie ont tout intérêt à chercher à renverser la coalition gagnante pour en former une à leur tour, ce qui rend les coalitions fortement instables[1]. Un cycle sans fin peut donc apparaître formé de retournements de coalitions. La seule façon de comprendre la stabilité apparente est alors d'adopter l'explication proposée par von Neumann et Morgenstern, déjà évoquée dans le *Calculus of Consent*, à savoir le fait qu'un individu appartenant à une coalition égalitaire, dans laquelle les trois membres se partagent les avantages de façon égale, n'a pas intérêt à quitter cette coalition pour entrer dans une coalition de type aristocratique (*Ibid.*, p. 194) car dans ce type de coalition, deux membres bénéficient d'une part des bénéfices plus faible que dans le premier cas et le troisième membre – l'aristocrate – détient une part plus importante, mais occupe de ce fait un place dangereuse qui peut être renversée par une proposition de nouvelle coalition venant d'un membre extérieur[2]. Cependant, note Tullock, ce type de coalition est assez rare dans la réalité : « si l'on observe le monde réel, [...]

[1] Buchanan notamment avait démontré cela à l'aide de la théorie des jeux dans le *Calculus*. Voir *supra*.

[2] Notons que c'est la même rhétorique qui a été employée par Buchanan et Brennan à propos de la remise en question du vote à la majorité dans le cadre de décisions de politiques sociales.

l'on ne trouve pas d'exemple de ce type de *logrolling* »[1] (*Ibid*., p. 195).

Tullock trouve donc des explications à la stabilité politique observée dans le monde réel, mais celles-ci ne semblent pas tout à fait le satisfaire. Il explique que « les résultats stables qui sont observés et parfois choisis par le biais des procédures utilisées [...] sont généralement inefficients »[2] (*Ibid*., p. 201) en ce sens que les situations atteintes ne sont pas Pareto-optimales, comme indiqué dans le *Calculus of Consent*[3]. On peut également expliquer ce constat d'inefficience dressé par Tullock par rapport à ses positions politiques. En effet, quand une coalition est stable sur le long terme ou qu'un individu choisit seul la fixation de l'agenda politique pour arriver à ses fins, alors forcément une partie des électeurs doit subir les coûts liés aux décisions prises. Bien évidemment, cela se fait en dépit des libertés individuelles.

C'est en réponse à cet article que, six ans plus tard, Downs vient enrichir l'analyse en proposant une explication à la stabilité observée qui relève de l'ajout de temps long et d'explications tirées de disciplines connexes à la science économique.

3.2. Expliquer l'instabilité par le temps long, les évolutions sociétales et politiques

---

[1] *« If we look at the real world, [...] we find no apparent examples of this kind of logrolling ».*

[2] *« the stable outcomes that are observed and sometimes selected by procedures [...] are generally inefficient ».*

[3] Notons que Tullock a réitéré ces propos dans un article daté de 1986 (Tullock, [1986] 1994) dans lequel il revient sur *Why So Much Stability*. Il y indique que lors de la rédaction de son article en 1981, il estimait que tous les lecteurs dudit article avaient lu le *Calculus*. Cependant, de mauvaises interprétations de l'article en question l'ont mené à en proposer une nouvelle version dans laquelle il débute son analyse par un rappel conséquent du modèle de *logrolling* développé dans le *Calculus*.

En 1987, Downs livre une nouvelle analyse s'inscrivant dans l'étude de la démocratie, des années après avoir délaissé ce champ d'étude. Celle-ci consiste à étudier les évolutions de la démocratie dans le temps et à donner une explication à l'instabilité théorique notamment soulevée par Tullock. Downs explique que les sociétés elles-mêmes ont évolué particulièrement sur trois points qui sont autant d'axiomes centraux de la démocratie : la liberté individuelle – chère à Buchanan et Tullock –, l'égalité et la participation des citoyens au gouvernement (Downs, 1987, p. 119). Ce sont donc là des éléments d'explication tirés de l'analyse politique que l'on retrouve et qui ont trait à l'évolution de la société.

Concernant le troisième axiome, Downs explique que de façon générale les démocraties ont eu tendance à accentuer la participation des citoyens à la prise de décision en ce sens que l'électorat a englobé de plus en plus d'individus alors que tous les citoyens adultes n'avaient pas le droit de vote encore au début du XXe siècle (*Ibid.*)[1].

Downs fait état d'une tension qui a accompagné le développement respectif des deux premiers axiomes. En effet, l'augmentation de l'égalité se traduit souvent par une diminution des libertés et inversement. De fait un *trade-off* apparaît entre liberté et égalité. Le principe de liberté individuelle a évolué de façon conflictuelle : la recherche d'une plus grande égalité au sein de la société a fait que les libertés réelles des personnes placées en haut de l'échelle sociale ont diminué (du fait de la mise en place d'impôts progressifs par exemple) alors que les libertés réelles des individus se trouvant au bas de l'échelle se sont accrues par le biais de l'octroi de nouveaux droits et par l'action de l'État-providence (*Ibid.*, pp. 123-124). À partir de l'évolution de ces trois caractéristiques, Downs construit deux idéaltypes – « prototypes » dans l'article – qui reprennent les trois axiomes, mais qui ne donnent pas le même poids à chacun d'entre eux. Il s'agit des modèles majoritaire et consensuel.

---

[1] C'est ce que nous avons indiqué dans l'introduction générale de l'ouvrage.

Le modèle majoritaire met en avant l'axiome d'égalité entre les citoyens. Aussi, il privilégie le vote à la majorité (*Ibid.*, p. 130). Les pouvoirs sont concentrés entre les mains du parti qui remporte les élections et les autres partis sont exclus de l'exercice du pouvoir (*Ibid.*, p. 131). Downs dresse une liste des caractéristiques de la forme la plus pure de cet idéaltype parmi lesquels on trouve le caractère représentatif de la démocratie ou encore un gouvernement centralisé qui laisse peu de pouvoirs aux échelons intermédiaires. Le modèle consensuel privilégie quant à lui l'axiome de participation des citoyens et impose qu'aucune minorité ne soit négligée (*Ibid.*, p. 130). Les clivages sociaux font ici que le partage du pouvoir entre plusieurs partis est indispensable en ce sens que les minorités doivent avoir voix au chapitre. De la même façon que pour le modèle précédent, Downs dresse une liste des caractéristiques qui doivent marquer la forme la plus pure de ce prototype, à savoir la stricte séparation des pouvoirs aussi bien formelle qu'informelle, un bicaméralisme marqué par le fait que les deux chambres ont un pouvoir équivalent ou encore une décentralisation poussée du gouvernement (*Ibid.*, pp. 133-134). On le comprend ici, la différence majeure entre ces deux idéaltypes est le degré de concentration des pouvoirs dans les mains de la majorité.

Ces deux types de démocratie sont impactés dans leur mise en place et dans leur évolution aussi bien par le degré de clivage qui existe au sein du peuple que par le niveau d'intensité des groupes qui forment la société pour les problématiques politiques, le degré de loyauté de ces groupes ou encore la taille du peuple dont il est question. À mesure que ces éléments évoluent dans le temps, la forme de démocratie qu'ils adoptent évolue et donc l'instabilité démocratique révélée par certains modèles peut être expliquée. Par ailleurs, et c'est là un éclairage supplémentaire que Downs apporte à la théorie développée par Buchanan et Tullock, mais sans pour autant les citer : les règles du jeu politique doivent être choisies par les individus en fonction des caractéristiques que nous venons d'évoquer, car il n'y a que de cette façon que les règles de vote adoptées ou encore le nombre de partis politiques autorisés seront adéquats et permettront à la société de fonctionner (*Ibid.*, p. 141). L'on comprend ainsi que l'instabilité politique peut provenir de mauvaises décisions prises en amont et que si le jeu politique est instable et incertain, c'est parce que les règles de ce jeu ne conviennent pas aux joueurs. Quoi qu'il en soit, le message global que souhaite faire passer Downs dans cet article, et qu'il reprend en guise de conclusion est le fait que la démocratie relève d'un processus dynamique de long terme et non pas d'une construction statique (*Ibid.*, p. 146) et qu'il est normal d'y observer de la stabilité à court terme. Cette conclusion apporte par ailleurs évidemment de l'eau au moulin de Buchanan et de son étude de la Constitution.

C'est donc par le biais d'une théorie politique que Downs fournit des éléments d'explication à l'instabilité à laquelle conclut l'analyse économique pure développée par certains de ses collègues, dont Tullock. C'est donc là un programme de recherche différent de celui des *constitutional economics* dans lequel Downs se maintient. D'ailleurs, d'autres auteurs que Downs ont cherché à poursuivre cette voie du non-impérialisme économique.

En 2011, par exemple, Mario Chacón, James A. Robinson et Ragnar Torvik livrent à leur tour dans un article leur analyse de l'équilibre démocratique apparent à court terme. Dans leur travail, les auteurs expliquent que, de façon générale, la littérature[1] indique que la démocratie a plus de chances de se consolider lorsque plusieurs partis politiques sont en concurrence pour le pouvoir et surtout lorsque chacun d'entre eux, ou du moins plusieurs d'entre eux, ont la possibilité de prendre le pouvoir. Or, pour Chacón et ses coauteurs, « la démocratie émerge en tant qu'équilibre lorsque [...] l'un des partis domine les autres »[2] (Chacón et al.,

[1] Les auteurs citent à ce titre des travaux de Przeworski ou Weingast.

[2] *« Democracy may only emerge as an equilibrium when [...] one of the parties dominates the others ».*

2011, p. 368). Les auteurs indiquent de fait que c'est justement lorsque le pouvoir politique est distribué de façon aléatoire que le système est instable. La stabilité observée viendrait donc du fait que dans la réalité, et contrairement à ce que la théorie suppose habituellement, le pouvoir politique n'est pas réparti aléatoirement entre les partis politiques et que forcément, dans chaque pays, un parti est dominant à court terme, ce qui explique l'observation d'un équilibre de court terme.

Mais les auteurs qui ont suivi Downs sont plus rares que ceux qui ont choisi de poursuivre l'analyse amorcée par Buchanan. Ceci s'explique peut-être par le fait que Downs n'ait pas soutenu son programme de recherche comme Buchanan a pu le faire, abandonnant totalement le champ de l'économie du politique après ce dernier article.

4. Conclusion

Les travaux respectifs de Downs, Tullock et Buchanan à propos de l'étude du fonctionnement démocratique ont ouvert la voie à deux grands programmes de recherche : l'un fondé sur un impérialisme économique - les *constitutional economics* - et l'autre sur la complémentarité entre les analyses permises par différentes disciplines.

Mais c'est bien l'approche constitutionnelle structurée de Buchanan, à la fois plus normative et moins empirique et historique, qui a dominé tous les autres programmes de recherche. En légitimant la possibilité de voter, en limitant les sujets et les propositions mises au vote et en fixant de manière générale l'ensemble des règles du jeu démocratique, la Constitution est un moyen d'agir à tous les niveaux et permet de combler nombre de failles démocratiques simultanément. Cette réponse, portée par Buchanan, s'est ainsi imposée. L'économie constitutionnelle, comme nous l'avons indiqué, dispose de son journal scientifique et a permis à Buchanan d'obtenir le Prix Nobel d'économie alors même qu'il ne reste qu'une petite filiation partant des analyses de Downs.

Le tour de force réalisé par Buchanan, aidé indirectement par les conclusions tirées par Tullock et Downs dans leurs propres travaux, est peut-être en fait d'avoir réussi à proposer avec le constitutionnalisme une synthèse des travaux de ses deux collègues : la Constitution est en réalité un mixte entre contrainte autocratique et liberté de choix démocratique en ce sens que les règles contraignant l'action des individus dans la société sont décidées en amont par ces mêmes individus.

L'histoire est un perpétuel recommencement.
Thucydide (*La Guerre du Péloponnèse*, IVe siècle avant J.-C.)

Conclusion générale

Les débats actuels qui font rage autour des failles de la démocratie ne sont pas complètement originaux. Une étude des travaux d'économie du politique proposés dans les années 1950 à 1960 par les premiers théoriciens du *public choice* le confirme.

Alors que les années d'entre-deux-guerres et d'immédiate après-guerre semblent caractériser une époque durant laquelle nombre de disciplines de sciences sociales cherchent à s'ouvrir les unes envers les autres – c'est ce que nous avons cherché à montrer dans le premier chapitre de cet ouvrage – , un certain nombre d'économistes a pris le pari de s'emparer de problématiques jusqu'alors dévolues aux politistes afin de les étudier sous le prisme de l'économie.

Parmi les pionniers de ce type d'analyse figurent Schumpeter, qui a proposé une définition de la démocratie permettant de ramener son étude dans le giron de la science économique ; Arrow, qui a mis à profit la logique mathématique pour étudier le choix collectif ou Black, qui a formulé de nouveaux outils analytiques permettant de traiter de la problématique politique de façon nouvelle. Buchanan également a participé à cette ouverture de la réflexion économique à d'autres problématiques. Mais à la différence des auteurs que nous venons de citer, ce dernier a choisi de développer une réflexion philosophique à propos de problématiques intéressant à la fois la science politique et la science économique. Ces auteurs ont donc véritablement participé à l'ouverture d'une brèche dans laquelle se sont entièrement engouffrés d'autres économistes, à commencer par Downs.

En effet, c'est bien ce cadre qui a participé à nourrir la réflexion de Downs en ce sens que tous les auteurs cités dans notre premier chapitre figurent dans l'ouvrage de ce dernier, publié en 1957. Cette réflexion relève en réalité d'une volonté émise par l'auteur de mieux comprendre le fonctionnement du gouvernement, mais aussi des hommes et partis politiques dans un cadre démocratique par le biais d'une analyse économique. Ce faisant, l'analyse proposée se veut tout à fait positive en ce sens que Downs propose de théoriser ce qu'il croit voir et comprendre du fonctionnement démocratique. Un modèle électoral est donc proposé pour illustrer ce fonctionnement, qui va donner naissance à des avancées majeures comme le développement de la théorie de l'électeur médian ou encore le paradoxe du vote. Il va cependant révéler des failles de grande importance qui se traduisent notamment par la présence d'instabilité dans le fonctionnement démocratique. Deux formes d'instabilité sont évoquées. D'une part, le risque de voir basculer la démocratie vers un système non démocratique. D'autre part, l'instabilité des partis sur l'échiquier politique du fait de l'existence d'incertitude, qui est à la base de tensions importantes dans le modèle. Pour répondre à ces faiblesses, Downs invoque l'idéologie politique, qui est un élément nouveau pour les économistes d'alors, en tant que mécanisme capable d'expliquer la stabilité observée. Il explique en effet que la présence d'idéologie permet de réduire l'asymétrie d'information entre partis et électeurs. Elle permet d'un côté aux partis d'envoyer des signaux aux électeurs de sorte que ceux-ci puissent estimer le positionnement politique du parti tout en réduisant les coûts liés à la recherche d'informations idoines. D'un autre côté, l'idéologie incite les partis à respecter une certaine stabilité de placement sur l'échiquier de sorte à assurer une cohérence nécessaire à la prise en compte de l'idéologie par les électeurs. Cependant, les réponses que l'idéologie politique apporte aux faiblesses soulevées ne sont que partielles : si la position politique des partis et candidats se trouve fixée et que les électeurs disposent de plus d'information pour réaliser leurs choix, en revanche l'idéologie politique ne permet pas de résorber complètement l'inégale distribution du pouvoir politique à laquelle avait conclu la première version du modèle employé. En effet, l'enrichissement du modèle provoque l'apparition d'autres barrières à une possible distribution égalitaire en laissant pénétrer les groupes de pression dans l'équation. Une seconde tension apparaît donc cette fois-ci entre rationalité et idéologie politique.

La théorie électorale downsienne, bien qu'inquiète, va pourtant faire des émules. Gordon Tullock, notamment, va lire l'ouvrage publié par Downs et s'en inspirer pour proposer à son tour une étude du fonctionnement démocratique par le biais de la méthodologie économique, bien que n'étant pas économiste de formation. Cependant, si Downs fait appel à la science politique pour enrichir son modèle, Tullock l'évacue complètement pour ne retenir qu'une analyse économique fondée sur des présupposés philosophiques et un individualisme méthodologique excluant les partis politiques de l'équation.

Dans ses travaux, Tullock va par ailleurs choisir de recentrer le débat sur un thème moins large que celui embrassé par Downs. Si le vote est au centre de son attention, il ne s'agit pas spécifiquement du vote lors d'élections mais du vote en tant que moyen de prise de décision collective. L'analyse menée par Tullock, et surtout le modèle qu'il construit, vont le conduire à mettre en exergue un autre type d'instabilité au cœur de la démocratie et qui va appeler d'autres mécanismes capables d'y répondre.

Contrairement à Downs, Tullock n'entend pas parler d'instabilité politique au sens où la démocratie serait menacée par l'autocratie ou au sens où les partis politiques ne tiendraient pas de position stable. Tullock entend mettre en lumière la présence de véritables cycles concernant la mise en place de coalitions et par là même de décisions prises par le biais du vote. La réflexion suit ici plusieurs étapes. C'est d'abord l'idée de questionner le principe bien installé de vote à la majorité absolue qui apparaît à Tullock. Ensuite, l'étude de cette règle de choix, et surtout le modèle qu'il utilise, sous-tendu en réalité par ses présupposés philosophico-politiques, le poussent à mettre à jour des faiblesses, de l'instabilité temporelle. Cette mise en lumière des difficultés inhérentes à l'utilisation de la règle majoritaire est faite par le biais d'une démonstration pratique, qui forme un pendant à la réflexion philosophique menée par Buchanan des années plus tôt. Tullock pense alors que la règle peut être améliorée, mais les mécanismes qu'il analyse – au centre desquels se trouve l'exercice du *logrolling*, visant à stabiliser les décisions – ne sont pas parfaits. Une certitude apparaît alors à l'auteur selon laquelle il faudrait repenser les règles de choix. Ainsi, pour lui, différentes règles doivent coexister pour répondre au mieux aux différentes situations qui se présentent. Tullock passe donc du simple questionnement de la règle majoritaire à sa remise en question profonde et l'on passe donc d'une analyse purement positive avec Downs à une analyse normative avec Tullock. En effet, derrière la réflexion du second se trouve un discours politique : il cherche à défendre les libertés individuelles. Ce discours politique sera par ailleurs pointé du doigt par Downs au travers d'une querelle méthodologique entamée avec Tullock. Ce dernier se trouve, en effet, accusé par le premier d'utiliser un modèle analytique ne permettant pas de rendre correctement compte de la réalité. Mais les conclusions du modèle employé par Tullock lui étant bien utiles, celui-ci va balayer d'un revers de main les accusations de Downs. C'est donc une dimension supplémentaire qui est apportée à l'économie du politique par Tullock et qui forme une véritable différence avec l'analyse de Downs. Il rejoint en cela les travaux précurseurs de Buchanan, avec lequel il rédige à la même époque le *Calculus of Consent*.

Le *Calculus of Consent* est en réalité le prolongement à la fois des réflexions philosophiques entamées par Buchanan dans les années 1940 et 1950 et des travaux de Tullock à propos du choix collectif. L'ouvrage est résolument normatif tant il s'appuie sur la philosophie défendue par les auteurs, à savoir la volonté de respecter et de promouvoir les libertés individuelles. Ainsi le but des auteurs est d'étudier les diverses règles permettant une prise de décision collective efficiente. Par efficiente, il s'agit de trouver une règle limitant au maximum les différents coûts et produisant des solutions stables tout en garantissant le respect des libertés individuelles. Cette étude vient former le dernier pan d'un triptyque qui s'est établi sur près de deux décennies : réflexion philosophique et politique portée par Buchanan, travaux plus pratiques développés par Tullock, démonstration théorique contenue dans le *Calculus of Consent*. Ainsi, si les travaux de Buchanan étaient réflexifs et que ceux de Tullock visaient à convaincre le lecteur, le *Calculus* propose une façon d'établir des recherches dans la direction souhaitée par les auteurs afin de mettre leur programme de recherche sur les rails méthodologiques qui font alors autorité. Mais mieux encore qu'un simple prolongement des travaux respectifs des deux auteurs, le *Calculus* met l'emphase sur un nouveau niveau d'analyse. Il s'agit de l'étude de la Constitution. Celle-ci est proposée par Buchanan, qui explique que, plutôt que de chercher à améliorer le fonctionnement démocratique en restant contraint par le cadre légal établi, il peut être intéressant, et plus efficace, de s'échapper des règles du jeu, comme il les appelle, pour les repenser elles-mêmes. L'imposition au niveau constitutionnel de la règle de décision à l'unanimité est alors étudiée plus en profondeur. Cependant, si celle-ci peut être vue comme une solution efficace face à certains soucis, elle est au fondement de l'apparition d'autres problèmes qu'il est difficile de surmonter autrement que par un changement de cadre politique, c'est-à-dire en passant d'une démocratie à une autocratie. Mais là encore, cette possibilité laisse perplexe en ce sens qu'elle s'oppose aux présupposés philosophiques des auteurs tout en ne réglant pas l'ensemble des problèmes pour autant. L'ouvrage ne permet donc pas en l'état de se prononcer sur l'établissement d'une règle de prise de décision définitive et unique permettant de palier les différents problèmes soulevés. Les auteurs vont alors, chacun à leur façon, poursuivre leur réflexion à propos des diverses pistes qui ont été jusque-là empruntées.

De toutes les pistes qui ont été proposées par les auteurs que nous avons étudiés, de l'idéologie politique au *logrolling*, en passant par la majorité qualifiée ou le design constitutionnel, c'est la dernière, plus normative et moins empirique, qui a été suivie le plus sérieusement. En effet, nous avons vu dans le chapitre 5 de notre ouvrage que Buchanan avait poursuivi ses travaux sur le sujet en développant sa pensée à travers plusieurs articles et ouvrages. Ce travail lui a par ailleurs permis d'obtenir le Prix Nobel d'économie en 1986 et d'être reconnu comme l'un des pères fondateurs de l'économie constitutionnelle. Celle-ci est d'ailleurs si bien ancrée qu'elle bénéficie de son propre journal scientifique.

Le travail mené par Tullock à propos de l'autocratie n'a fait que révéler la difficulté de la considérer comme une véritable alternative étant donnée sa forte instabilité. Ainsi, il a participé, d'une façon indirecte au renforcement des *constitutional economics* engendrés par Buchanan.

Les réflexions menées par Downs n'ont quant à elles pas connu le même sort. Il faut dire, et nous l'avons indiqué, que l'auteur n'a pas procédé à un travail soutenu comme Buchanan a pu le faire. En effet, si Downs a proposé de nouvelles analyses s'inscrivant dans la volonté de faire dialoguer sciences économique et politique, en revanche, il a rapidement abandonné le champ de l'économie du politique pour se tourner vers l'économie du crime et l'économie urbaine, alors même que les conclusions de ses dernières analyses d'économie du politique tendaient vers la nécessité de penser le niveau métaconstitutionnel.

Les débats actuels, s'ils ne se réclament pas directement du cheminement emprunté par les auteurs précurseurs du *public choice*, s'inscrivent cependant dans cette tradition analytique inquiète du fonctionnement démocratique. Si les pistes de recherche proposées par Downs, Tullock et Buchanan ne sont plus forcément toujours et partout retenues, les analyses actuelles s'attachent à trouver d'autres façons d'analyser le fonctionnement de la démocratie qui ne sont pas moins pessimistes que celles qu'avaient tenté d'utiliser leurs prédécesseurs.

Références bibliographiques

Acemoglu, D. & Robinson, J. A. ([2006]2009) *Economics origins of dictatorship and democracy*, Cambridge: Cambridge University Press.

Anonyme (2001) « Novedades Editoriales – Economía Política - The Calculus of Consent », *Foro Internacional*, 41(2), pp. 397-398.

Alesina, A. (1988) « Macroeconomics and Politics », *NBER Macroeconomics Annual*, 3, pp. 13-52.

Alesina, A. (2000) « [The Political Business Cycle after 25 Years]: Comment », *NBER Macoeconomics Annual*, 15, pp. 117-124.

Almond, G. A. (1990) *A Discipline Divided. Schools and Sects in Political Science*, Sage Publications, Inc.

Anderson, C. A. (1953) « Reviewed Work(s): Politics, Economics and Welfare. Planning and Politico-Economic Systems Resolved into Basic Social Processes by Robert A. Dahl and Charles E. Lindblom », *Social Forces*, 32(2), pp. 200-201.

Arrow, K. J. ([1951]1963) *Social Choice and Individual Values*, Cowles Foundation for Research in Economics at Yale University.

Arrow, K. (1974 [1951]), Choix Collectif et Préférences Individuelles, Paris : Calmann-Lévy.

Banfield, E. C. (1958) « Reviewed Work(s): An Economic Theory of Democracy by Anthony Downs » Midwest Journal of Political Science, 2(3), pp. 324-325.

Barber, B. (1957) « Reviewed Work(s): A Preface to Democratic Theory by Robert A. Dahl » *Political Science Quarterly*, 72(3), pp. 474-475.

Baumol, W. J. (1954) « Economic Theory and The Political Scientist », *World Politics*, 6(2), pp. 266-277.

Berelson, B. (1952) « Democratic Theory and Public Opinion », *The Public opinion Quarterly*, 16(3), pp. 313-330.

Berelson, B. R., Lazarsfeld, P. & McPhee, W. (1954) *Voting. A Study of Opinion Formation in a Presidential Campaign*, The University of Chicago Press.

Bergson, A. (1958) « Reviewed Work(s): An Economic Theory of Democracy by Anthony Downs », *American Economic Review*, 48(3), pp. 437-440.

Boettke, P. & Marciano, A. (2015) « The past, present and future of Virginia Political Economy », *Public Choice*, 163(1), Special Issue: Symposium on the 50th Anniversary of the Public Choice Society, pp. 53-65.

Boettke, P. & Palagashvili, L. (2014) "James Buchanan's Contributions to Constitutional Political Economy, Institutional Analysis and Self-Governance", *The Journal of Law, Economics and Policy*, 10(3), pp. 649-667.

Bowman, M. J. (1959) Correspondance avec Gordon Tullock concernant la publication dans le *Journal of Political Economy* de "Problems of Majority Voting", Gordon Tullock papers, Box 42, Folder 5, Hoover Institution Archives.

Boyd. R. W., Mencher, P. R., Paseltiner, P. J., Paul, E. & Vajda, A. S. (1988) « The 1984 Election as Anthony Downs and Stanley Kelley Might Interpret It », *Political Behavior*, 10(3), pp. 197-213.

Black, D. (1948) « On the rationale of group decision-making », Journal of Political Economy, 56(1), pp. 23-34.

Black, D. ([1958]1971) *The Theory of Committees and Elections*, Cambridge University Press.

Block, R. N. & Roomkin, M. (1982) « Determinants of Voter Participation in Union Certification Elections », *Monthly Labor Review*, 105(4), pp. 45-47.

Brady, G. L. (2000) "Gordon Tullock: His Development as an Unconventional Economist, 1947-1962" *in* Fishback, P. V., Libecap, G. D. & Zajac, E. (Edts.) *Public Choice Essays in Honor of a Scholar: Gordon Tullock*, Springer, pp. 151-168.

Brady, G. L. & Tollison, R. D. (1991) "Gordon Tullock: Creative Maverick of Public Choice", *Public Choice*, 71(3), pp. 141-148.

Brady, G. L. & Tullock, G. (1996) Formal Contributions to the Theory of Public Choice: The Unpublished Works of Duncan Black, Kluwer Academic Publishers.

Brennan, G. & Buchanan, J. M. ([1985] 2008) *The Reason of Rules. Constitutional Political Economy*, Cambridge University Press.

Buchanan, J. M. (1949) The Pure Theory of Government Finance: A Suggested Approach, *Journal of Political Economy*, 57(6), pp. 496-505.

Buchanan, J. M. (1954a) Social Choice, Democracy, and Free Markets, *Journal of Political Economy*, 62(2), pp. 114-123.

Buchanan, J. M. (1954b) Individual Choice in Voting and the Market, Journal of Political Economy, 62(4), pp. 334-343.

Buchanan, J. M. (1959) Correspondance avec Gordon Tullock concernant "Problems of Majority Voting", Gordon Tullock papers, Box 42, Folder 3, Hoover Institution Archives.

Buchanan, J. M. (1960) Correspondance avec Gordon Tullock concernant un premier jet de l'annexe de leur ouvrage commun, Gordon Tullock papers, Box 42, Folder 3, Hoover Institution Archives.

Buchanan, J. M. (1961) « Simple Majority Voting, Game Theory, and Resource Use », *The Canadian Journal of Economics and Political Science / Revue canadienne d'Economique et de Science politique,* 27(3), pp. 337-348.

Buchanan, J. M. (1962a) « Politics, Policy, and the Pigovian Margins », *Economica*, New Series, 29(113), pp. 17-28.

Buchanan, J. M. (1962b) « The Relevance of Pareto Optimality », *The Journal of Conflict Resolution*, 6(4), pp. 341-354.

Buchanan, J. M. (1975) « Utopia, the Minimal State, and Entitlement », *Public Choice*, 23, pp. 121-126.

Buchanan, J. M. ([1983] 2001) Political Economy: 1957-82, *The Collective Works of James M. Buchanan, Volume 19, Ideas, Persons, and Events*, Liberty Fund, Inc., pp. 38-49.

Buchanan, J. M. (1986) Prize Lecture to the memory of Alfred Nobel, NobelPrize.org

Buchanan, J. M. (1992) *Better than Plowing: And Other Personal Essays*, Chicago: University of Chicago Press.

Buchanan, J. M. (1999) « Response to Ostrom and Schwartz » *in* Alt, J. E., Levi, M & Ostrom, E. (Eds) *Competition and Cooperation, Conversations with Nobelists about Economics and Political Science*, Russell Sage Foundation, pp. 152-153.

Buchanan, J. M. (2004) « Public Choice: The Origins and Developments of a Research Program », *Champions of Freedom: The Ludwig von Mises Lecture Series*, 31, pp. 13-32.

Buchanan, J. M. (2012) « Genesis », *Public Choice*, 152(3), Special Issue: The Calculus of Consent After Fifty Years, pp. 253-255.

Buchanan, J. M. & Di Pierro, A. (1969) « Pragmatic Reform and Constitutional Revolution », *Ethics*, 79(2), pp. 95-104.

Buchanan, J. M. & Tullock, G. ([1962] 1999) *The Calculus of Consent, Logical Foundations of Constitutional Democracy*, The Collected Work of James M. Buchanan, Liberty Fund.

Bueno de Mesquita, B. & Smith A. (2011) The Dictator's Handbook, Public Affairs, New York.

Bye, R. T. (1954) « Reviewed Work(s): Politics, Economics and Welfare by Robert A. Dahl and Charles E. Lindblom », *The American Economic Review*, 44(1), pp. 140-142.

Chacón, M., Robinson, J. M. & Torvik, R. (2011) « When is Democracy an Equilibrium? Theory and Evidence from Colombia's La Violencia », *Journal of Conflict Resolution*, 55(3) Fighting and Voting: Violent Conflict and Electoral Politics, pp. 366-396.

Congleton, R. (2012) « The constitutional political economy of Gordon Tullock », *Public Choice*, 152(1), pp. 131-136.

Congleton, R. (2013) "On some neglected, but profound, contributions of Gordon Tullock" *in* Lee, D. R. (ed.) *Public*

Choice, Past and Present: The Legacy of James M. Buchanan and Gordon Tullock, Studies in Public Choice, Springer.

Coughlin, P. J. (2004) « Single-peaked preferences and median voter theorems », in *The Encyclopedia of Public Choice Volume II*, Springer, pp. 524-528.

Crespo, R. (2010) « De la economía subordinada a la política a la política subordinada a la economía », *Desarrollo Económico*, Vol. 50, No. 197, pp. 113-128.

Cunningham, F. (2002) *Theories of Democracy: A Critical Introduction*, Routledge Contemporary Political Philosophy.

Dahl, R. A. ([1956] 2006) *A Preface to Democratic Theory*, The University of Chicago Press.

Dahl, R. A. (1991) « Reflections on « A Preface to Democratic Theory » », *Government and Opposition*, 26(3), pp. 292-301.

Dahl, R. A. & Lindblom, C. E. ([1953] 1963) *Politics, Economics and Welfare. Planning and Politico-Economic Systems Resolved into Basic Social Processes*, Harper & Row Publishers, New York, Evanston, and London.

D'Angelo, J., Ranalli, B. & King, D. (2018) "The 1970s Sunshine Reforms and the Transformation of Congressional Lobbying", *The Congressional Research Institute*.

D. C. W. (1950) "Pressure Groups and American Policy", *The World Today*, 6(6), pp. 248-255.

Debreu, G (1959) *Theory of Value, An Axiomatic Analysis of Economic Equilibrium*, Yale University Press, New Heaven and London.

Denzau, A. T. & North, D. C. (1994) « Shared Mental Models: Ideologies and Institutions », *Kyklos*, 47(1), pp. 3-31.

Diamond, M. (1959) « Reviewed Work(s): An Economic Theory of Democracy by Anthony Downs », *Journal of Political Economy*, 67(2), pp. 208-211.

Dodd, L. C. (2015) « Congress in a Downsian World: Polarization Cycles and Regime Change », *The Journal of Politics*, 77(2), pp. 311-323.

Downs, A. (1957a) *An Economic Theory of Democracy*, Harper & Row publishers, New York.

Downs, A. ([1957a] 2013) *Une théorie économique de la démocratie*, Bruxelles : Éditions de l'Université de Bruxelles.

Downs, A. (1957b) « An Economic Theory of Political Action in a Democracy », The Journal of Political Economy, 65(2), pp. 135-150.

Downs, A. (1959) « Books reviews: The Theory of Committees and Elections by Duncan Black », *Journal of Political Economy*, 67(2), pp. 211-212.

Downs, A. (1960) "Why the government budget is too small in a democracy", *World Politics*, 12(4), pp. 541-563.

Downs, A. (1961) "Problems of Majority Voting: In Defense of Majority Voting", *Journal of Political Economy*, 69(2), pp. 192-199.

Downs, A. (1964) Review of The Calculus of Consent, *Journal of Political Economy*, 72(1), pp. 87-88.

Downs, A. (1970 a) Lettre adressée à Tullock à propos d'économie du crime, Gordon Tullock papers, Box 115, Folder 11, Hoover Institution Archives.

Downs, A. (1970 b) Lettre adressée à Tullock à propos d'un discours tenu à Yale sur la bureaucratie, Gordon Tullock papers, Box 115, Folder 11, Hoover Institution Archives.

Downs, A. (1987) « The Evolution of Democracy: How Its Axioms and Institutional Forms Have Been Adapted to Changing Social Forces », *Daedalus*, 116(3), pp. 119-148.

Downs, A. (1993) « The Origins of An Economic Theory of Democracy » *in* Grofman, B. (Ed.), *Information, Participation and Choice: An Economic Theory of Democracy in Perspective*, Ann Harbor: The University of Michigan Press.

Dubois, E. (2016) « Political Business Cycles 40 Years after Nordhaus », *Public Choice*, 166(1), pp. 235-259.

Eckhardt, W. (1991) « Autoritarianism », *Political Psychology*, 12(1), pp. 97-124.

Farvaque, E. & Paty S. (2009) *Économie de la Démocratie*, Éditions De Boeck Université.

Fleury, J-B. & Marciano, A. (2018) "The Sound of Silence: A Review Essay of Nancy MacLean's *Democracy in Chains: The Radical Right's Stealth Plan for America*", *Journal of Economic Literature*, 56(4), pp. 1492-1537.

Forte, F. & Brady, G. L. (2018) James M. Buchanan: from Chicago to Virginia and Knight's influence on Buchanan, *Journal of Public Finance and Public Choice*, 33(2), pp. 145-162.

Friedman, M. ([1953] 1966) *Essays in Positive Economics*, The University of Chicago Press.

Gaus, J. M. (1956) « Review: Politics, Planning, and the Public Interest: The Case of Public Housing in Chicago », *The University of Chicago Law Review*, vol. 23, pp. 739-743.

Gide, C. & Rist, C. ([1909] 2000) *Histoire des doctrines économiques. Depuis les physiocrates jusqu'à nos jours*. Editions Dalloz-Sirey.

Grandjean, J. (2021) « James M. Buchanan and Gordon Tullock on the Weaknesses of Majority Voting: A Triptych », Œconomia, 11(1), pp. 49-76.

Gray, M. & Wuffle, A. (2005) « Vindicating Anthony Downs », *PS: Political Science and Politics*, 38(4), pp. 737-740.

Grofman, B. (2004) « Downs and the Two-Party Convergence », *Annual Review of Political Science*, 7, pp. 25-46.

Gross, B. M. (1954) « Reviewed Work(s): Politics, Economics, and Welfare by Robert A. Dahl and Charles E. Lindblom », *The American Political Science Review*, 48(2), pp. 558-560.

Gross, F. (1957) « Reviewed Work(s): A Preface to Democratic Theory by Robert A. Dahl », *American Sociological Review*, 22(1), pp. 118-119.

Guetzkow, H. (1957) « Reviewed Work(s): A Preface to Democratic Theory by Robert A. Dahl », *American Journal of Sociology*, 63(1), p. 121.

Hacker, J. S. & Pierson, P. (2014) « After the « Master Theory »: Downs, Schattschneider, and the Rebirth of Policy-Focused Analysis », *Perspectives on Politics*, 12(3), pp. 643-662.

Handlin, O. (1954) « Reviewed Work(s): Politics, Economics and Welfare by Robert A. Dahl and Charles E. Lindblom », *Harvard Law Review*, 67(6), pp. 1095-1097.

Harbold, W. H. (1957) « Reviewed Work(s): A Preface to Democratic Theory by Robert A. Dahl », *The Western Political Quarterly*, 10(3), pp. 751-753.

Hayek, F. ([1979] 2007) *Droit, législation et Liberté : Une nouvelle formulation des principes libéraux de justice et d'économie politique*, Presses Universitaires de France, collection Quadrige.

Holcombe, R. G. (2013) « Institutions and Constitutions: The Economic World of James M. Buchanan », *in* Lee, D. R. (Ed.) *Public Choice, Past and Present: The Legacy of James M. Buchanan and Gordon Tullock*, Springer, pp. 17-32.

Honigmann, J. J. (1954) « Reviewed Work(s): Politics, Economics and Welfare. Planning and Politico-Economic Systems Resolved into Basic Social Processes by Robert A. Dahl and Charles E. Lindblom », American Anthropologist, 56(5), p. 934.

Hotelling, H. (1929) « Stability in competition » *The Economic Journal*, 39(153), pp. 41-57.

Houser, D. & Rowley, C. K. (2012) "The life and times of Gordon Tullock", *Public Choice*, 152(1), pp. 3-27.

Johnson, H. G. (1960a&b) Correspondance avec Gordon Tullock concernant la publication par le *Journal of Political Economy* de la réponse de Tullock à Downs, Gordon Tullock papers, Box 42, Folder 5, Hoover Institution Archives.

Johnson, M. (2005) Wicksell's Unanimity Rule: Buchanan's Dominance Considered, *The American Journal of Economics and Sociology*, 64(4), pp. 1049-1071.

Johnson, M. (2016) "Wicksell and Pareto in Public Choice", working paper prepared for the History of Economics Society Session at the ASSA Meetings, San Francisco.

Ketcham, R. L. (1957) « Dahl's Democratic Theory: Preface or Epilogue? », *Ethics*, 67(3), pp. 216-221.

Leiserson, A. (1955) « Reviewed Work(s): Voting: A Study of Opinion Formation in a Presidential Campaign by B. Berelson, P. F. Lazarsfeld and W. N. McPhee », *The Journal of Politics*, 17(3), pp. 485-487.

Lemieux, P. (2015) "*The State* and Public Choice", *The Independent Review*, 20(1), pp. 23-31.

Lhomme, J. (1955) « Reviewed Work(s): Politics, Economics and Welfare. Planning and Politico-Economic Systems Resolved into Basic Social Processes by Robert A. Dahl and Charles E. Lindblom », *Revue Économique*, 6(2), pp. 328-329.

Lijphart, A. (1984) *Democracies: Patterns on Majoritarian and Consensus Government in Twenty-One Countries*, New Heaven: Yale University Press.

Lippmann, W. ([1922] 1965) *Public Opinion*, The Free Press, Macmillian Company, New York.

Lippmann, W. ([1955] 1960) *The Public Philosophy*, A Mentor Book, The New American Library of World Literature, Inc., New York.

MacLean, N. (2017) *Democracy in Chains: The Deep History of the Radical Right's Stealth Plan for America*, Viking.

Mannheim, K. ([1929] 1956) *Idéologie et Utopie. Une introduction à la sociologie de la connaissance*, Paris : Librairie Marcel Rivière et Cie. Collection Petite Bibliothèque Sociologique Internationale, Série B : Les classiques de la sociologie.

Marciano, A. (2004) « Repenser l'économie du politique à partir de l'économie politique », Cahiers d'économie Politique, 47(2), pp. 69-93.

Marciano, A. (2009) "Buchanan's Constitutional Political Economy: Exchange vs. Choice in Economics and Politics", *Constitutional Political Economy*, 20, pp. 42-56.

Marciano, A. (2018) "From Highway to Clubs: Buchanan and the Pricing of Public Goods" *in* Wagner R. E. (Edt.), *James M. Buchanan: A Theorist of Political Economy and Social Philosophy*, Palgrave MacMillan.

Marciano, A. (2020) « Buchanan, Popular Myths, and the Social Responsibility of Economists », *Southern Economic Journal*, 86(4), pp. 1613-1629.

Marvick, D. (1960) « Reviewed Work(s): An Economic Theory of Democracy by Anthony Downs » *The Western Political Quarterly*, 13(1), pp. 214-215.

Mavrogordatos, G., T. (1987) « Downs Revisited: Spatial Models of Party Competition and Left-Right Measûrements », *International Political Science Review*, 8(4), pp. 333-342.

May., R. J. (1963) Review of The Calculus of Consent, *The Australian Quarterly*, 35(4), pp. 111-113.

McClosky, H. (1956) « Reviewed Work(s): A Preface to Democratic Theory by Robert A. Dahl », *The American Political Science Review*, 50(4), pp. 1134-1136.

McGinnis, R. (1963) Review of The Calculus of Consent, *The Annals of the American Academy of Political and Social Sciences*, 346, pp. 188-189.

Medema, S. (2011) « Public Choice and the Notion of Creative Communities », *History of Political Economy*, 43(1), pp. 225-246.

Medema, S. (2013) « Creating a Paradox: Self-Interest, Civic Duty, and the Evolution of the Theory of the Rational Voter in the Formative Era of Public Choice Analysis », *OEconomia*, 3(1), pp. 61-86.

Meier, K. J. (1980) « Rationality and Voting: A Downsian Analysis of the 1972 Election », *The Western Political Quarterly*, 33(1), pp. 38-49.

Meyerson, M. & Banfield E. C. ([1955] 1969) *Politics, Planning, and the Public Interest: The Case of Public Housing in Chicago*, The Free Press, New York.

Mitchell, W. C. (1989) « The Calculus of Consent: Enduring Contributions to Public Choice and Political Science, *Public Choice*, 60(3), pp. 201-210.

Morgan, M. S. & Rutherford, M. (1998) « American economics: the character of the transformation », *History of Political Economy*, 30(supplement), pp. 1-26.

Mueller, D. C. ([1989]1991) *Public Choice II: A revised edition of Public Choice*, Cambridge University Press.

Mueller, D. C. (2012a) « Gordon Tullock and Public Choice », *Public Choice*, 152(2), The intellectual legacy of Gordon Tullock, pp. 47-60.

Mueller, D. C. (2012b) « James Buchanan, Gordon Tullock, and The Calculus », *Public Choice*, 152(3), Special Issue: The Calculus of Consent After Fifty Years, pp. 329-332.

Nordhaus, W. D. (1975) « The Political Business Cycle », The Review of Economic Studies, 42(2), pp. 169-190.

North, D. C. (1992) « Institutions, Ideology, and Economic Performance », *Cato Journal*, 11(3), pp. 477-488.

Olson, M. (1964) Review of The Calculus of Consent, *The American Economic Review*, 52(5), pp. 1217-1218.

Ordeshook, P. C. (2012) « The Calculus of Consent: reforming political science », *Public Choice*, 152(3), Special Issue: The Calculus of Consent After Fifty Years, pp. 423-426.

Ostrom, V. (1999) « Taking Constitutions Seriously: Buchanan's Challenge to Twentieth-Century Political Science » *in* Alt, J. E., Levi, M & Ostrom, E. (Eds) *Competition and Cooperation, Conversations with Nobelists about Economics and Political Science*, Russell Sage Foundation, pp. 123-136.

Ostrom, V. (2012) « Buchanan's opening to constitutional choice and meta-levels of analysis », *Public Choice*, 152(3), Special Issue The Calculus of Consent After Fifty Years, pp. 427-431.

Pennock, R. J. (1957) « Reviewed Work(s): A Preface to Democratic Theory by Robert A. Dahl », *The Journal of Politics*, 19(2), pp. 308-310.

Petracca, M. P. (1991) « The rational choice approach to politics: a challenge to democratic theory », The Review of Politics, 53(2), pp. 289-319.

Potestà, L. (1955) « Reviewed Work(s): Public Opinion by Walter Lippman », *Genus*, Università degli Studi di Roma « La Sapienza », 11(1), pp. 280-284.

Przeworski, A., Stokes, S. C. & Manin, B (Eds) (1999) *Democracy, Accountability and Representation*, Cambridge University Press.

Przeworski, A., Alvarez, M. E., Cheibub, J., A. & Limongi, F. ([2000] 2009) *Democracy and Development: Political Institutions and Well-Being in the World*, 1950-1990, Cambridge University Press.

Riker, W. H. (1962) Review of The Calculus of Consent, Midwest Journal of Political Science, 6(4), pp. 408-411.

Riker, W. H. & Ordeshook P. C. (1968) « A Theory of the Calculus of Voting », *The American Political Science Review*, 62(1), pp. 25-42.

Rossi, P. H. (1956) « Reviewed Work(s): Voting. A Study of Opinion in a Presidential Campaign by Bernard R. Berelson, Paul F. Lazarsfeld and William N. McPhee », *Harvard Law Review*, 69(4), pp. 778-780.

Rothenberg, J. (1964) Review of The Calculus of Consent, *Econometrica*, 32(3), pp. 445-461.

Sanders, D., Clarke, H. D., Stewart, M. C. & Whiteley, P. (2011) « Downs, Stokes and the Dynamics of Electoral Choice », *British Journal of Political Science*, 41(2), pp. 287-314.

Say, J-B. ([1803] 1972) *Traité d'économie politique ou simple exposition de la manière dont se forment, se distribuent et se consomment les richesses*, Paris : Calmann-Lévy, collection Perspectives de l'économique.

Schumpeter, J. A. ([1942] 1951) *Capitalisme, Socialisme et Démocratie*, Paris : Payot.

Scott, A. (1987) « Politics and method in Mannheim's « Ideology and Utopia » », *Sociology*, 21(1), pp. 41-54.

Speier, H. (1937) « Reviewed Work(s): Ideology and Utopia by Karl Mannheim », *American Journal of Sociology*, 43(1), pp. 155-166.

Strom, G. S. (1975) « On the Apparent Paradox of Participation: A New Proposal », *The American Political Science Review*, 69(3), pp. 908-913.

Taylor, G. R. (1954) « Reviewed Work(s): Politics, Economics and Welfare by Robert A. Dahl and Charles E. Lindblom », *American Quarterly*, 6(3), pp. 274-275.

Tideman, T. N. (2015) "Remembering Gordon Tullock", *Public Choice*, 162(3), pp. 235-238.

Tullock, G. (1958a) Correspondance avec Friedrich A. Hayek concernant l'écriture d'un livre combinant politique et économie, Gordon Tullock papers, Box 87, Hoover Institution Archives.

Tullock, G. (1958b) Correspondance avec Duncan Black à propos de dynamique et de stabilité, Gordon Tullock papers, Box 12, Folder 13, Hoover Institution Archives.

Tullock, G. (1958c) *A General Theory of Politics*, Gordon Tullock papers, Box 42, Hoover Institution Archives.

Tullock, G. (1959a) Correspondance avec Duncan Black à propos de son ouvrage de 1958, Gordon Tullock papers, Box 12, Folder 13, Hoover Institution Archives.

Tullock, G. (1959b) *Democratic Marginalism*, Gordon Tullock papers, Box 42, Folder 3, Hoover Institution Archives.

Tullock, G. (1959c) Correspondance avec Mary Jean Bowman concernant la publication de "Problems of Majority Voting", Gordon Tullock papers, Box 42, Folder 5, Hoover Institution Archives.

Tullock, G. (1959d) "Problems of Majority Voting", *Journal of Political Economy*, 67(6), pp. 571-579.

Tullock, G. (1959e) *A Preliminary Investigation of the Theory of Constitutions*, Gordon Tullock papers, Box 388, Hoover Institution Archives.

Tullock, G. (1960a) Correspondance avec Mary Jean Bowman concernant la publication par le *Jounral of Political Economy* de "Problems of Majority Voting", Gordon Tullock papers, Box 42, Folder 5, Hoover Institution Archives.

Tullock, G. (1960b) Correspondance avec James M. Buchanan concernant un brouillon de l'annexe de leur ouvrage commun, Gordon Tullock papers, Box 42, Folder 3, Hoover Institution Archives.

Tullock, G. (1960c) Correspondance avec Mary Jean Bowman concernant la publication par le *Journal of Political Economy* d'une possible réponse à Downs, Gordon Tullock papers, Box 42, Folder 5, Hoover Institution Archives.

Tullock, G. (1960d&e) Correspondance avec Harry G. Johnson concernant sa réponse à Downs, Gordon Tullock papers, Box 42, Folder 5, Hoover Institution Archives.

Tullock, G. (1961a) "Problems of majority voting: Reply to a traditionalist", *Journal of Political Economy*, 69(2), pp. 200-203.

Tullock, G. (1961b) "An Economic Analysis of Political Choice / Un' Analisi Economica Della Scelta Politica", *Il Politico*, 26(2), pp. 234-249.

Tullock, G. (1965) Lettre adressée à Downs à propos d'*Inside Democracy*, Gordon Tullock papers, Box 115, Folder 11, Hoover Institution Archives.

Tullock, G. (1967) « The General Irrelevance of the General Impossibility Theorem », *The Quarterly Journal of Economics*, 81(2), pp. 256-270.

Tullock, G. (1969) Lettre adressée à Downs revenant sur le caractère public de certains biens publics, Gordon Tullock papers, Box 115, Folder 11, Hoover Institution Archives.

Tullock, G. (1970 a, b, c) Lettres adressées à Downs à propos d'économie du crime et du rôle des prisons, Gordon Tullock papers, Box 115, Folder 11, Hoover Institution Archives.

Tullock, G. (1971) « The Paradox of Revolution », *Public Choice*, 11, pp. 89-99.

Tullock, G. (1974) *The social dilemma: the economics of war and revolution*, Blacksburg: Center for Study of Public Choice.

Tullock, G. (1981) « Why so Much Stability », *Public Choice*, 37(2), pp. 189-204.

Tullock, G. ([1986]1994) « Why So Much Stability Revisited », in Brady, G., L. & Tollison, R., D. (Eds) *On the Trail of Homo Economicus Essays by Gordon Tullock*, George Mason University Press, pp. 101-154.

Tullock, G. (1987) *Autocracy*, Martinus Nijhoff Publishers, Dordrecht, The Netherlands.

Tullock, G. (1994) « Public Choice: The New Science of Politics », in Brady, G. L. & Tollison, R. D. (Eds) *On the Trail of Homo Economicus: Essays by Gordon Tullock*, George Mason University Press, pp. 87-100.

Tullock, G. (2012) « My path to The Calculus of Consent », *Public Choice*, 152(3), Special Issue: The Calculus of Consent After Fifty Years, p. 257.

Tullock, G., Seldon, A. & Brady, G. L. (2002) *Government Failure: A Primer in Public Choice*, Cato Institute, Washington D.C.

Vines, K. (1963) Review of The Calculus of Consent, *The Journal of Politics*, 25(1), pp. 160-161.

Visser, M. (1994) « The Psychology of Voting Action. On the Psychological Origins of Electoral Research, 1939-1964 », *Journal of the History of the Behavioral Sciences*, 30, pp. 43-52.

Voigt, S. (1999) *Explaining Constitutional Change, A Positive Economics Approach*, New Thinking in Political Economy, Edward Elgar.

Wagner, R. (2015) "Gordon Tullock: A Conspectus on His Life's Work", *History of Economic Ideas*, 23, pp. 11-21.

Waterman, A. M. C. (2002) « "The new political economies" then and now: Economic theory and the mutation of political doctrine », *American Journal of Economics and Sociology*, 61(1), pp. 13-51.

Wintrobe, R. (1990) « The Tinpot and the Totalitarian: An Economic Theory of Dictatorship », *The American Political Science Review*, 84(3), pp. 849-872.

Wintrobe, R. ([1998] 2000) *The Political Economy of Dictatorship*, Cambridge University Press.

Wintrobe, R. (2012) « Autocracy and coups d'etat », *Public Choice*, 152(1), The intellectual legacy of Gordon Tullock, pp. 115-130.

Zafirowski, M. (2001) "Administration and Society: Beyond Public Choice?", *Public Administration*, 79(3), pp. 665-688.

Zakaria, F. (1997) « The Rise of Illiberal Democracy », Foreign Affairs, 76(6), pp. 22-43.

Zuckerman, A. S. (2005) *The Social Logic of Politics: Personal Networks as Contexts for Political Behavior*, Temple University Press.

Table des matières

Sommaire *7*

Préface *9*

Références pour la préface **15**

Introduction générale : Du pessimisme en démocratie 17

De l'économie politique à l'économie du politique **19**

Le *public choice* au fondement de l'économie contemporaine du politique **25**

De l'importance de la théorie électorale downsienne **31**

Articulation et résumé des chapitres **36**

Chapitre 1. Les travaux précurseurs d'une nouvelle économie du politique* *43

1. Vers une meilleure compréhension du comportement des électeurs **45**

2. De l'ouverture de la science politique à la théorie démocratique **55**

3. De nouvelles références pour la discipline économique 63

3.1 De la redéfinition des frontières de l'économie à la théorie du choix social 64

3.2. Buchanan et l'introduction de la philosophie politique en économie 71

4. Conclusion **81**

Chapitre 2. Le modèle électoral downsien : un révélateur d'instabilité et d'incertitude* *83

1. Un cadrage théorique refusant l'emploi de l'hypothèse de certitude 86

1.1. Pour une meilleure compréhension du fonctionnement démocratique 87

1.2. Le concept central de rationalité 89

1.3. De l'instabilité en monde certain 92

2. Les maux démocratiques liés à la présence d'incertitude 96

2.1. Incertitude et instabilité chronique de l'équilibre politique 96

2.2. Information imparfaite, menace abstentionniste et inégale distribution du pouvoir politique 100

3. L'idéologie politique : une variable politique au service d'un modèle économique 104

3.1. L'idéologie politique comme vecteur de stabilité 105

3.2. Apparition d'un trade-off entre idéologie et rationalité 108

4. Le comportement de l'homme politique : de nouveaux éléments de réflexion apportés par Tullock 112

4.1. Replacer l'homme politique dans un contexte plus général 112

4.2. Le souverain en tant qu'homme politique particulier 115

5. Conclusion 117

Chapitre 3. Instabilités du vote à la majorité et mécanismes alternatifs : une démonstration pratique de Gordon Tullock 119

1. La mise en évidence d'un cycle 125

1.1. Faiblesses du vote à la majorité et utilisation du logrolling : les premières intuitions 125

1.2. D'une majorité à l'autre : la description d'un cycle politique 130

2. La recherche de mécanismes stabilisateurs 135

2.1. Instabilité et compensation 135

2.2. À la recherche du résultat « correct » 138

3. La naissance d'une querelle méthodologique......... 144
3.1. Entre remise en cause du modèle et défense de la règle majoritaire...144
3.2. L'affirmation d'une conviction 150

4. Conclusion 155

Chapitre 4. Le Calculus of Consent : l'analyse économique au service de présupposés politiques..... 157

1. Une analyse coupant court à la querelle opposant Downs à Tullock 166
1.1. Retrouver un résultat d'instabilité à l'aide de la théorie des jeux...167
1.2. La réfutation des remarques de Downs 173

2. De l'importance de la règle unanime 177
2.1. L'unanimité comme réponse aux problèmes de la règle majoritaire...178
2.1.1. Un moyen d'éliminer les coûts externes 178
2.1.2. Une barrière au surinvestissement...................181
2.2. Une solution désignée pour d'autres problèmes d'envergure 183

3. Les limites de la règle unanime............................. 188
3.1. Une règle à la base de coûts internes insupportables188
3.2. Une règle uniquement viable à court terme ? 191
3.3. Démocratie et autocratie 193

4. Conclusion 196

Chapitre 5. La Constitution comme piste de réflexion privilégiée 199

1. S'échapper des règles démocratiques pour les repenser 203
1.1. L'analyse progressive de la Constitution 204
1.2. The Reason of Rules, synthèse de la pensée constitutionnelle de Buchanan...208

2. L'autocratie : une possibilité à proscrire................. 215

3. Penser la stabilité à l'aide des autres disciplines 225

3.1. Instabilité théorique et stabilité empirique................226
3.2. Expliquer l'instabilité par le temps long, les évolutions sociétales et politiques...229

4. Conclusion... 233

Conclusion générale.. 235

Références bibliographiques...................................... 243

Table des matières 259

Structures éditoriales du groupe L'Harmattan

L'Harmattan Italie
Via degli Artisti, 15
10124 Torino
harmattan.italia@gmail.com

L'Harmattan Hongrie
Kossuth l. u. 14-16.
1053 Budapest
harmattan@harmattan.hu

L'Harmattan Sénégal
10 VDN en face Mermoz
BP 45034 Dakar-Fann
senharmattan@gmail.com

L'Harmattan Cameroun
TSINGA/FECAFOOT
BP 11486 Yaoundé
inkoukam@gmail.com

L'Harmattan Burkina Faso
Achille Somé – tengnule@hotmail.fr

L'Harmattan Guinée
Almamya, rue KA 028 OKB Agency
BP 3470 Conakry
harmattanguinee@yahoo.fr

L'Harmattan RDC
185, avenue Nyangwe
Commune de Lingwala – Kinshasa
matangilamusadila@yahoo.fr

L'Harmattan Congo
219, avenue Nelson Mandela
BP 2874 Brazzaville
harmattan.congo@yahoo.fr

L'Harmattan Mali
ACI 2000 - Immeuble Mgr Jean Marie Cisse
Bureau 10
BP 145 Bamako-Mali
mali@harmattan.fr

L'Harmattan Togo
Djidjole – Lomé
Maison Amela
face EPP BATOME
ddamela@aol.com

L'Harmattan Côte d'Ivoire
Résidence Karl – Cité des Arts
Abidjan-Cocody
03 BP 1588 Abidjan
espace_harmattan.ci@hotmail.fr

Nos librairies en France

Librairie internationale
16, rue des Écoles
75005 Paris
librairie.internationale@harmattan.fr
01 40 46 79 11
www.librairieharmattan.com

Librairie des savoirs
21, rue des Écoles
75005 Paris
librairie.sh@harmattan.fr
01 46 34 13 71
www.librairieharmattansh.com

Librairie Le Lucernaire
53, rue Notre-Dame-des-Champs
75006 Paris
librairie@lucernaire.fr
01 42 22 67 13

www.ingramcontent.com/pod-product-compliance
Lightning Source LLC
LaVergne TN
LVHW011316061026
849535LV00005B/1577
* 9 7 8 2 1 4 0 3 2 0 2 3 1 *